北京市教育科学"十三五"规划课题"依托学习活动，促
的课堂教学实践研究"研究成果

深度学习的思与行

主　编　李文明
副主编　王瑛玮

首都师范大学出版社
CAPITAL NORMAL UNIVERSITY PRESS

图书在版编目（CIP）数据

深度学习的思与行 / 李文明主编. —北京：首都师范大学出版社，2022.8（2024.5重印）

ISBN 978-7-5656-7112-8

Ⅰ.①深… Ⅱ.①李… Ⅲ.①课堂教学—教学研究—小学 Ⅳ.①G622.421

中国版本图书馆CIP数据核字（2022）第137504号

SHENDU XUEXI DE SIYUXING

深度学习的思与行

李文明　主编

责任编辑	徐建辉

首都师范大学出版社出版发行

地　　址	北京西三环北路105号
邮　　编	100048
电　　话	68418523（总编室）　68982468（发行部）
网　　址	http://cnupn.cnu.edu.cn
印　　刷	河北鑫彩博图印刷有限公司
经　　销	全国新华书店
版　　次	2022年8月第1版
印　　次	2024年5月第2次印刷
开　　本	710 mm×1000 mm　　1/16
印　　张	19.5
字　　数	364千
定　　价	69.80元

版权所有　违者必究

如有质量问题　请与出版社联系退换

编委会

秦继兰　靳　军　许菲菲　王海波　胡小芬

序

"深度学习"是提升学生核心素养、落实立德树人根本任务的重要途径之一。北京市顺义区马坡中心小学的科研团队于2019年7月，申报课题《依托学习活动，促进小学生深度学习的课堂教学实践研究》，并在北京市规划办成功立项。课题组成员以学习为先、以实践为本、以反思为要，开启了潜心钻研、不断探索的研究之路。本书作为课题研究成果，从深度学习的内涵、教育教学实践、教学设计及教学课例等方面，梳理总结了在课堂教学中实现深度学习的方法举措。

本成果主要体现了以下三个特点：

一是继承与深化。教学改革的核心是学习方式和教学方式的转变。学校科研团队早在2014年，就开展了以学习活动为核心的课堂教学模式的研究，以"学习活动"为载体构建了"以学定教""变教为学"的新型教与学方式。随着研究的开展与深入，学校教师的课堂发生了很大的变化，如从关注知识获得的教师的"教"转化为注重能力培养和实践运用的学生的"学"，从关注"学到了什么"转化为关注"如何学到的"。但在研究后期也发现课堂上存在着学生学习深度不够的现状。基于教学改革的需要和学校课堂的实际情况，学校科研团队在继承固有成果的基础上，完成了体现以高质量的学习活动设计为抓手，促进学生从浅层学习向深度学习转变的实践与思考的这本成果。

二是借鉴与创新。教育界对深度学习的研究已经持续多年，大规模的实践也在如火如荼地进行中。2014年9月，教育部课程教材发展中心组织专家团队，在借鉴哈佛大学"为理解而教"等国外先进课程理念的基础上，针对我国课堂教学改革的需要，正式启动了"深度学习"教学改进项目。马坡中心小学的该项成果是在对国内外深度学习理论和经验进行大量且深入学习、参考、借鉴的基础上完成的，相关学习为本成果提供了理论支撑和实践指导。另外，本成果也结合学校实际情况及研究主题，在研究目标和研究内容上融入了团队创新性的思考，如具有学校学情特点的深度学习课堂突出特征、能够促进小学生深度学习发生的学习活动设计与操作策略等成果内容。

三是理论与实践。本成果还突出了理论与实践相结合的特点。研究团队不仅对"学习活动""深度学习"等理论进行研究，提出了"依托学习活动，促进小学生课堂深度学习"的基本理论框架。如深度学习的基本内涵，深度学习的小学课堂突出特征，促进小学生深度学习的学习活动典型特征，以及促进学生深度学习的"活力"课堂文化等。在此基础上，还依据基本理论框架，构建了实践模型。包括促进深度学习的学习活动设计步骤、学习活动课堂实施的基本结构，深度学习课堂观测量表及多维评价标准等能够促进学生在课堂上深度学习的实践策略等。

"水尝无华，相荡乃成涟漪；石本无火，相击而发灵光"，经过三年多的研究与实践，凝结着马坡中心小学科研团队智慧与汗水的成果《深度学习的思与行》即将问世，希望本书中的点滴成果能够给教育同行提供一些参考与借鉴，也欢迎广大的教育工作者提出宝贵的意见和建议。

2022年6月

目录

第一章　深度学习理论研究 ………………………………………… 001

《依托学习活动，促进小学生深度学习的课堂教学实践研究》研究报告
　………………………………………………………… 李文明　001
顺义区马坡中心小学学生深度学习现状调研 ……………… 李文明　009
"深度学习"内涵浅析 ………………………………………… 李文明　014
"四变"打造深度学习课堂 ………………………… 李文明　秦继兰　019
对"深度学习"的理性思考 …………………………………… 胡小芬　024
深度学习理念下的教学设计探索 ……………………………… 李琪　029
深度学习理念下的学习活动单设计思考 ……………………… 胡小芬　034
SOLO分类理论指导下的阅读教学意义与策略初探 ………… 李璐　040

第二章　深度学习教育教学实践研究 ……………………………… 047

基于深度学习的小学语文单元整体设计研究 ………………… 许菲菲　047
深度学习视域下的小学语文学习活动初探 …………………… 池佳静　052
强化"整合设计"　突显深度学习 …………………………… 秦继兰　057

深度学习背景下单元学习活动设计的策略研究 …………… 王海波 062
小学数学课上促进学生深度学习的探索 ………………… 李宝玲 066
基于深度学习的小学数学教学策略探析 …………………… 王佳伟 072
依托信息技术促进学生英语深度学习的实践研究 ………… 秦继兰 077
与信息技术共舞　让深度学习真实发生 ………………… 胡小芬 081
深度学习视域下的小学散文教学策略浅谈 ……………… 王瑛玮 085
深度学习背景下小学古诗文教学方法初探 ……………… 董伯玲 090
深度学习引领下小学数学导课策略初探 ………………… 李宝玲 094
丰富评价内涵　提升课堂学习质量 ……………………… 李文明 098
挑战性学习任务的设计探索 ………………………………… 刘学伟 103
小学英语绘本阅读教学实践研究 ………………………… 聂光华 107
低年级趣味识字教学活动的实践探索 …………………… 孟雯萱 112
小学生质疑能力培养的策略探究 ………………………… 赵娜 116
依托"微活动"设计，促进语文课堂深度学习 …………… 王瑛玮 121
依托课文图画　优化小学低年级字词教学的策略 ……… 张希子 127
小学英语"变教为学"课堂教学实践探索 ……………… 秦继兰 131
体育教学中的小组合作学习实践探索 …………………… 张丽伟 136
数学教学中的小组合作学习策略探究 …………………… 李涵 141
在德育活动中培养学生核心素养的实践研究 …………… 张春菊 145
游戏在低中年级英语词汇教学中的运用 ………… 付京生　王硕 150
小学英语常态课堂教学改进研究 ………………………… 张迎 154
"双减"背景下的英语作业设计与实施策略 …………… 秦继兰 159

第三章　深度学习教学设计 …………………………… 165

小马过河（第二课时） ……………………………………… 张枫 165
青蛙卖泥塘（第二课时） …………………………………… 张璐 172
手指（第二课时） …………………………………………… 许菲菲 179
口语交际　安慰 …………………………………………… 何颖 187

两位数减两位数 ·· 闫旭 194
倍的认识（第一课时）·· 苏雪琦 201
认识三角形（第一课时）······································ 王海波 209
圆的认识（第一课时）·· 李琪 218
Unit 6　It's Christmas Day Lesson 23 ·················· 王茜 226
Unit 2　October 1st is our National Day Lesson 7 ········· 陈明毅 235
Unit 7　What happened to the floor? Lesson 24 ········ 张迎　傅晓明 246
设计智能灯（第四课时）······································ 杜洋 255

第四章　深度学习教学课例 ·· 262

统编教材阅读策略单元的教学实践
　　——以三年级上册第四单元为例 ·················· 赵莹辉 262
促进学生深度学习的教学实践研究
　　——以长方形、正方形面积教学为例 ········ 王海波　杜春丽 267
在故事学习中促思维发展
　　——以一年级《咕咚》第二课时为例 ·················· 许菲菲 271
读中理解，演中思辨，感悟寓言道理
　　——《狐假虎威》课例分析 ·························· 梁潇 275
巧用"图表"　助力学生故事复述
　　——《蜘蛛开店》课例分析 ·························· 孙学明 279
例谈提升学生思维品质的英语学习活动设计 ············ 秦继兰 283
凸显"搭配"本质，让思维走向深度
　　——《合理搭配》课例分析 ·························· 王海波 288
变教为学，让学习真实发生
　　——Unit 5　I have long arms Lesson 18课例分析 ·········· 张慧 293
创设深度交际情境，发展学生语言能力 ·················· 王瑛玮 297

第一章　深度学习理论研究

> 理论是行动的先导。在为期三年的课题研究中，理性思考一直伴随着我们的研究过程。课题组结合课题研究的背景、研究内容及目标，结合校情、生情等，从深度学习的意义、定义、与课堂教学的关联等方面对其内涵进行了深入剖析；在此基础上，提出了打造深度学习课堂的四个举措，即教学目标指向高阶思维发展、整体设计学习活动、学习方式变教为学及开展促进学习的持续性学习评价等。课题组还对深度学习理念下的教学设计、学习活动单的设计、挑战性学习任务的设计等内容进行了深入探索。

《依托学习活动，促进小学生深度学习的课堂教学实践研究》研究报告

李文明

一、课题研究的背景

1.已有成果有待深化

学校的北京市"十二五"规划校本教研课题"以学习活动为核心的课堂教学模式校本研究"于2018年12月顺利结题，并取得了很丰富的研究成果。其中包括以学习活动为核心的"五环节"教学模式，学习活动设计的方法与策略，《以学习活动为核心的课堂教学》专著的出版等。三年的课题研究中，明显感觉到学校教师课堂教与学的方式发生了很大变化：教师已经从关注教师如何教走向了关注学生如何学，从重知识传授转向了对体验参与式学习的尝试等。

2.尚存问题需要研究

但在课题研究后期也发现这样一些问题，如有些学习活动问题情境的创设与学生生活联系不够紧密，导致设计的问题不能够激发学生深层的学习动机；有些学习活动还是更偏重于知识要点，关注知识的获得，导致学生很难理解和把握知识背后的深层含义及深层结构，很难做到对知识的活学活用；还有些学习活动更偏重于知识技能，对思维发展考虑不足等。但由于时间关系，未能对这些问题继续进行深入

研究。

在目前的课堂教学过程中，我们还发现课堂上存在着学生学习深度不够的现状。比如小组学习中，学生的合作很多时候浮于表面，深入思考之后的互动与生成相对较少；大部分学生缺乏质疑精神，不能够在认真倾听他人发言之后提出自己的见解；完成学习活动过程中缺少创新的方式方法的运用；多数学生不能够在课堂上进行有条理地总结梳理及有效反思等。由这些现状可以看出，我校大部分学生的学习状态还处于浅层次的学习。

我们分析，学习活动设计得不完善，是导致学生处于浅层学习的主要原因。如果能够改善学习活动设计，提升学习活动的质量，相信对学生的深度学习必有促进作用。因此基于对已有课题成果的深化、目前学校大多数课堂上存在的问题剖析以及核心素养发展的需要，我们提出这一课题。

二、核心概念界定

学习活动：是基于学习目标达成设计的学习任务、步骤与方法的总和，可以是教师设计亦可以是师生共同设计或学生独立设计。具体操作方法为：设计者基于对学科本质以及学习材料的理解制定恰切的教学目标，并依据学习者年龄特点与心理特点将教学目标转化为学习任务，并构想出任务完成的步骤与方法的过程。学生在完成学习活动的过程中获得体验、分享智慧、释放潜能，从而习得知识、提升能力、发展思维、获得情感的熏陶与感染，实现生命个体的全面发展与终身发展。

深度学习：深度，泛指深浅的程度或触及事物本质的程度；深度学习就是触及事物本质的学习。本课题中的深度学习，是指在教师的引导帮助下，学生在课堂上通过主动参与、积极探索、深度合作，高质量地完成具有启发性、整合性、层次性、情境性、开放性、应用性等特征的学习活动，并能够有针对性地进行总结与反思的学习行为。通过这样的学习行为使得学生的倾听能力、批判性思维、创新能力、合作意识、交往技能，以及解决问题的能力等核心素养得到发展。

三、研究设计

（一）研究目标

1.通过文献检索，研究提炼出小学生"深度学习"的突出特征，及能够促进小学生深度学习的学习活动特征。

2.探索出能够促进小学生深度学习发生的学习活动设计策略。

3.探索出能够促进小学生深度学习发生的学习活动操作策略。

包括课堂文化的建设，课堂教学基本结构、评价量表及多元评价方式的研究，高效实施学习活动的微课设计等。

4.设计并录制有助于课堂上高效实施学习活动的微课20节；撰写典型案例50篇。

5.通过课题研究，实现学校学生在课堂上从浅层学习向深度学习的过渡；提升教师设计学习活动与调控课堂的能力。

（二）研究内容

1.深度学习小学课堂突出特征梳理

通过文献检索综述，梳理总结出具有我校学情特点的深度学习课堂突出特征。

2.促进小学生深度学习的学习活动设计策略的研究

（1）促进小学生深度学习的学习活动特征研究。

（2）促进小学生深度学习的学习活动设计原则、设计方法及设计步骤等的研究。

3.促进小学生深度学习的学习活动在课堂教学中的操作策略研究

（1）促进深度学习发生的课堂文化建设。

（2）促进深度学习发生的学习活动课堂实施的基本结构探索，及具有各学科特点的结构变式研究。

基本结构包括"明确任务——自主学习——合作探索——汇报交流——拓展延伸——反思小结"六环节。

（3）促进深度学习发生的学习活动在课堂上实施的评价量表及多元评价方式的研究。

（4）有助于学习活动高效实施，能够助力深度学习发生的微课研究。

4.不同学科的课堂教学中，通过学习活动的设计与实践促进小学生深度学习的案例研究

撰写学习活动的设计与实施，学生创新思维发展、合作意识增强、解决问题能力提升等方面的研究故事、案例等。

四、研究成果

（一）梳理出了深度学习的小学课堂突出特征

课题组通过文献检索综述，结合学校师生实际，梳理总结出具有我校学情特点的深度学习课堂突出特征，包括以下五点特征。特征一：主动参与课堂的学习状态。即学生在课堂上的学习状态是主动参与而非被动接受。特征二：学习活动为核心的学习任务。即学生的课堂学习内容以学习活动的形式呈现。特征三：合作探究为主的学习方式。即课堂学习方式以合作探究为主，学生通过小组合作完成学习任

务，在活动中交流、体验、探究、分享。特征四：批判理解、迁移创新的学习过程。即学生在学习过程中，能够批判性学习与理解相关内容，能够实现对知识的迁移运用，能够利用所学知识创造性地解决问题。特征五：核心素养提升为目标的学习评价。即评价学生学习的效果要以核心素养是否得到提升为准则，而非知识的掌握。

（二）构建了促进学生深度学习的"活力"课堂文化

为了更好地促进学生的深度学习，为学生营造宽松愉悦的课堂学习环境，学校课题组经过三年的研究，构建出"活力"课堂文化。通过"活力"课堂文化的打造，让学生在课堂上动起来、说起来、做起来，进而"活"起来。在这样的课堂中，学生在独立思考、小组合作、分享交流等的学习过程中，逐渐体会到学习的乐趣、增加学习的自信、获得学习的成就感，进而最终呈现出积极主动学、轻松自由学、开心快乐学的学习状态。教师在这样的课堂中，通过"三精"即精心设计、精于引导、精做评价，来助力、帮扶、引领学生走向深度学习之路。其中，精心设计主要指学习活动的设计，深度学习的课堂以学习活动为核心；精于引导主要指教师要在关键时刻给予指导与点拨，以助力学生超越最近发展区，获得更高水平的进步；精做评价是指教师通过持续性开展促进学生学习的评价，充分利用好评价帮助学生全身心地投入到学习中去。"活力"课堂文化不仅是为了让学生实现深度学习，更是让学生在开展深度学习过程中发展学科核心素养，最终成长为合格的社会主义建设者和优秀的接班人。

（三）提炼出了促进小学生深度学习的学习活动设计策略

课题组提炼出的促进小学生深度学习的学习活动设计策略，包括学习活动的典型特征、核心要素、设计方法步骤等。

1.能够促进小学生深度学习的学习活动典型特征

课题组认为，能够促进小学生深度学习的学习活动应该具有以下六个典型特征，一是学习活动"基于学"而设计，即学习活动要基于学生的学而设计，学生是活动的主体；二是学习活动基于学生的需要而设计，即活动设计的必要性，基于学生的需要而非其他；三是学习活动设计重启发性、开放性，即学习活动设计的意图，重在通过开放性的活动开阔学生思路、启发学生思考及启迪学生智慧等；四是学习活动设计重创新思维发展，即学习活动设计在知识体验、能力增长的同时更要突出创新思维的发展；五是学习活动设计重对学习经验的梳理与整合，即学习活动设计要重综合性与整体性，能够让学生在完成学习活动过程中对学习经验进行有效的梳理、归纳与总结；六是学习活动设计重知识的应用和问题的解决，即学习活动设计的重心要放在对知识的迁移应用，让学生通过解决问题实现能力素养的提升等。

2.能够促进小学生深度学习的学习活动核心要素

这里的学习活动设计策略,是微观上的概念,即设计学习活动时要考虑的核心要素,包括活动主体、活动目标、设计思路、活动方式、活动原则及活动评价等。只有对每一个核心要素进行很好地思考与设计,才能整体设计出高质量的学习活动。

(1)以学生为活动主体,即学生是活动的主导者、参与者、践行者,而教师只是引导者、组织者等。深度学习强调学生学习的积极主动性,强调学生主动思考而非被动接受,强调课堂是在教师的引领下,以学生的学为主,而非教师的教为主。所以,我们的活动要以学生为主体进行设计,是为学生的学而设计的,学生才是活动的主体,学生在完成活动过程中提升素养。

(2)以核心素养提升为活动目标,即要以提升学生核心素养为目标进行活动设计。在这里,核心素养主要指各学科的核心素养,比如语文学科核心素养包括语言建构与运用、思维发展与品质、文化传承与理解、审美鉴赏与创造4个方面;数学学科核心素养包括数感、符号意识、空间观念、几何直观、数据分析观念、运算能力、推理能力、模型思想、应用意识和创新意识10个方面;英语学科核心素养包括语言知识、学习能力、思维品质、学习品格等多个方面。学习活动设计的目标要立足于核心素养的培养,立足于高阶思维的发展,从课程标准出发,然后结合教材内容、学生实际情况进行制定。

(3)以整体设计为活动任务设计思路。在这里,整体设计主要是指学习活动设计一要从单一走向整合,通过考虑知识的前后联系等因素,尽可能地整合设计学习活动,把一个活动的作用发挥到最大化,这样就会在课堂活动精简但内容没有精简的前提下,留出更多让学生自主发展的时间与空间来开展深度学习;二要从单课时设计走向单元主题设计,即在单元主题下进行活动的整体设计,不仅有利于学生学习理解知识,还有利于学生对学习内容进行整体分析、综合与评析,以及学习知识的迁移运用等;三要从知识主线走向问题主线,即学习活动设计时要以问题为主线,让学生在一步一步完成任务的过程中使问题得到解决。因为解决问题是深度学习的核心特征,让学生在完成学习活动过程中,从发现问题、提出问题到分析问题,再到解决问题,经历这样的学习过程才是真正地开展深度学习。

(4)以"自主、合作、探究"为活动方式,即活动开展的方式以学生的自主学习、小组合作探究为主要形式。学生先个体学,再小组合作学,通过深入探究、交流研讨、展示分享等,最终在完成活动任务中收获成长。

(5)以"简单、根本、开放"为活动原则,即要遵循"简单、根本、开放"的原则设计活动。"简单"，即设计的活动要保证人人都能够参与，达到下要保底；"根本"，即活动设计要找准学科或问题的"根"进行设计；"开放"，即活动不能过于死板，要让优秀的学生在开放的活动中有所成长，实现上不封顶的活动设计目标。

（6）以"促进学习"为活动评价目的，即评价学生参与活动的效果时，不以评价学生的学习结果为目的，而是以促进学生的学习为评价目的。促进学习的评价强调学生的主动参与，注重学生能力方面的发展，以及更加关注学生如何学习、评价方法的多样性等。要想实现促进学习的评价，可以从两个方面开始评价活动：一是评价时机从阶段性评价走向学习过程的评价；二是评价内容从获得事实走向形成观点。

3.能够促进小学生深度学习的学习活动设计步骤

所谓学习活动设计的步骤是设计学习活动的具体流程或路径。

（1）明确学习活动落实的理念与思想。宏观上说是落实"立德树人"及"高阶思维培养"的深度学习教育思想，中观上讲是各学科核心素养理念的落实，微观上看是具体到课堂教学所要落实的素养点。

（2）确定教材承载的教学价值与学情调研，制定学习目标。即遵从目标导向原则，设计学习活动之前先制定科学合理的学习目标。参照课标要求，再根据教材的特点及学生的实际情况综合考虑确定学习目标。

（3）将教学理念与学习目标转化为符合学生年龄特点的活动步骤与方法。这个步骤是将教学目标转化为学习活动的过程。

（4）预设学生在学习过程中可能出现的诸多问题，并设计相应对策。这个步骤是教师预设学生在学习过程中可能出现的问题，并依据这些问题设计相应对策，从而更好地达成学习目标的过程。

（5）设计学习活动结果的最终呈现样式。即教师对学生学习结果形式的预设，学生亲历学习后，学的怎么样需要用一种可见、可听、可判断的形式呈现出来。这种形式的设定既需要有选择性，以便适应更多学生的个性化需求，也需要有创造性，以鼓励学生的创新意识与创新精神。

（四）形成了促进深度学习发生的学习活动课堂实施的基本结构

促进深度学习发生的学习活动课堂实施基本结构包括"明确任务——自主学习——合作探索——汇报交流——拓展延伸——反思小结"六环节的结构框架和活动程序。

"明确任务"是明确一节课教学目标，并将目标转化为学生学习活动的过程。从转化的方式看，要避免学习活动设计简单化，要关注学习活动设计的系统性，如知识本身的连续性，方法与策略的迁移过程，教学目标达成的渐进性与层次性。

"自主学习"是学生依据学习活动独立学习，自主探究，从而获得体验，发展思维，形成独立见解的过程。"合作探究"是个体学习结果在小组内交流分享，形成新问题或新认知的过程。"汇报交流"是小组成员分工合作，展示小组学习成果，并通过组内补充、组间交流与教师引导、点拨、提升等多种方式完成活动目标的过程。"拓展延伸"既指知识的拓展运用，还指学习方法与规律，思维方法与思维模式的迁移运用以及活动策略的延续与发展。拓展延伸环节可以贯穿课堂教学的全过程。"反思小结"即对课堂学习内容进行梳理、归纳、总结与再思考，是课堂深度学习不可或缺的一个环节，包括厘清知识脉络、构建知识框架、归纳学习方法策略、反思学习效果等。

（五）设计出了"深度学习"课堂观测量表及多维评价标准

1.以"六环节"为核心的课堂观测量表

评价是课堂教学模式的重要构成因素，为了衡量深度学习"六环节"教学基本结构的效果，课题组研究并制定了"六环节"教学结构课堂评价观测量表。表1为马坡中心小学"深度学习"课堂评价观测量表。

表1 马坡中心小学"深度学习"课堂评价观测量表

环节	观测指标	观测记录			
		好	较好	一般	较差
明确任务	1.教师明确本课的学习目标。				
	2.教师选择恰当的方式让学生明确本课的学习任务。				
自主学习	3.学生能全部参与，并处在积极的思考状态。				
	4.学习活动设计有利于学生关注学习方法与思路。				
	5.教师依据学生自主学习的态势，能予以相应的指导，体现出对不同层次学生的关注。				
合作探究	6.学生能认真倾听，彼此关注探究成果。				
	7.学生之间能够相互质疑。				
	8.经过讨论在小组内达成一致，并准备汇报交流。				
汇报交流	9.教师能够始终引导学生关注学习方法、思路与策略的补充完善，而不是只关注最终的结果。				
拓展延伸	10.教师关注拓展学生知识面，开阔学生眼界思路，引发学生更大的探究兴趣；激发学生深入学习的欲望。				
反思小结	11.学生能够对所学知识进行梳理并分享，能够总结新收获或者提出尚存疑虑。				
	12.学生能够在倾听他人分享的同时完善自己的知识建构。				

2.多维的课堂教学评价标准

除了对"深度学习"课堂的整体评价外,课题组还非常重视课堂教学活动的多维评价,以实现通过评价全面诊断学生的学习情况,通过评价帮助学生实现全面发展。比如学生的英语口语表达,课题组从语言、内容及表达三个方面,设计出"发音正确、用词准确、语句丰富、观点新颖、信息丰富、表达流利、符合逻辑"等多个维度的评价标准。比如语文习作,课题组从选材、组材、语言和其他(行款、书写、标点)四个方面,设计出"内容明确、详略得当、语言清楚、行款正确、书写规范、标点正确"等多个维度的评价标准。再比如数学图形与几何领域的评价,课题组从图形认识、图形测量、人文素养三个方面,设计出"能认识特征、能选用合适的工具进行测量、能推导出计算公式、能正确灵活应用公式解决问题、能了解相关的数学史资料"等多个维度的评价标准。

这样的多维评价标准有助于教师全方位地关注学生的学习状况,根据学生的具体情况有针对性地给予指导;对学生来说,则能够通过知晓多个维度的评价标准进而全面关注个人的学习过程,从而促进全面、深度地开展学习。

(六)设计出了指向深度学习的多种类型的微课

利用微课促进学生课堂上的深度学习作为课题的研究内容之一,在教学实践过程中,课题组认为可以利用微课创设学习情境、突破教材重难点、复习巩固知识等,通过设计不同类型的微课,以及灵活运用于不同学习环节帮助学生实现深度学习。因此,经过一年半的研究与实践,课题组尝试设计出促进学生深度学习的不同类型的微课,包括复习感知式微课,激活话题知识;重难点分析式微课,助力深度理解;典型示范式微课,提升迁移应用能力;总结梳理式微课,发展逻辑思维能力等。同时要注意微课设计指向高阶学习目标、学习活动要体现学生主体地位,以及微课录制可以尝试多主体等事项。

(七)物化成果丰富

课题组教师边研究边实践边总结,近三年的时间里撰写了多篇研究论文、案例及课例,其中一本25万字的课题研究成果专著即将出版,课题负责人撰写的《指向深度学习的微课设计实践探索》等4篇研究成果公开发表在《中小学信息技术教育》等期刊上,课题组教师撰写的《促进学生深度学习的语文学习活动的教学实践》《让深度学习在小学数学课堂上真实发生》等5篇课题研究文章发表在《顺义教育》上,课题研究过程中的经验"见缝插针推进课题研究"在区级科研论坛上做交流,另有50多篇论文获市区级奖项等。

顺义区马坡中心小学学生深度学习现状调研

李文明

在"十三五"期间,学校把课堂改革方向从"十二五"期间的学习活动设计,转向了深度学习的研究与实践。为了深入了解学校过去几年的课堂改革成效,以及发现教学中现存的问题与不足,从而更有针对性地开展课堂教学实践。学校特别设计了《顺义区马坡中心小学学生深度学习现状调研》问卷,此调研结果将对学校下一步的课堂改革方向、教师的课堂教学研究起到指引作用,对提升课堂的学习效率、提升学校的整体育人水平起到促进作用。

一、调研内容与方法

(一)调研的内容

本调研问卷包括参与调研学生的基本信息,学生学习态度的调研,学生目前的学习状态现状调研,学生的学习方法现状调研,课堂上的小组学习现状调研,学生创新思维与质疑能力发展现状调研,以及迁移运用知识的能力调研7个方面的内容。

(二)调研的方法

本调研采用问卷调查法,对全校四、五、六年级学生进行了调研。此次调研使用的工具为问卷星和《顺义区马坡中心小学学生深度学习现状调研问卷》,3个年级实有人数513人,提交问卷人数为513人,完成率为100%。

二、调研结果与分析

(一)参与调研学生的基本信息

参加问卷的学生基本信息包括:所在年级和性别。通过调研数据可以看出,参与调研的学生共513人,其中四年级185人,五年级171人,六年级157人。其中,男生279人,女生234人,各占总人数的54.4%和45.6%。

(二)学生学习态度的调研

主要从学生认为学习是否困难,能否从中获得乐趣,以及学习的目的和方法等角度调研学生的学习态度。调研数据显示,54.97%的学生认为学习一点也不困难;42.69%的学生无法从学习中得到乐趣;只有23.39%的学生认为学习的最终目的是为了运用所学内容;89.48%的学生认为每节课学习之后,对所学知识进行整理归纳很重要或重要等。

（三）学生目前的学习状态现状调研

从学生自己对目前学习状态的认识，到课堂上老师提问、其他同学发言，以及课堂上注意力保持等几个方面进行了调研。其中，关于学习状态有高达45.61%的学生认为不太理想；对于老师课堂上的提问，能够积极思考并举手发言的同学占总人数的52.05%；当其他同学在课堂上发言时，74.85%的同学能够做到认真倾听并提出自己的不同观点；在课堂上能一直集中注意力学习的同学占总人数的45.03%等。

（四）学生的学习方法现状调研

从学生是否能够进行总结反思式学习、联想建构式学习、深度理解式学习，以及积极主动式学习等方面进行了调研。从数据可以看出，在课堂学习之后，只有39.77%的学生能够做到经常总结知识；在学习新知识时，66.08%的学生能够经常进行前后知识的联系，他们认为这样能够很好地帮助新知识的学习。在学习古诗的时候，能够做到正确流利地朗读并背诵的同学占总人数的43.27%；但能真正做到体会语言的优美，并感受其中包含的思想感情的同学只占总人数的27.49%。当学习中遇到不会的问题时，只有114位同学能够通过主动查阅资料解决问题，占总人数的22.22%。在课堂学习中，47.37%的学生能够做到先自己思考，然后再与老师、同学讨论。如果老师不留作业，课后能主动对课程内容经常进行复习和预习的同学分别占总人数的39.77%和39.18%等。

（五）课堂上的小组学习现状调研

从学生在小组活动中发言、讨论，以及小组汇报的内容及汇报人员等方面进行调研。调研数据得知，在小组活动中，69.01%的学生都发表过意见，认为小组之内大家能够共同讨论；在小组讨论时，17.54%的同学认为通常都是一两个人在发言，其他人在听；关于小组汇报的内容，16.37%的同学认为通常都是组长一个人的观点；关于小组汇报人员，71.93%的同学认为小组内每个人都有机会轮流参与汇报等。

（六）学生创新思维与质疑能力发展现状调研

主要从学生是否与教师有过不同见解，对教师是否提出过质疑，以及是否愿意主动思考教师给出之外的解题方法等方面进行了调研。调研数据显示，其中与老师有过不同见解，并且能够与老师沟通交流的同学占总人数的32.75%；对老师的讲解是否提出过质疑，28.65%的同学认为本班同学能够经常提出质疑；当老师或同学给出一个解题方法之后，56.73%的同学只有偶尔会或者基本上不会去思考其他解题方法等。

(七)迁移运用知识的能力调研

主要从日常生活中的数学问题、古诗词抒发情感,以及主动用英语与外国人打招呼等方面调研了学生迁移运用知识的能力。由调研数据可以看出,当外出旅游、购物、玩耍时,能够经常留心到其中的数学问题并尝试解决的同学只占总人数的42.11%;在生活中遇到某些情境,能联想到古诗或俗语来抒发感情的同学仅占总人数的39.77%;在校园里见到外国人,包括学校的外教在内,有近60%的同学能够主动跟他们用英语打招呼。

三、改进对策与建议

(一)部分学生学习态度还需转变

从本次的调研数据可以看出,57.31%的同学能够从学习中得到快乐,54.97%的同学认为学习一点也不困难,可以看出两者的数据结果基本上是一致的,可以推断,当学生从学习中能够得到快乐时他们就不再认为学习有难度。当然,学校也存在着40%以上的同学从学习中得不到乐趣,他们认为学习比较有难度。这点就需要教师在日常教育教学中多提升学生学习的兴趣,学生学习兴趣提高了,就会不再认为学习是一件困难的事。

另外,只有23.39%的学生认为学习的最终目的是为了运用所学内容,可见学生对学习目的的认识也需改变,很多同学认识不到学习知识是为了更好地运用它们,是为了让知识更好地为我们的生活服务,而不是只理解或者背会就够了。

(二)部分学生的学习状态还要关注

调研数据中45%以上的同学对自己的学习状态不满意,与认为学习很困难、从学习中得不到乐趣的同学基本一致。由于课堂上47.95%的同学都不能积极思考并举手发言,可见几乎一半的同学并不愿意积极主动地在课堂上跟老师进行交流,不愿意表达自己的想法;再由25.15%的同学对别人发言对错不关心,认为与自己无关,可以看出1/4的同学学习状态还需要教师给予关注。再由课堂上能一直集中注意力学习的同学只占总人数的45.03%,可见一半以上的同学在课堂上都存在或多或少的走神现象,不能够完全集中注意力听讲或参与学习活动。

(三)学习方法仍需加强指导

通过调研数据发现,虽然89.48%的学生认为对所学知识进行整理归纳很重要,但也只有39.77%的学生能够经常总结知识,可见学生的意识与行动还是有差距的。在学习中,只有37.43%的同学能够经常对学习进行反思总结,从学习过程中不仅要总结知识,更要总结学习方法、反思学习过程中存在的问题等;66.08%的学生能够在学习新知识时,经常进行前后知识的联系,进行联想建构式的学习;也有

33.92%的同学只关注新知识的学习，很少能够联想到有关的旧知识。由此可见，学生学习之后的总结反思还需要教师给予指导，学生只有学会总结反思才能更快地提升学习能力。另外，在学习中进行新旧知识的联系也是很好的学习方法，要指导学生多联想相关的知识，从而助力新知识学习。

从学习古诗的表现数据可以看出，很多同学（43.27%）学习古诗只是达到正确流利朗读与背诵的学习目标，仅有27.49%的同学能够体会古诗词的语言之美，体会作者撰写古诗词想表达的思想感情等。这说明在古诗学习中能够做到深度理解的同学还不是很多，大部分同学的学习还处于背诵记忆等浅层学习。

数据还显示，在课堂学习中，只有47.37%的学生能够做到先自己思考，然后再和老师同学讨论，也可以看出一半以上的同学在学习中都不能够做到先自己主动思考，然后再与老师、同学交流自己的想法。当学习中遇到问题时，也只有22.22%的同学能够自己想办法主动解决，比如通过查阅资料等。还有超过60%的同学在老师不干预的情况下，无法做到主动复习或预习。可见，很多学生学习的积极主动性还不够，自主学习能力及自主解决问题的能力等都还需要提升。

（四）小组合作仍需继续深化

小组活动中学生讨论时的状态调研数据显示，近70%的同学都发表过意见，40%以上的同学认为所有人都能够参与讨论，38%的同学认为小组分工明确，大家各尽其责，可见大多数同学都能够参与到小组讨论中去。但也存在着20%以上的同学不能够很好地融入到小组学习，要么不能够参与讨论，要么讨论时没人倾听，要么是组内只有个别人发言，甚至有个别组基本上不讨论，只等老师和其他组同学讲解。关于小组汇报的内容及汇报人员安排，同样存在20%以上的同学认为本组汇报通常都只是组长一个人的观点，或者所在组几乎不参与班级汇报交流；近30%的同学认为通常只有组长一个人汇报或由小组内固定组员汇报。

可见小组学习中，还存在着部分同学不能够很好地参与到小组研讨中去，也存在着部分同学的观点得不到认可，以及部分同学没有全班汇报分享学习成果的机会。在小组学习大部分同学都能够参与活动的情况下，还需要教师多关注其余20%的同学，深入小组发现问题并给予指导，帮助杜绝研讨过程不理想、汇报结果不全面等现象。

（五）创新思维与质疑能力还需再培养

通过相关调研数据可以看出，有60%的同学曾与教师有过不同见解，但仅有不足1/3的同学能够把自己的不同想法与教师进行沟通；另外71.35%的同学认为，班里只有个别同学或者几乎没有同学对教师的讲解提出过质疑，可见很多学生对教师还是完全信任的，认为老师讲的都是正确的，不敢或者说不愿意对老师的讲解、说法进行质疑。从一定程度上反映出部分同学缺乏质疑、批判思维。从只有43.27%的同学会经常思考老师讲解之外的解决方法,可见学生的创新思维也不足,认为教师给的答案就足够了,不善于开动脑筋寻找不同的解决途径。所以,教师在日常教学中还需要对学生的创新思维及质疑能力进行培养。

(六)迁移运用知识的能力需提升

57.89%的同学不能够在日常生活中想到数学问题并尝试解决,60%以上的同学在生活中的某些情境中不能联想到用古诗词来抒发情感,还有40%以上的同学在校园里见到外国人,包括学校的外教在内,不能主动打招呼。从这些数据可以看出,很多同学不能把书本上学到的知识灵活运用到生活中,不能与生活进行紧密结合,使之为生活服务,不能够对书本上学到的知识进行很好地迁移运用。还需要教师在设计学习活动时多关注知识的运用,多结合生活实际设计实践性活动,从而提升学生运用知识的能力。

通过调研数据分析看出,马坡中心小学的课堂目前还未能实现学生的深度学习,因此,为了更好地改进课堂教学,笔者给出了如下5点建议:

建议1:让学习变得更有趣。兴趣是最好的老师,教师可以通过设计学生感兴趣的学习活动,通过不同形式的师生互动、小组活动、信息技术的使用等开展课堂活动,让学习不再枯燥和单调,而是生动且有趣,从而提升学生的学习兴趣。

建议2:多设计运用知识的学习活动。教师关注知识内容本身的同时,更要关注学生能力的提升、素养的形成。所以,教师在做学习活动设计时,要注重活动的实践性与应用性,让学生在实践活动中实现对知识的迁移运用,在学生对知识的深度理解与运用过程中形成素养。

建议3:关注学生学习方法的把握及良好习惯的培养。课堂上认真倾听、集中注意力参与学习活动,以及积极主动回答问题等都是良好的学习习惯;课后认真总结反思、主动预习与复习等都是特别好的学习方法。教师可以通过组织一些活动帮助学生养成这些学习习惯,以及把握好的学习方法。比如可以通过尝试让学生对他人的发言进行复述,来培养学生认真倾听的能力;从低年级开始,通过注意力训练的游戏活动提升学生注意力时长;通过鼓励性评价引导学生积极举手回答问题,以及通过让主动复习预习的同学、善于总结反思的同学分享学习经验等措施,带动其他同学也养成这样的学习习惯,并运用这些好的学习方法。

建议4:让小组学习更有实效性。在开展小组学习时,要尽可能地照顾到所有同学,尤其是一些学习能力等各方面稍微弱一些的小组,教师可以参与他们的研讨,帮助他们更好地开展小组活动。另外,在分工明确的情况下,也建议定期进行角色的更换,让每个同学都能够有机会尝试不同的角色,承担不同的职责,以得到切实的锻炼与成长,从而提升小组学习的实效。

建议5:教学目标聚焦核心素养,学习过程追求深度学习。教师只有把教学目标聚焦到核心素养发展上来,才能不再把掌握知识作为教学的唯一目标,才能认识到学生思维发展、学习能力提升等教学目标对学生的终身发展更有帮助。只有尝试实现学生的深度学习,才能更好地提升学生的实践运用能力、迁移创新能力、批判思维发展,以及解决问题的能力等素养。

"深度学习"内涵浅析

李文明

2019年7月,学校成功申报北京市教育科学"十三五"规划课题《依托学习活动,促进小学生深度学习的课堂教学实践研究》,"学习活动"作为学校"十二五"期间的课题研究重心,在此研究基础上,"十三五"期间学校又把"通过学习活动促进学生课堂上的深度学习"作为研究重点。"深度学习"一词作为课题研究的核心概念,结合课题研究的背景、研究内容及目标,课题组从以下三个方面对深度学习的内涵进行了研究与剖析。

一、相对于"浅层学习"

布鲁姆把认知领域学习目标分为"知道、领会、应用、分析、综合和评价"六个层次,其中"知道、领会"属于浅层学习状态,主要是知识的简单描述、记忆或复制。比如死记硬背、机械记忆、鹦鹉学舌、心不在焉等,这种浅层学习不可能进入学生的内心,也不可能真正激发学生的主动思考,更不可能引发学生的主动学习。深度学习则更注重知识的深度理解和高阶应用,对应于目标中的"应用、分析、综合和评价"。但是我们要研究的深度学习并不是完全对表面学习、浅层学习的反对。比如记忆本身也有意义,是深度学习必不可少的活动方式。同时,在教学中我们也并不单单认为培养了高阶思维就是深度学习,从心理学角度,深度学习就是为了培养学生的高阶思维,但从教育学角度,不仅要培养学生的高阶思维,更要体现立德树人的理念,要以育人为根本目的,以发展学生的核心素养为任务等。

二、深度学习的定义

在对学生进行深入调研的基础上,结合学校大部分课堂中存在的问题,以及课题的研究内容和文献学习情况,在本课题中,我们认为深度学习是指在教师的引导帮助下，学生在课堂上通过主动参与、积极探索、深度合作，高质量地完成具有启发性、整合性、层次性、情境性、开放性、应用性等特征的学习活动，并能够有针对性地进行总结与反思的学习行为。通过这样的学习行为使学生的倾听能力、批判性思维、创新能力、合作意识、交往技能，以及解决问题的能力等核心素养得到发展。本定义体现了深度学习以下四个方面的内涵。

（一）深度学习的性质

从定义中可以看出深度学习的性质，即教师引导下的学生有意义的学习。从学习方式上来讲深度学习强调教学中学生的学习而非学生的自学。之所以强调这一点，是因为在我们的日常教学中经常有老师说，课堂上不让老师教也不让老师讲，那是学生的自学，这样老师的作用就无法得到体现。事实上，自学是完全脱离老师的学习，哪怕课堂上学生使用老师提供的学习资料、在老师维持课堂秩序下开展的学习，这些行为都是教学，是在教师引导下的学习，与学生完全的自学不是一回事。

（二）深度学习的课堂学习方式

通过定义可以看出，深度学习的课堂上，学生的学习方式不再是教师主讲、学生被动地听，也不再是教师是课堂的主角、学生是被动的参与者。在这样的课堂上，学生主动参与学习过程，积极探索学习任务，同伴之间开展深度合作，最终实现学习目标。

（三）深度学习的学习活动设计

要想实现学生的深度学习，需要教师创设具有启发性、整合性、层次性、情境性、开放性、应用性等特征的学习活动。因为要想完成具有以上特征的学习活动，学生需要经历"主动思考、构建关联知识，合作探究、迁移运用知识，深度理解、拓展延伸知识"等学习过程，这样的学习过程能够让学生对学习内容实现纵向深化和横向拓展，使学生的思维由浅入深、由宽及广，这就是我们所追求的深度学习。

（四）深度学习的学习目标

深度学习的学习目标指向学生核心素养的发展，指向立德树人这一教育根本目标的落实，学生在课堂上通过深度学习实现倾听能力、批判性思维、创新能力、合作意识、交往技能，以及解决问题能力等核心素养得到发展，最终成长为社会主义合格的建设者和可靠的接班人。

三、深度学习与日常课堂教学的关联

（一）与课堂学习目标的关联

深度学习的终极目标是核心素养的提升，所以我们在教学过程中制定学习目标时，要充分考虑到各学科的核心素养要素。比如英语学科要结合英语学科核心素养内容，从语言知识、学习能力、思维品质、学习品格等多个方面进行学习目标制定；数学学科学习目标要从数感、符号意识、空间观念、几何直观、数据分析观念、运算能力、推理能力、模型思想、应用意识和创新意识10个方面的核心素养内容进行思考；语文学科学习目标制定要综合考虑包括语言建构与运用、思维发展与品质、文化传承与理解、审美鉴赏与创造4个方面在内的语文学科核心素养。总之，学习目标的制定要立足于核心素养的培养，要从课程标准出发，结合教材、学生实际情况进行综合考虑与目标制定。

在教学实践中，我们在制定学习目标时最好能够采用这样一种思路，即：目标先于内容，也有人称作是"逆向设计"。所谓目标先于内容，就是在设计深度学习教学设计时，不是先去寻找学习内容，而是先确定学习目标，即学生学了本单元或主题之后能做什么，应该达成什么样的学习目标。这个目标应该来自于各个学科的课标，教师按照课标中要求的学生应该达成的能力水平，再根据已有的教材内容及学生的实际情况确定学习目标，这也是学习本单元或主题之后要到达的终点。之所以先确定目标，是因为目标是每个单元的灵魂，是教学的逻辑起点也是终点，我们的一切活动都要围绕着目标进行设计。

在教学过程中，经常出现的是教材上有什么内容教师就教什么内容，即所谓的"教教材"，而我们要探索的应该是"用教材教"。我们要注重目标导向，充分认识到教材是为学习目标服务的，要根据学习目标选择教学内容，而不是根据教材内容来确定学习目标。以语文教学中的学生阅读能力培养为例，处于不同年级的学生阅读水平要达到哪个层级，这是我们参考课标及学情来决定的，一旦学习目标确定之后，我们可以选用不同的文本、不同的篇章内容来开展阅读学习。但是在教学过程中却发现，大家是根据已有的教材内容去决定学生学习应该达成的目标，这种做法是不可取的。我们应该在目标确定之后，思考需要用什么样的内容主题来呈现，然后去确定学习主题。学习主题的确定需要结合教材内容，也要结合学生的情况来综合考虑。我们确定了主题之后再把主题转化为学习活动，学生在学习活动中完成任务，在完成任务过程中开展深度学习。

（二）与课堂学习活动设计的关联

上面提到我们需要先把确定的主题转化为学习活动，所谓学习活动，是基于学习目标达成设计的学习任务、步骤与方法的总和。可以是教师设计亦可以是师生共同设计或学生独立设计。具体操作方法为：设计者基于对学科本质以及学习材料的理解制定恰切的学习目标，并依据学习者年龄特点与心理特点将学习目标转化为学习任务，并构想出任务完成的步骤与方法的过程。

学习活动与教学活动的区别在于，学习活动是以学生为主体的活动，学生在完成活动过程中习得知识、发展能力、提升素养。虽然也会有教的存在，但教是为了更好地学服务。而教学活动则是以教师为主导，突出强调教师在活动中的作用，教学活动中也会有学，但学只是对教的"应答"。比如在学生对字、词、句进行整理的基础上，引导学生从整体把握基础知识。这就是教学活动，即教师的活动，教师要做的事。按照生字、词语、句子的顺序分别交流自己所积累的内容，并说明理由。这则是学习活动，是学生在课堂上要做的事。

我们强调教学活动与学习活动的区别，并不是想表达学生在学习过程中不需要教，或者说教不重要，而是想说教师在进行教学设计时，要把重心放在学习活动的设计上。在学生的学习过程中肯定需要教的存在，但教一定是为了学生更好地学服务，不要把设计"教"的活动作为结果。比如听课过程中发现，有位老师设计了让学生"圈画出重点词句"的活动，教师让学生圈画之后就没有后续跟进任务了。这就使学生不明白为什么这样做，这样做有什么用，失去了该活动开展的意义。如果教师先让学生把重点词句圈画出来，然后再让小组之间互相交流彼此圈画的重点词句，交流过程中学生可能会说出圈画的原因并互相补充等，这就使教师引导下的学习活动有了意义。

（三）与课堂学习方式的关联

在课堂上要想实现深度学习，学习方式就要"变教为学"，就是把"以教为主"的课堂学习方式变为"以学为主"的课堂学习方式，也就是把课堂上以教师"讲授"为主的教学活动，改变为学生自主或合作开展的学习活动，让学生的学习活动占据主导地位并且贯穿始终。

以公开课上经常会遇到的一个教学环节为例，尤其是借班上课的老师，上课之前通常会与学生先相互认识一下。认识的过程通常是教师先自我介绍，然后再通过问答了解学生情况。表面上看，这样的活动设计没什么问题，教师先介绍自己的信息，然后很自然地过渡到询问学生的一些信息。但是仔细想来，这两个小环节中，第一个环节纯粹是教师的活动，教师一直在说，而学生只是被动地听；第二个环节学生虽然有参与其中，但也是在教师的引导下，确切地说是在教师的领导下，教师问什么才能答什么，也是一种被动地参与。

如果这个环节修改成教师先提出问题：你们想了解新老师吗？之后让学生主动提问；在学生了解教师的信息之后，教师过渡到想了解学生，然后让学生自我介绍，这样学生就能主动介绍他们想说的信息，而不是只能教师问什么才能答什么。

看似同样的两个环节，都是为了一个学习任务而设计的，但背后的目的却完全不同，课堂上的学习状态也完全不同。一个被动接受，一个主动参与；一个教师领着走,一个教师引着走;一个学生表达他们想表达的,一个学生表达教师想让他们表达的……显然,后者是真正实现了"学",以学生为主体、以学生的学为主。

　　基于此,我们总结出变教为学课堂的三个标准:一是从教学设计上来看,要实现活动主体的转变,即要把以教师为主体的活动转化为以学生为主体的活动,要把教的活动更多地转化为学的活动;二是从学习状态来讲,要实现少教多学,教的活动转化为了学的活动,教自然就少了;三是从学习目标来说,要实现优质教和主动学,即教师高质量地教和学生积极主动地学。

(四)与课堂学习环节的关联

　　为了更好地实现学生在课堂上的深度学习,课题组总结提炼出"六环节"课堂教学基本结构,即"明确任务—自主学习—合作探究—汇报交流—拓展延伸—反思小结"。

　　"明确任务"是明确一节课的学习目标,并将目标转化为学生学习活动的过程。"自主学习"是学生依据学习活动独立学习、自主探究,从而获得体验、发展思维,形成独立见解的过程。"合作探究"是个体学习结果在小组内交流分享,形成新问题或新认知的过程。"汇报交流"是小组成员分工合作,展示小组学习成果,并通过组内补充、组间交流与教师引导、点拨等多种方式达成活动目标的过程。"拓展延伸"既指知识的拓展运用,还指学习方法与规律、思维方法与思维模式的迁移运用以及活动策略的延续与发展。"反思小结"即对课堂学习内容进行梳理、归纳、总结与再思考等,该环节强调学生对学习过程的总结反思与改进,非常有助于学生学习水平的提升,如果缺了反思,学生学习理解的深度就会受影响。

(五)与课堂学习评价的关联

　　在深度学习课堂上,持续性评价要贯穿于所有环节之中。从确定目标和主题,到设计学习活动的任务,再到学习活动的开展过程,持续性评价是一直伴随的。

　　除此之外,在教学过程中,我们也在学习与实践这样一种开展学习评价的思路,即:评价先于任务,与前面提到的"目标先于内容"都被称作是"逆向设计"的一部分。所谓评价先于任务,其中的"任务"是学生在学习活动中具体干的事,评价先于任务,即教师在设计任务时首先要明确学生完成任务之后应该达成的水平,其次还要清楚应该怎么来评价学生是否达成了这个水平。这就需要教师开展逆向设计。比如,在英语课堂上,教师制定了"学生能够运用核心句型"的学习目标,本节课学习之后,要想知道学生是否会运用核心句型就需要用到评价工具。学生完成"评价工具所承载的任务"的结果,可以证明学生是否能够熟练运用核心句型。在这种情况下,教师可以设计一个让学生运用本课核心句型创编对话的活动,如果学生能够用核心句型创编出符合要求的对话,并能够流利地表达出来,这就说明学生在学习过程中达成了这一学习目标。这就是所谓的评价先于任务，即教师在设计学习任务之前，先思考要通过什么样的评价任务来评价学生是否能达成学习任务所应该实现的学习结果。

在以往的教学中，评价往往会放在教学的最后，学习完一节课的内容之后，教师会通过不同的评价工具来评价学生是否掌握了所学内容。现在我们把评价前置，也就是确定了目标之后就去思考评价，即基于目标达成设计评价任务。设计这样的评价任务，我们要先思考学生在知识、技能、方法、价值观等层面上需要达到的水平，然后再根据学生的表现开展评价。

通过以上对"深度学习"内涵的深度剖析，在课堂教学过程中，我们可以从以下四个方面践行深度学习：一是学习目标指向高阶思维，指向核心素养的发展；二是学习活动要变零碎设计为整体设计；三是学习方式要变"教"为"学"；四是学习评价要变评估学习为促进学习，从这四个方面进行教学实践，能够帮助学生在课堂上实现深度学习。

参考文献

［1］刘月霞，郭华.《深度学习：走向核心素养》［M］.教育科学出版社，2018（11）.

［2］王蔷.第六届全国基础教育课程教学改革研讨会暨深度学习教学改进项目成果交流会发言，2019（12）.

［3］罗滨.第六届全国基础教育课程教学改革研讨会暨深度学习教学改进项目成果交流会发言，2019（12）.

"四变"打造深度学习课堂

李文明　秦继兰

所谓深度学习，就是指在教师引领下，学生围绕着具有挑战性的学习主题，全身心积极参与、体验成功、获得发展的有意义的学习过程。在这个过程中，学生掌握学科的核心知识，理解学习的过程，把握学科的本质及思想方法，形成积极的内在学习动机、高级的社会性情感、积极的态度、正确的价值观，成为既具独立性、批判性、创造性又有合作精神、基础扎实的优秀学习者，成为未来社会历史实践的主人。可见深度学习是一种重在学习者对知识的理解而非记忆，整合、建构知识而非碎片化学习，以及迁移运用、解决问题、质疑能力、创新思维等素养培养的学习方式。

在日常教学中,我们发现存在这样一些问题,比如教学目标设计更偏向于对知识的理解与记忆,学习活动设计过于零散,课堂上的学习方式以教师讲授为主,以及教学评价注重的只是学习结果等。这样的课堂所呈现出的是一种浅层学习状态。基于以上问题,我们认为,可以通过教学目标变指向记忆为指向高阶思维发展,学习活动变零碎设计为整体设计,学习方式变教师主讲为学生主学,学习评价变评估学习为促进学习等"四变"策略来构建小学深度学习课堂,实现学生在课堂上的深度学习。

一、教学目标变指向记忆为指向高阶思维发展

布鲁姆把认知领域学习目标分为:知道、领会、应用、分析、综合和评价。其中,机械记忆、简单提取和浅层理解是属于浅层学习的范畴,而应用、分析、综合和评价则属于较高认知水平的深度学习。目前很多学生的学习还重在记忆目标的达成,显然属于浅层次学习;而深度学习则意味着学生需要开展对知识进行理解和批判、联系和建构、迁移和应用等高阶思维活动。

在小学各学科教学中,我们可以通过三个步骤把教学目标从指向记忆向高阶思维发展,一是深入研读各学科课程标准制定目标。以英语学科为例,英语课程标准指出,提升学生综合语言运用能力是英语学习的最终目标,迁移运用知识是高阶思维的表现,也是深度学习的核心特征之一。所以,在日常教学中,我们要把对语言的综合运用作为教学核心目标,从只会认读、理解语言的教学目标,转化为以语言应用为主的教学目标,然后通过创设运用语言描述事物、表达观点,用语言做事情等活动,让学生在"表达"的过程中实现对语言的迁移运用。二是结合学科核心素养制定目标,从知识获得走向素养发展。随着各学科核心素养基本内容的发布,在教学过程中,我们要把关注学习内容转化为关注学生学科素养的整体提升,并把它作为学习目标制定的主要因素。教师通过设计综合性、实践性的学习活动帮助学生实现素养发展。三是结合学情制定目标,从知识记忆走向深度理解。学习目标的制定还要充分考虑学情,如果学生水平很一般,那么制定的目标难度就要稍微减弱一些;如果学生水平较高,就需要制定难度稍大一些的学习目标。不管哪种情况,教师都不能让学习目标只停留在知识记忆上,要让学生最终实现对语言知识的深度理解。教师可以创设听、说、读、看、写各种感知、体验类学习活动,实现学生对知识的深度理解。

教学目标制定的方向决定着学习活动的设计是否准确,合理的教学目标既是课堂教学最终要达成的结果,也是高效的学习活动设计、正确的学习方式选择的前

提。所以，在教学过程中，教学目标制定的转变是构建深度学习课堂的第一步。

二、学习活动变零碎设计为整体设计

很多教师在进行学习活动设计时，出现一节课设计七八个活动的现象，课堂实施过程中发现每个活动过程都不充分；还有些教师设计学习活动时很少考虑前后课时的联系，更不会把课时设计放在单元主题背景下进行，这就导致学生学习的知识是零碎的、分散的，很难把几课时学到的内容进行综合分析与运用等，从而呈现出浅层学习状态。教师设计学习活动时只有从零碎设计走向整体设计，才能让学生在课堂上实现深度学习。教师可以从以下三个方面开展学习活动的整体设计：

一是从单一走向整合。少而精是设计学习活动的原则之一。从单一走向整合即根据学习内容，把多个孤立的学习活动进行整合设计，追求每个活动作用的最大化。整合设计学习活动不仅能够使课堂变得简单而不简约，即课堂环节的简单和每个学习活动的作用最大化，还能够留出更多让学生自主发展的时间与空间，这样的课堂学生才能有足够的时间与空间开展深度学习，才能真正对学生学习能力的提升及学习品质的养成起到促进作用。实现学习活动设计从单一走向整合，通过对学习内容进行认真分析，找到内容之间的联系即整合点，可以是主题情境整合、语言内容整合、学习方法整合等。

二是从单课时设计走向单元主题设计。要想使学生实现课堂的深度学习，单元整体设计是必要的途径之一。所谓的单元主题设计，即在单元主题之下进行整体设计，以单元主题为核心，而不再是以教材上的课时安排为核心进行学习活动设计。单元主题设计不仅有利于学生学习语言，更有利于学生对学习内容进行整体分析、综合与评析，以及学习知识的迁移运用。要想开展单元主题设计，教师首先要研读课标、教材，提炼学习主题；其次要分析主题及学情，制定单元学习目标；再次要结合教材，设计主题下的课时内容；最后是拓展教材，丰富主题内涵。

三是从知识主线走向问题主线。解决问题是深度学习的核心特征。在教学中要想实现这样的学习目标，就需要把教学思路从知识主线转化为问题主线，让学生在学习过程中从发现问题、提出问题到分析问题，再到解决问题，经历这样的学习过程才是真正地开展深度学习。以问题为主线设计学习活动，要求教师首先要在深入研读教材的基础上，找准核心问题，然后围绕着核心问题设计学习活动一步步引导学生开展学习。学生从问题出发，经历积极思考、合作探究的学习过程，在一步步深入剖析问题之后进而提出解决问题的办法，这种以问题为主线的学习活动设计能够把知识进行很好地串连，对学生应用、分析、综合、评价等能力的提升有着很大的帮助，这种学习方式也能够很好地激发学生学习的兴趣。

三、学习方式变教师主讲为学生主学

深度学习强调学生学习的积极主动性，强调学生主动思考而非被动接受，强调课堂是在教师的引领下，以学生的学为主，而非教师的教。所以，深度学习理念倡导，课堂学习模式要从教师主讲走向学生主学，即由原来的以教师讲、学生被动听为主，转变为学生在教师的引导下，积极主动完成学习活动的学习过程。部分教师之所以坚持采用教师主讲的学习方式，是因为在规定时间内教师主讲确实能够让教师把想教的知识讲解完，但学生能否接受却是一个大大的未知数，接受的效果如何更是不可知，因为从记忆金字塔理论可以看出，"听讲"这种学习方式的学习效果两周以后只能留存5%，所以我们要用"小组讨论、实践体验"等学生主动参与来替代听讲的学习方式。教师可以通过以下三个步骤实现"学生主学"的课堂状态。

一是转变教师观念。即教师从内心要认可教学的本质是学而不是教。那么，教师在进行活动设计时就要从以教师为主、以教为主，转变为以学生为主、以学为主。只有教师真正认可这种观点，从内心里赞成这种理念并开展实践，才能真正构建出学生主学的课堂。

二是转变活动设计。在设计活动时，教师要尽可能把教的活动转化为学的活动。通过把预设问题变为学生自主提问的活动，把问答式交流变成同伴研讨交流的形式，把教师讲解重难点变成小组合作探究、汇报交流、教师给予点拨的过程等，实现课堂上学生从被动接受教师的讲解、提问，到主动提出问题、与同伴交流研讨、小组内探究问题答案等。

三是转变评价维度。即把对学生的评价从只关注给出答案的正确性，走向关注答案的多元性，从只关注答案本身走向关注学生的语言表达、思维发展、行为习惯等各方面的综合表现。教师对学生评价内容的改变能够很好地调动学生学习的积极主动性，引导学生从只关注知识的把握走向关注素养的提升。

四、学习评价变评估学习为促进学习

评价的直接目的是改善教学，而最终目的是促进学生的发展。所以说，要想实现课堂的深度学习，就需要把以检查学习、评估学习结果为主的评价转化为以促进和加强学习为目的的"促进学习的评价"（assessment for leaning）。促进学习的评价还强调学生的主动参与，注重学生能力方面的发展，以及更加关注学生如何学习、评价方法的多样性等。我们可以从以下两个方面落实"促进学习的评价"。

一是评价时机从阶段性评价走向学习过程的评价。课堂评价的基本目的在于

搜集各种教学过程信息，依据这些信息调整教学过程，使教学活动更加适应学生的当前状态和未来需要。而阶段性评价，通常是指在一节课或一单元，一学期内容学习结束之后进行的评价。这样的评价虽然从某种程度上也能对学生的学习起到一定的作用，但学习过程中的评价更有意义，也更能实现促进学生发展之目的。教师在教学过程中可以借助追问式的评价方式，比如在学生错误处追问、表达不清晰时追问、理解不够深入时追问等，通过学习过程中对学生关键点的适当追问获取即时反馈并及时调整教学过程，使之更符合课堂现状及学生的思维发展水平，从而获得更好的学习效果。同时，学习过程中教师的追问还能够为课堂带来更多的拓展，继而产生更多的生成，从而实现通过追问式的评价促进学生深度学习的真实发生。

二是评价内容从获得事实走向形成观点。很多教师在课堂最后会让学生对本节课所学的知识点进行复习总结，以此来检查学生的学习效果。这种专注于知识获得的评价，很难促进学生对知识的活学活用，更难使学生思维得到发展、能力得到提升。最严重的后果是这种评价方式带给学生的是更加注重浅层次的学习。比如语文课堂上的深度学习，则表现为能否把所学语言为我所用，表达自己的想法，表达自己的思想观点。所以，为了促进学生在课堂上更好地开展深度学习，教师的评价也应该从学生获得事实走向为主转为以形成自己的观点为主的主要评价内容。教师不再以朗读、背诵、复述知识点为主要评价方式，而是通过设置情境，让学生在恰当的情境中运用所学知识表达观点、提出建议、解决问题等。这样的评价活动不仅能够评价学生当时的学习，促进学生后续的学习，还能够让教师知道学生的成长与发展，让学生意识到自己的欠缺与不足，从而更好地促进教师的"导"和学生的"学"。

深度学习作为提升学生学科核心素养的有效途径之一，学校经过近三年的教学实践研究，"四变"策略不仅能够实现深度学习课堂的构建，遵循"四变"的课堂还能够有效地提升学生的学科核心素养。但在开展相关实验时，我们还需要根据学校的师情、学情逐步实施，只有这样才能真正实现深度学习课堂的构建。

参考文献

[1] 刘月霞，郭华.《深度学习：走向核心素养》[M].教育科学出版社，2018（11）.
[2] 王蔷.第六届全国基础教育课程教学改革研讨会暨深度学习教学改进项目成果交流会发言，2019（12）.

对"深度学习"的理性思考

胡小芬

《深度学习：走向核心素养》一书中指出，所谓深度学习，是指在教师引领下，学生围绕着具有挑战性的学习主题，全身心积极参与、体验成功、获得发展的有意义的学习过程。它是实现立德树人根本目的、培养和发展学生的核心素养、促进学生全面发展的有效路径。基于此，笔者对"深度学习"进行了深入的研究与思考，以便更好地在教育教学中帮助学生实现深度学习，让深度学习在课堂上真实发生。

一、做好两个"转变"是开展深度学习的前提

深度学习的定义首先强调的是"教师对作为主体的学生学习活动的引导与帮助"。因此要想打造深度学习的课堂，教师就要先做好"两个转变"，这样才能帮助学生真正开启深度学习之旅。

（一）将"教学内容"转变为"教学材料"

深度学习的一个重要标志，就是能"将外在的教学内容转化为学生内在的精神力量"。教学内容是学生深度加工、操作教学材料之后所获得、了解、理解、掌握的知识。它有些较为抽象、有些较为枯燥，如果直接运用，就会让孩子失去探究的乐趣。而"教学材料"则是指由教师提供的、蕴含教学意图的、能够通达教学内容的符号或实体性材料，如用于表述知识的符号，以及教具、音像制品和教师的板书等具体的物质实体。与之相比，教学材料拉近了教学内容与学生间的距离，更为具体，也更具可操作性。

1.将静态的教学内容转变为动态的教学材料

静态的教学内容是指不能体现事物的变化趋势、变化过程的内容。我们可以把静态的推理过程转化为动态的课件演示，可以把静态的问题情境转化为动态的讲故事，可以把静态的图形转变为动手摆一摆、剪一剪、折一折……这样就可以使教学内容从"静态"变得鲜活、丰富，成为思维操作和加工的对象。

2.将枯燥的教学内容转变为生动形象的教学材料

教材中的教学内容会链接很多方面的情境素材：有的涉及不同年代，有的涉及建筑，有的涉及科学发展，有的涉及天文地理……它们都与学生距离较远，缺乏趣味。我们可以通过信息技术打破时空的限制，运用影像资料、动态演示、网络等让

其变得图文并茂，声色俱佳，使枯燥的学习内容变得生动形象。

3.将难于理解的教学内容转变为可操作的教学材料

这里的"难于理解"指的是教学内容的重、难点问题。我们可以将它们转变为可操作的教学材料：提供渗透学习方法与策略的学习活动单、多样的学具，提供引发深度思考的板书、不同形式的练习题等教学材料。

4.将生硬的教学内容转变为多样的教学材料

教学材料承载了知识、思想、思维方式，也承载了教师为学生的学习而设计的活动方式、过程、环节，是教师对学生素养形成的规划与引领。它可以是PPT、视频、音频，可以是教具、学具、板书，还可以是课堂之外搜集的资料、调查的数据……只要这些教学材料能被学生操作，就能成为学生的学习对象，带动着学生自主地开展学习活动。

（二）从传统的"内容单元"学习转变到深度学习理念下的"单元学习"

传统的"内容单元"学习，是以一个自然单元的教学内容为单位，按照知识的安排顺序逐课时开展的学习。"深度学习"倡导的"单元学习"是以课程标准和教材为依据，围绕学科的核心素养以"主题"为中心开展的学习，是教师对教学内容再度开发之后开展的单元学习。从"内容单元"到"学习单元"是深度学习的重大突破。教师可以从以下两个方面开展深度学习理念下的单元学习。

1.明确开展单元学习的环节

在开展深度学习倡导的"单元学习"过程中，要重点考虑四个要素，即单元学习主题、单元学习目标、单元学习活动和单元学习评价。这就决定了开展单元学习实践的四个环节：一是选择单元学习主题；二是确定单元学习目标；三是设计单元学习活动；四是开展单元学习评价，即持续性评价。这四个环节环环相扣，使单元学习具体化、可操作。

在单元学习的四个环节设计与实施过程中，教师要做到以下几点：单元学习主题要围绕核心知识进行选择；单元学习目标要指向核心素养，及其水平进阶；单元学习活动要设计具有挑战性的问题情境，引发学生广泛参与和深度思考；持续性评价的开展要针对目标，体现层次性与可持续性。只有这样才能精准开展深度学习。

2.明晰四个环节具体的操作步骤

在明确单元学习环节的基础上，为了更好地开展实践，我们首先要明白四个环节需要涉及的因素，比如确定四个环节的依据、学生需要培养的能力等；其次，应明确制定四个环节内容的具体实施步骤或者关键步骤。弄清了步骤，就会让我们的工作事半功倍。

因此，只有教师做好准备，才能开展单元学习，才能做到将内容"聚零为整"

再"化整为零",从而体现深度学习理念下单元学习的主题性、关联性、发展性、持续性,这是"深度学习"对教师的硬性要求。

二、"设计具有挑战性的学习活动"是开展深度学习的"载体"

"深度学习"是"真"的教学,那么"学习活动"就是我们开展教学的载体。我们可以通过"设计具有挑战性的学习活动"让学生"真"的学起来。

(一)挑战性学习活动的特点

"挑战性学习任务"是相对于一般活动而言的,是组织学生开展"高阶思维"的探究活动。它应具备以下四个特点:一是抓本质。教师一定要根据学习内容的特点、学习目标的要求、学生思维的发展状况,创设能够促进深度学习的问题情境,让学生多角度地理解其本质特征,做到举一反三,闻一知十,触类旁通。二是多样性。这里的多样性是指活动的设计是多样的,完成学习活动的途径是多样的,思考问题的角度是多样的,解决问题的方法是多样的,是多种感官参与的。三是开放性。主要指解决问题策略的开放,探究方式的开放,探究结果的开放。即允许不同的学生依据自身已有的认知基础、学习水平、思维能力开展学习,能够展现出不同的问题解决的策略和方法。四是不确定性。探究时间长短可能不同,方法可能会多样,结果可能不止一种,生成的资源可能让教师意想不到等。

(二)设计具有挑战性的学习活动

深度学习的核心在于引发学生围绕学习活动产生深度思考。因此,我们一定要让学生在"富有挑战性"的学习活动的带领下,通过对问题的探究与思考,深刻理解核心内容的本质特征,提高学生的核心素养。教师要充分考虑学生的认知基础、最近发展区等因素设计富有挑战性的学习活动。

1.有"挑战性"——要先确立"最佳发展区"

我们只有知道学生"在哪里",才能发挥学习活动的价值。即确定学生关于所学内容的"最佳发展区"。做到既能让学生"跳一跳摘到桃子",又要确定学生在后续学习中将要达到的未来水平。这样才能真正发展学生的能力和品格,才能真正让学生获得成长。

2.有"挑战性"——要向"原有认知"发起挑战

深度学习培养的目标之一是让孩子成为具有"批判性"的人。这种"批判性"落实在小学阶段,是挑战学生原有认知,引起学生的认知冲突,打破单一认识角度的思维,启发学生在学习过程中质疑、批判、深入思考。我们就是要设计这种对自己和他人观点做多角度思考和理解的学习活动。

3.有"挑战性"——问题情境是能引发学生思考的核心问题

具有挑战性的学习活动是依托具体的问题情境呈现给学生的,因此我们设计的学习活动一定要围绕"核心知识"设计"核心问题",让他们经历观察、猜想、验证、辨析、抽象、概括、创造等深度探究的过程,进行理解性学习。创设核心问题情境时,教师可以利用知识之间的内在联系、学生易混淆的概念、与原认知的冲突,以及可以结合当下的热门问题、探究过程中生成的有价值的问题等来创设情境。

只有让学生完成具有挑战性的学习活动,获得对知识的本质理解,对各学科思想方法的深刻理解,才能让学生实现对知识的迁移应用,进而形成学科的关键能力和必备品格。

三、多渠道扎实推进是开展深度学习的"保障"

"理论联系实际"是永远不变的硬道理。我们要在理论指导下,多渠道扎实推进,才能将深度学习的理念落实到课堂教学中,才能真正实现深度学习的开展。

(一)通过教研活动推进深度学习

学校以课题组为单位的教研团队,聚焦了深度学习教学改革中的重点问题和难点问题。课题组成员通过共同的学习和研究、实践、改进,保证了问题解决的科学性、准确性。与此同时,在教育教学中,老师们又回归到所在的年级组,在理论指导下开展实践。通过研究课、年级教研活动等形式深入地推进深度学习。

1."课前"注重单元学习设计的研讨

教研活动很多时候会通过"上课"的形式来呈现教研成果。虽然这是一种很有意义的教研形式,但也限制了教学研究的空间。所以在此基础上,各教研组内还非常注重教学实施前"单元学习"教学设计的研讨,在讨论与交流中不断完善与优化设计,并形成较完整的单元教学设计。这样的推进方式有利于帮助教师们在交流研讨与互相学习中,实现对"单元学习设计"的深度理解。

2."课后"进行多种形式的交流与分享

课前的研讨与交流基本上扫清了上课前的障碍,那么课后成果的交流与分享,经验的总结与反思,则会成为教研组继续研究的动力。大家只有在边研究、边实践、边改进的过程中,通过对成功经验的提炼与分享,对失败之处的总结与反思,才能促进教研团队成长,促进深度学习不断深入推进。教研组可以通过微信论坛、优秀课例分享、听评课等多种活动形式推进深度学习。

(二)课内外结合推进深度学习

"工欲善其事,必先利其器",要想使深度学习得到顺利推进,离不开教师课前充足的准备工作,更离不开课堂实践。课堂就是检验单元学习设计的"主阵地"。我们可以通过课堂内外的有机结合来推进深度学习。

1. "课内"追求实效

"课堂教学"是开展深度学习的主阵地。因此,我们需向"40分钟"要质量,需将单元学习的一个个学习活动,有节奏地开展与实施,将我们精心准备的单元学习设计转化为教学行为,让每一个学习活动承载的教学目标都落到实处,而不是"走过场"。在学习过程中,即便因为"意想不到"的"生成资源"打乱了课堂的节奏,只要是"有价值"的问题,我们就要发挥教师的主导作用,引领孩子去"深度探究",这才是真正的"深"。

2. "课外"追求拓展

课堂内学生在老师的引导下,可以有序地开展深度学习活动。但深度学习不应局限于课堂,我们要帮助学生打破局限,让学生在课堂上怎么跳也摘不到的"桃子",通过课下多种途径去寻找答案。他们可以求助老师、家长、网络、书籍等,在主动学习与探究中挑战困难,找到解决问题的办法。在这样有意义、有挑战的学习过程中,感受到学习的乐趣,让深度学习随处发生。

四、"持续性评价"是开展深度学习的"动力"

持续性评价是深度学习中不可缺少的环节。它的关注点从教师的教转向学生的学,并注重学生各学科核心素养的发展水平,以及学生学习过程的评价。

(一)持续性评价是立体性评价

持续性评价主要从两个维度开展:一是学生与学生自身进行比较——核心素养年级进阶发展水平,二是各学科核心素养水平之间的比较。这样就形成了纵横交错的立体式评价。因此我们在设计单元持续性评价时,要从不同的维度进行整体设计,并且要先于单元学习活动设计,即确定了单元学习目标后,就要有针对性地设计持续性评价。

(二)持续性评价是形成性评价

持续性评价更多的是关于学习过程的形成性评价,它贯穿学习的始终,是跟随学习目标的推进而逐步制定的。我们要力求做到"评价目标要明确、评价任务要具体、评价标准要细化、评价方式要多样"。其目的是为了确认学生核心素养的进阶发展水平,改善和发展学生的学习。

(三)持续性评价是激励性评价

评价具有激励性作用这是众所周知的。但持续性评价是为不同的人定制不同的评价标准,让每一位学生都有"闪光"的机会。此外,我们除了常用的评价形式外，如语言评价、书面测试、课堂观察、评语等，也可以让评价方式多元化，如各种学习小报、讲故事、作业展评等也是持续性评价的一部分。目的都是为了使学生获得成就感，增强自信心。

持续性评价使学生从被动地接受评价转变为评价的主体，这样不仅有利于教师发现学生存在的问题，有利于教师及时调整、修改单元学习目标、学习活动的设计，同时也有利于学生监控自己的学习效果。

总之，深度学习的开展"任重道远"，作为深度学习的践行者，我们要"且行且思，且悟且进"，在相关理念的指导下，结合学校的真实学情，科学、合理、高效地推进深度学习的落实落地。

参考文献

［1］刘月霞，郭华.《深度学习：走向核心素养》［M］.教育科学出版社，2018（11）.

深度学习理念下的教学设计探索

李琪

深度学习是目前很多教师都在学习与研究的一种教学理念，尤其是很多数学教师都尝试在教学中践行深度学习理念，以实现学生的深度学习。但是我们也发现，部分老师并没能把深度学习教学理念与日常的教学设计很好地融合起来，很多时候出现彼此脱节的现象。

之所以出现这种现象，主要有以下两点原因：一是教师在进行教学内容分析时缺乏整体性。只从单一的知识点进行分析，忽视了知识间内在的联系。二是缺乏学生对知识的理解和能力的培养。教师习惯采用"机械学习"的方式使学生在题海里掌握数学知识，忽略了应该设计丰富的教学活动去培养学生的核心素养和能力。深度学习强调，我们要通过学习过程培养和发展学生的核心素养，促进学生的全面发展。但是通过以上分析能够看出，在很多课堂上深度学习并没有真正发生。

因此，为了实现学生在课堂上的深度学习，基于深度学习理念去开展教学设计就显得非常重要。本文将从深度学习教学设计的特征及实践两个方面来阐述教学过程中一些思考。

一、深度学习教学设计的特征

马云鹏和吴正宪在《深度学习：走进核心素养（学科教学指南·小学数学）》

一书中说道,"深度学习教学设计,是在确定单元主题内容的基础上,对单元进行整体的分析,确定单元的学习目标,形成单元的整体学习规划,有计划地设计深度学习教学活动,并针对活动的完成情况设计可持续的深度学习评价的完整过程。"这就要求教师在进行深度学习教学设计时要立足于单元整体去设计,在设计过程中进行整体规划,这里的"整体"不光指"教学内容的整体性"还应包括"所有的学生",设计的活动要让每个学生都能在课上进行深度思考、深度学习。基于以上分析,我们认为深度学习理念下的教学设计应具有以下四点特征:

(一)立足整体,重视知识之间的联系

整体不仅仅是某个单元,还应该立足于整个学科领域、整个学段。教师在进行教学设计时,要先把知识放在单元知识体系之中,分析知识在单元里的地位和作用。然后再把这个单元放在小学所属学段的知识体系中进行分析,分析它的地位以及所起到的作用,还包括这个单元与以前学习过的内容在探究方法、知识结构上的联系,以及对后续学习相关知识产生的影响等。

(二)关注到每个学生

深度学习要求每个学生都能够参与到课堂中。那么,我们在进行教学设计时,就要尽可能地关注到每一个学生。比如,综合考虑不同学生的基础开展教学设计;设计让所有学生都能够参与并且有所收获的学习活动;课堂上还要尽量给予每个学生发言的机会,让他们都能够经历一种正向的学习体验等。只有这样的设计才能够实现课堂的深度学习。

(三)设计有梯度的学习活动

深度学习中的"深度",并不意味着知识的难度超出了学生的理解范围,而是意味着学生的学习活动应该达到触动学生心灵的水平。学生的能力水平不同,通过一个活动很难让每个孩子都参与到相同深度的学习中来,所以教师在课前要分析学生作业、了解学生的学习状态、与学生沟通,分析学生的认知起点,然后依据学情去设计活动。所设计的活动要由易到难,有一定的梯度,这样才能够为学生搭建合理的教学"脚手架",引导学生从现有经验出发,探索发现知识建构的关键环节,从而真正理解知识,使每个学生都能体验到成就感。

(四)设计持续性评价

《深度学习:走进核心素养(学科教学指南·小学数学)》一书中还说道,"持续性评价是以单元整体目标为依据,以具体有序列性的课时教学目标为着眼点而设计不同层次和水平的评价。"可见,持续性评价能够为学生的深度学习活动提供持续性的反馈,进而帮助学生及时改进学习,并为判断学生是否达成学习目标提供依据。

二、深度学习理念下的教学设计实践

依据深度学习教学设计的内涵和特征，我们可以从确定单元学习主题、单元背景分析、确定单元学习目标和课时目标、单元活动设计，及持续性评价设计五个方面开展深度学习理论下的教学设计实践。

（一）确定单元学习主题

教师要先依据课标，参考不同版本的教材，梳理出本单元的内容；然后再对学生的学习情况进行分析，找到本单元学生需要提升的知识点或能力点，并对所梳理的单元内容进行筛选（可以根据需要增加或减少内容），最终确定本单元的学习主题。

（二）单元背景分析

教师可以从单元学习内容和学生情况两个方面开展单元背景分析。

1.单元学习内容分析

要想真正践行深度学习教学模式，就必须对单元学习内容进行分析。首先，教师可以纵向分析知识间的联系，即以本单元知识为中心，从学过的知识中找到与本单元知识有关的内容进行分析，明晰知识间的联系，并能运用所学知识去探究以后即将学习的内容，采取"上挂下联"策略。这样的分析，有助于学生从纵向联系中发现知识在其系统中的逻辑关系，发现知识之间的来龙去脉或因果关系。其次，教师可以横向分析知识结构关系，把不同教材中相同的内容整合成"块状"知识，然后从不同思路中提炼出适合本班学情的最优教学设计方案。

2.学生情况分析

在深度学习的课堂上，学生是教学活动的主体。对学生认知发展水平的分析是确定教学目标、重难点、教学方法的依据，对教学设计具有重要作用。其中认知发展水平不仅指"相关知识掌握情况"，还包括"相关经验积累情况""相关思想方法掌握情况""相关能力掌握情况"等。在学情分析时，教师可以通过分析学生的作业、试卷、笔记等资料，找到学生的最近发展区，以此确定教学重难点；可以通过与学生沟通交流，了解学生对知识的掌握情况；还可以根据以往的教学经验，依据不同年级学生在知识、思想、能力、经验积累方面应达到的情况，帮助教师更准确地了解当前所教学生的学情。最后，教师根据单元学习内容和学生情况的分析，对单元内容进行重组，确定本单元的设计思路和核心内容。

（三）确定单元学习目标和课时目标

在单元内容分析及学情分析的基础上，教师可以从知识与技能、过程与方法、情感态度价值观、数学核心素养等方面来确定单元学习目标。单元学习目标分为单元整体目标和课时目标。单元整体目标是学生在完成本单元学习任务后所要达到的终极目标。各课时目标是对单元整体目标的序列化分解。

不管是单元整体目标还是课时目标，我们都要依据《义务教育数学课程标准》和《学科能力标准与教学指南（小学数学）》进行设计。另外，学习目标的表述方式要充分体现学生的主体地位，要使用"学生能够……"的语言进行目标的描述，不要用"教会、让学生、使学生……"的词汇来描述。

（四）单元活动设计

单元活动设计是深度学习理念下教学设计的核心组成，因为它是实现学习目标的路径和载体，只有高质量的单元活动才能保证学习目标的达成。好的单元活动能够帮助学生完成重点知识和难点知识的学习，有效地提高学生学习数学的兴趣和积极性，实现学生在参与活动中的深度学习，从而提升学生的数学核心素养。

吴正宪老师曾说过，在进行单元活动设计时，教师应该以核心内容及其探究主题为前提，设计具有挑战性的学习任务，创设学生有效参与的问题情境，以及提出引发学生深度思考的关键问题。这就要求教师在设计单元活动时应立足整个单元，从情境创设、关键问题设计和学习任务设计三个方面进行思考。

1.创设情境

深度学习在课堂上真实发生的前提是学生能够参与到活动中来，而学生的参与程度则取决于活动是否吸引人、是否有意思，可见一个好的情境是确保活动能够吸引学生的重要因素。

教师可以结合学生的生活经验去创设情境，因为与学生的日常生活关联的学习情境能够激发学生去实践、去体验的热情；教师还可以结合学生感兴趣的社会热点去设计情境，因为当学生觉得情境有趣时，他们才会在想体验的基础上增加深度探究的欲望，进而生成对知识的理解。在这种学习情境中，教师要引导学生正确看待社会热点，培养学生拥有正确的核心价值观，从而落实立德树人的根本任务。另外，教师还可以结合学生感兴趣的游戏去设计情境，让学生在玩中学。这样既能激发探索知识的兴趣，还能提高学生学习的质量。

2.设计问题链

问题链是支撑单元活动的重要因素之一。问题链分为单元整体的问题链和课时问题链。在设计单元整体问题链时，要从单元教学目标中选取核心目标，然后针对所要达成的核心目标去思考关键问题的设计，从而确定单元核心问题链。再依据单元核心问题链确定本单元的核心课，每节核心课都承担一个单元核心问题，我们需要把单元核心问题分解成课时问题链，解决不同课时问题的过程也是单元核心问题得以解决的过程，以此类推达成单元核心目标。

在设计问题链时，我们要进行分层设计，让问题环环相扣，由易到难，从而引导每个学生都可以在探究问题的过程中有所收获。

3.设计学习任务形式，制定学习任务规则

学习任务是组成单元活动的基础，其形式和规则的合理设定能使任务更具有可行性。学习任务可以设计成动手操作、小组讨论、独立解决等不同形式，我们要依据问题和情境以及所要培养的核心素养去选取最恰当的活动形式。而活动的形式只是辅助学生去学习知识、理解知识的一种方法，没有好坏之分。

恰当的规则是保障任务能否顺利完成的重要因素。我们在设计任务时要遵循简洁明了、通俗易懂的规则。语言要尽可能做到精炼，任务要求要全面且具体，如：先独立思考；再小组讨论，讨论时长5分钟；然后再以小组为单位进行全班交流等。

最后，教师把情境、问题链、学习任务融合在一起，使这个活动"活"起来，进而引导学生在活动中通过深度学习达成单元核心目标，以此体现活动的价值。

（五）持续性评价设计

持续性评价是深度学习中不可或缺的环节，因为持续的信息反馈能够指导、改进学生的学习方式，优化教师的教学方法。

教师可以从这样两个思路进行持续性评价设计：一是按教学活动设计评价。活动之间是有联系的，为了使目标更好地被完成，教师可以在每个活动后都设计一个评价任务，这个评价可以是习题，也可以是提问，还可以是学生上台展示自己的探究成果等。通过这样的设计，教师可以随时了解目标的达成情况，了解学生的困惑，对教学内容及教学活动进行及时调控。二是从多个维度进行评价的设计。除了教师要随时掌握目标达成情况外，学生也应该对自身的学习情况有所了解并进行评价。教师可以在教学环节完成之后，为学生提供一个自评表，引导学生从知识的收获、语言的表述、行为的呈现等多个维度进行自评。如果出现了小组合作，还可以增设组内同学互评的版块。通过这样的评价，每个学生都可以在对应的教学环节结束后及时了解自己的表现，从而调整自己的学习状态，进而达到在课堂上更加高效学习的目的。在课后，学生还可以通过自评表进行查漏补缺，并根据自己的漏洞进行有效的复习，使深度学习从课堂中延伸到课堂外。

随着深度学习在学生的成长与发展中起着越来越重要的作用，在教学过程中，我们更要在深度学习理念下，立足单元整体进行教学设计，以便更好地促进学生的深度学习。另外，在落实教学设计方案时，教师还应该注重学生的反馈，依据课堂反馈及时调整和完善教学内容和教学方式，通过灵活地践行教学设计，提升课堂教学效果，促进学生的学科核心素养发展。

参考文献

[1] 刘月霞，郭华.《深度学习：走向核心素养》[M].教育科学出版社，2018（11）.

[2] 马云鹏，吴正宪.《深度学习：走向核心素养（学科教学指南·小学数学）》[M]. 教育科学出版社，2019（3）.

[3] 朱先东.指向深度学习的数学整体性教学设计[J].数学教育学报，2019，28（5）：33-36.

深度学习理念下的学习活动单设计思考

胡小芬

深度学习指出："活动与体验是深度学习的核心特征"。而学生作为学习活动的主体并不是自发的，是依赖教师的引导以及教师对教学内容、学生学习过程与方式精心设计的。因此，如果学生要成为学习主体主动地获取知识，就得有具体的学习活动作为支撑，让他们有"亲身经历"知识的发现、形成、发展的机会。深度学习，正是要使教学内容成为学生发展自己的养分。为此，学生的学习就不是独自面对书本上那些文字符号、静止的图形，而是在教师的带领下主动学习的过程。在实践过程中，可以尝试通过设计"学习活动单"让学生进行深度探究活动。让他们通过主动探究，把书本上的结论或者隐藏的意义变成自己的探究对象，变成自己成长的沃土，变成自己成长过程的见证者。

但是在实践过程中，还是不免存在一些问题：学习任务简单累加，之间缺少联系或递进关系；组成结构简单：核心问题+练习；简单的任务没有探究必要，难度高的任务学生探究不出结论；抑或任务不明确，不利于学生操作……诸多的问题需要我们进行深入思考，从而更好地改进学习活动单的设计。

一、学习活动单设计原则

深度学习是在教师引领下开展的教学活动而不是学生的自学活动。无论教学活动的具体形态如何，都是以学生为主体的主动学习活动。那么"学习活动单"就是我们开展教学活动实实在在的具体形态。因此开展深度学习活动，可以从设计学习活动单开始。但"不以规矩，不成方圆"，我们一定要遵循着一定的"规矩"才能设计出好的学习活动单。下面，就针对数学学科的课时学习活动单进行阐述。

1.整体性原则

学习活动单是教师根据学生的学情、教学的具体内容为主线设计的。一张学习活动单是由一些具体的学习活动组成的，但这些活动又不是独立存在的，而是存在于"核心理念"的教学系统之中。因此，应该把它和学习内容有机地结合起来进行整体设计。所谓整体性原则，就是把学习活动单作为整体来对待，即一个个具体的学习活动要形成有机的整体。且它们与知识的核心概念又是相互依赖、相互联系、相互制约的关系，继而使学生在逐步深入的探究中揭示知识的本质。因此，我们在设计学习活动单时，切记不要把它分割成简单的几个学习活动，不要机械地叠加起来分别进行探究。

2.挑战性原则

深度学习强调"设计具有挑战性的学习活动"。挑战性的学习活动，是依据所学内容和学生的"最近发展区"为准则设计的。既能让学生"跳一跳摘到桃子"，又不会因高难度的活动内容为难孩子，这样才能真正发展学生的能力和品格，才能真正的做到深度学习。这里的"挑战性"指的是挑战学生已有的知识经验、活动经验，挑战学生的浅层思维，挑战学生应用知识解决问题的能力等。

3.高阶思维原则

深度学习的特征之一是指向学生的高阶思维。"高阶思维"不是以学生机械记忆、简单复述、反复练习等为特征的学习，而是学生经过深层次思考，通过猜想、推理、验证、思辨、反思等活动进行的理解性学习的过程，是学生灵活运用所学知识解决生活中的实际问题的过程。因此，学习活动单必须指向"高阶思维"，要体现高阶思维的特点：正确性、严谨性、问题性、灵活性、独创性、批判性。当然这些特点的体现并不是每一张学习活动单都要全部体现出来，而是根据学习内容有侧重的体现。

4.可操作性原则

"学习活动单"是教师提供给学生的实体性学习载体。我们可以将书本上"生硬"的学习内容进行"改编、整合、重构、增加、删减"，进而转化为易于操作的学习活动单。这里的"可操作"包含三层意思：第一，学习活动目的明确，学生知道该怎么做，通过自主探究或者合作学习能够完成任务；第二，能够让孩子的思维外显，在学习活动单上留下足迹，如推理的过程、发现规律的过程、多种方法解答的过程等；第三，学习活动要"精"而"少"，为学生留有足够的探究时间。

5.开放性原则

深度学习要求对"核心概念"要从多个角度进行深层理解，可以说它指向的是学习活动单的"开放性"。因为只有做到开放，才能体现其"深"。我们在这里提到的"开放性"是指方法不唯一、思路不唯一、结论（规律）不唯一、提出的问题不唯一、思考问题的角度不唯一、课堂生成不唯一等诸多方面。因此我们在设计学习活动单时，既要有对核心概念初步理解的设计，还要有对核心概念深度解读的开放性设计。

二、学习活动单设计策略

小学数学深度学习的一个重要环节是组织学生开展深度探究活动，而教师设计的"一个个的学习活动"则是学生开展深度探究活动的核心。这"一个个的学习活动"的呈现形式就是我们所说的"学习活动单"。因此教师把教学内容转化为有效的学习活动并以学习活动单的形式呈现出来是关键。深度学习理念下的学习活动单设计可以从以下三个方面进行思考。

（一）学习活动之间要有"关联"

学习活动单一般是由2-3个学习活动组成，并力求做到"少而精，精而有层"。因此，我们在设计这些具体的学习活动时要在核心概念的引领下进行整体设计，多角度地诠释一个知识点的学习。此外，还要注意课时学习活动与单元学习活动之间的逻辑关系，要做到每个课时都有所侧重地落实单元学习活动。只有这样才能实现知识之间的联系，实现经验与知识的相互转化，才能抓住学习内容的本质。

1.围绕单元核心问题，整体设计学习活动

深度学习倡导单元学习，因此我们应站在单元的视角上，抓住每个单元的核心问题，建立整体知识结构。即一个单元有多个课时，但只有一个核心。因此我们应在明确单元核心素养的前提下以核心问题为主线，贯穿我们的单元教学，从而建立整体知识结构。

如有关"数的运算"的单元教学，我们应围绕这样的核心问题开展教学（如表2）：

表2 "数的运算"单元教学核心问题

《数的运算》	
意义	为什么用加法（减法、乘法、除法）计算？
算法	怎么算？
算理	为什么这么算？

再将核心问题依据具体的课时内容转化成具体的学习活动，借助长方形正方形图、线段图、点子图等几何图形直观帮助学生形象地理解算理与算法，做到理法相融，引领学生进行深入思考，培养学生的运算能力，感悟运算的本质。

2.围绕关键性问题，设计学习活动

关键性的问题是指围绕教学重难点和依据学情制定的重要问题。它贯穿的可能是整个单元，也可能是其中的一两个课时。我们应结合单元整体的课时安排设计具体的学习活动，并对关键性问题进行逐层突破。

如分数乘法这一单元，无论是整数乘分数、分数乘整数，还是分数乘分数、分数连乘，我们都必须要弄清楚一个关键问题：为什么要用分子相乘的积作分子，分母相乘的积作分母（分母乘分母产生新的单位，分子乘分子是计数单位的个数）。我们可以根据教材的安排设计具体的学习活动，让学生用图形语言、文字语言、符号语言进行解答，也可以综合运用这些方法进行解答，这样学生就可以通过多种方法明晰算理，找到知识之间的前后联系。

3.围绕核心概念，整体设计学习活动

学生在学习数学的过程中，在不同的领域都会有核心概念出现。如果我们照本宣科，学生的学习就会滞留在单一的理解层面，不能"闻一知十"。因此，我们在围绕核心概念设计学习活动时，一定要潜心研究教材，并根据学生的发展让他们多角度的理解概念。

如"小数的初步认识"这一单元，核心概念就是"计数单位0.1"，这一单元的其他知识点都将围绕它展开。那么，我们在设计这一课时的学习活动时要做到：一是要让学生从他们熟悉的角度初步认识"0.1"——初步理解"0.1是怎么来的"；二是要让学生能从线段及长方形正方形的角度、长度、面积等具体的量的角度解释"0.1"——多维度理解"0.1"；三是让学生用自己喜欢的方法解释"0.1"——深化理解"0.1"。

这样的设计是相互关联，逐步递进的。学生在同化性迁移的过程中，原有的知识结构没有发生实质性的改变，但是对于核心概念的认识却得到某种程度的充实。

（二）学习活动单要体现深度互动

实现深度学习的策略之一是学生学习过程的深度互动。学习活动单可以帮助我们实现这样的深度学习。而教材是我们设计学习活动的来源，它为我们提供了丰富的教学资源。但是每节课都完全照搬书上的内容来布置学习活动，就不能很好地挖掘教材的内涵。因此我们需要在深入研究教材的基础上，有意识地开发现有资源，促使学生深入地展开数学思考。

1.设计富有挑战性的学习活动，促进学生与学习活动单的深度互动

深度学习强调"帮助学生把握知识的内在联系与本质，是教师的重要工作。"因此，我们只有对学习的内容进行深度挖掘，围绕知识的本质组织学生开展深度探究活动才能体现深度学习"本质与变式"的特点。让原本枯燥的知识变得具有挑战

性和趣味性，激发学生持续探究的兴趣，并让学生获得成功的快乐。

（1）改编原有学习内容，提高思维含量

在日常教学中，我们可以对直接得出结论的学习内容进行适当地改编，让它变得既开放，又"可操作"，使不同水平的学生能够展现出不同的问题解决的策略和方法；也可以在原有问题的基础上，提出需要深层探究的问题；还可以将图文并茂的内容，变成用文字描述的问题或者将用文字描述的学习内容改编成图形题等等。这样的学习活动不仅具有开放性，还具有挑战性，可以让学生"真"的动起来，体现高阶思维的特点。

（2）设计"内容多样的学习活动"，提高解决复杂问题的能力

我们的学习活动应该是围绕核心知识设计的充满探索与挑战性的活动。通过这样的活动，不仅要让学生归纳概括出表象的特征，而且应该让学生理解蕴含的更为深层次的数学规律或者本质。因此，学习活动的内容一定要多样化，让学生可以从不同的学习内容中提高灵活解决问题的能力。

日常教学中，可以设计趣味故事类问题探究活动，说明理由类学习活动，用语言描述数学现象学习活动等。多样的内容可以激发学生探究的兴趣，并在探究的过程中外显思路方法的形成过程，提高学生数学思维品质，体现深度学习迁移与应用的特点。

2.学习活动单要促进学生与学生的深度互动

"自主探究与合作交流"是学生重要的学习方式，深度学习也同样如此。它是多人共同参与的学习活动。因此我们在设计学习活动时，既要有独立探究的任务，也要有学生间合作交流的任务，让他们能围绕关键性的问题进行讨论交流，深度互动。

（1）设计具体的合作学习活动让学生间开展深度互动

人手一份的学习活动单可以让学生主动学习与探究，而自己的经验收获只有在与同伴的交流过程中才能得到补充分享，从而获得更深层次的经验。因此我们在设计学习活动时，应根据学习的需要设计具体的合作交流的学习活动。

对于预设的合作学习活动，我们可以安排在：突破重难点之处，总结规律、方法之处，不能独立操作之处等。在设计合作学习活动时要做到：第一，明确参与对象——小组；第二，明确合作的具体内容——讨论的问题是什么，总结的是有关什么的规律、结论，动手操作是要测量还是拼摆图形等；第三，明确呈现成果的方式——表格，表格可以记录思考的过程，用语言描述本组发现的规律，还可以汇总多种解决问题的方法等。

这样的设计，可以很好地锻炼学生倾听、开放性思考的能力。同时又让他们经

历从产生分歧到彼此理解，再到达成共识的过程，经历通过学习活动对观察对象和结果进行分析、比较、概括、解释等高阶思维过程。

（2）运用学习活动开展过程中的生成资源，增加学生间的深度互动

深度学习的课堂是不怕学生出现错误的课堂，是不怕学生方法多样化的课堂。它展示了学生真实的学习状况。因此，在知识构建的过程中，错误不可避免，新颖的解题方法不可避免。作为深度学习的引导者，我们要学会观察，学会倾听，随时捕捉学生呈现出来的有价值的"错误"资源、与众不同的解题思路等，并把这些有价值的资源及时转化为新的学习材料，引领学生聚焦生成的问题，大胆质疑，积极讨论，进而促进学生间的深度互动。

（三）学习活动单要体现学习方法与策略的指导

深度学习反复强调教学活动的设计要关注"如何有效地指导学生完成具有挑战性的学习活动"。因此深度学习不仅要让学生经历解决问题的过程，还要让他们体验学习方法的多样性。这就要求教师在设计学习活动单时要根据教学内容和学生的已有经验，给予学生学习方法与策略的指导。

数学学科分为四大领域，我们可以依据不同的领域给予学生具体的学习方法的指导。如数与代数领域的各种模型（点子图模型、正方体模型、数轴模型、方格图模型、线段图模型、数量关系模型等）交错出现，让学生逐渐形成模型思想；综合与实践领域可以设计实践类、体验类学习活动，让学生知道亲身实践也是一种学习方法；学习图形与几何领域可以设计动手操作类、探究类的学习活动，让学生理解动手实践是学习数学的重要方法；统计与概率领域结合生活实际设计数据收集、调查类活动，让学生体会广泛的调查也是数学学习的重要学习方法。

在开展学习活动过程中，教师还可以用具体的语言给予学生学习策略的指导。比如通过让学生画一画、列表、举例、设数、画线段图、转化等学习方式，让学生逐渐积累活动经验，真正地在"深度学习"的海洋中遨游。

因此，教师为学生设计的学习活动单，既要体现"深度"学习的特点，还要为学生提供有效的学习方法与策略的指导，甚至在必要时教师可以直接示范解决问题的策略，帮助学生去交流探讨、亲身实践，从而实现对问题的深入理解。

总之，我们在设计学习活动单的路上要"且行且思"，让学生知其然，也知其所以然。只有让学生与学习活动单深度互动，学生才能产生"真思考，真实践，真解决问题，真锻炼意志品质"，以此真正实现学科核心素养的发展，达到深度学习的目的。

SOLO分类理论指导下的阅读教学意义与策略初探

李璐

高阶思维是指发生在较高认知水平层次上的心智水平和认知能力。语文课堂应立足学科特点，通过课内外阅读，让学生在思维活动中丰富自己对作品的感受和理解，提高语言运用能力和思维的关联性、拓展性和创造性，最终成为时代所需的具有"高阶思维"的人才。

要想使学生达到高阶思维水平，阅读教学必须满足高阶思维形成的必要条件：开放性的核心问题设计，促使思维进阶跃迁的思维支架，在完成任务中使用关联的思维方式。SOLO分类理论突出思维发展过程的重要性，重视思维结构水平，这与语文核心素养中"思维发展与提升"具有相通性。因此，借助SOLO分类理论研究阅读教学，必将促进学生高阶思维的生成与发展，从而提升学生的思维品质。

一、"SOLO分类理论"带来的启示

（一）"SOLO分类理论"阐述

SOLO分类理论是由澳大利亚心理学家、香港大学教育心理学教授比格斯在皮亚杰的发展阶段基础上建立起来的分类评价理论。该理论认为一个人回答某个问题时所表现出来的思维结构是可以被检测的，比格斯称之为"可观察的学习成果结构"（structure of the observed learning outcome），英文缩写为SOLO。比格斯按照个体回答问题时所表现出来的复杂性和层次的变化，将个体思维结构划分为五种水平：前结构、单点结构、多点结构、关联结构、抽象拓展结构。前三个层次为点状思维，后两个层次是更为高级复杂的关联思维，属于"高阶思维"。如表3所示，SOLO分类理论将思维结构划分出的五种水平呈现递进关系，学习者的思维层次与思维水平呈现正相关。

表3 SOLO分类理论与学生认知水平、思维操作、阅读行为特征之间的关系

SOLO分类理论	思维阶段	思维操作	阅读的行为特征
前结构	低阶	无法分清问题与线索，不能回答问题	学生只是阅读较浅含义的文本，无法对问题做出正确回答
单点结构	低阶	只能联系单一内容进行回答	学生对某一个问题的认识只停留在表面阶段，不能全面把握阅读内容
多点结构	低阶	能根据几个鼓励的内容进行回答，不能形成网络	学生意识到从多角度思考问题，对阅读材料有较为完整的理解

续表

SOLO分类理论	思维阶段	思维操作	阅读的行为特征
关联结构	高阶	能够结合素材进行回答并形成网络	能将相关知识点进行整合与关联，获得阅读文本的深层含义
抽象拓展结构	高阶	能利用相关素材的相互关系进行概括	对问题有全面的认识，形成规律性的认知并能拓展，获得深层的阅读水平、思维水平和语言表达水平

（二）SOLO分类理论带来的启示

深度学习的目标是发展学习者的高阶思维能力，提升学习者解决问题的能力。SOLO分类理论确定的五个思维层次是指向"问题解决"的。我们从这一理论中可以获得对阅读教学的一些启示：

1.建构思维层级体系。SOLO分类理论是对"学习结果"的评价，重点看学生学得"有多好"，而不是"有多多"。SOLO分类理论能很好地帮助学生在阅读过程中不断建构、解构、再建构、再解构，感受通过变化的现象发现不变的本质的乐趣。教学前要准确了解学生已有认知，在此基础上依据教学目标考虑设计层级性任务，从而推进学生思维水平不断提升。

2.注重思维的开放性。"抽象拓展结构"是最高层次的思维结构。教学时需要将学生的思维充分激活，引导他们在具体要素与抽象概念或者主要原则之间建立联系，不断追问事物的本质与规律。在阅读教学时我们就要善于引导学生用一双慧眼找到"一个点"，再有意识地寻找"更多点"，由点及线，由线到面，由面至体，根据现象找本质，从而产生对人物的深刻认知。

3.自主建构阅读策略。在引导学生完成不同层级、不同特质的任务时，我们重点关注的不是"内容"，而是"方法"。阅读策略包括学习策略、阅读理解策略、自我监控和调节的策略等。由此看，教师要有策略教学意识，要善于通过设计"潜藏"有阅读策略的教学活动，引导学生"通过阅读来学习"，最终促进阅读能力向学习能力的转化。

二、阅读中构建高阶思维能力的意义

语文学科的深度学习以知识建构、言语获得、审美能力和思维能力为目标，在阅读中以有挑战性的任务驱动学习，发展语文素养，丰富学生的阅读体验，从而培养学生的思维能力。

（一）促进有深度的知识建构

知识来源于生活，学生总是带着生活经验来学习新的知识。教学中，教师应唤醒学生的经历，以已有知识和经验作为出发点，让情景再现，促进阅读思维的深刻性。阅读常常是以自己的知识、经历、心境去感知文本的，阅读教学必然会牵涉到新旧知识之间的联系与整合。基于学生的已有经验，促进知识的转化与融合，使言语形式的习得过程更加鲜活生动，从而实现知识的有效建构。

（二）推动有力度的问题探究

思维始于提问。教学中常会出现不同观点的碰撞，这时教师要给予学生想象和思考的空间，设置疑问，以开放性的问题为引导，使学生在情节延伸处思考，在隐形表达处探寻，在观点冲突处辩论，从而挖掘学生的思维深度。在阅读教学中，要善于挖掘、捕捉文本内容和表达上的"浓缩点"和"空白点"，激活学生的思维和想象，借助有思维张力的问题创设问题情境深入阅读，获得思维的发展，挖掘创造潜能。

（三）建构多维度的语言习得

"孤立地思考只是一盘散沙，关联的思维才能红线串珠"。有维度的阅读要让学生学会关联。链接同一主题的不同文本，通过比较、归类等方法，促进深度学习。通过多种阅读方法，创设情境，引导学生在多维度比较中进行语言和思维的建构，从低阶思维走向高阶思维。

（四）拓展有高度的能力训练

《义务教育语文课程标准（2011年版）》明确指出：语文课程应注重引导学生多读书、多积累，重视语言文字运用的实践。联动课外知识，拓宽语文学习的外延，贯通思维，能让学生在丰富的语文实践活动中，活跃思维，提升学生的综合素养。

三、SOLO分类理论指导下的阅读教学策略

由SOLO分类理论我们知道，在学生思维发展的过程中，想要提升思维层次，必须满足高阶思维形成的必要条件：开放性的核心问题设计，促使思维进阶跃迁的思维支架，在完成任务中使用关联的思维方式。以阅读为路径，以培养学生高阶思维为目标，整合资源，以多样化的方法推动学生高阶思维的发展。这样的操作流程不仅适用于一篇课文的学习，同样也适用于教学中的某个版块或者整个单元教学思路的设计。

（一）紧扣重点，设计核心问题

高阶思维往往蕴藏在核心问题里。高阶思维和核心问题两者形成一个双线并进的砥砺态势，核心问题是一个显性的表征，高阶思维则是一个隐性的内核。指向高阶思维的核心问题，包含着浓缩的知识情境、完整的思维过程、重构的认知图式。

学生在语言与思维的融合的过程中，实现语言的建构与运用、思维的发展与提升。

  1.有深度的核心问题，指向语言建构与应用

  有思维深度的核心问题，犹如一艘潜航器，它可以载着学生沉潜到语言文字的深处去。课堂上，可以寻找文本内容上的空白点，引导学生展开想象、补白文本；也可以仿照文本句式、段式的表达形式，引导学生写几句话或一段话，形成一种结构化的语言图谱；还可以引导学生把自己的阅读感悟写出来，回归文本，融入感受，深刻表达。

  例如统编教材三年级下册《我们的奇妙世界》一文分别从天空和大地向我们展示了世界的奇妙。文中"大地"这部分内容，依次写到了夏、秋、冬，缺少了"春"的画卷。课堂上，可以扣住这个结构化的语言模块，巧借"春"这个留白点，设计核心问题引导学生在高阶思维中展开迁移运用。可视化思维——读一读，品一品，体会奇妙：夏、秋、冬各有哪些奇妙的景象呢？寻找奇妙，圈画批注，让思维可视化；具象化思维——想一想，说一说，拓展奇妙：春天会有哪些奇妙的景象呢？放飞想象，联接生活，让思维具象化；结构化思维——仿一仿，写一写，创造奇妙：仿照文中描写夏、秋、冬的文字，选取春天奇妙的景象来写一段话，让思维结构化。

  2.有广度的核心问题，指向阅读联想与扩展

  如果说核心问题的思维深度，更多指向文本本身的漫溯，那么核心问题的思维广度则指向文本之外的拓展。课堂上，有思维广度的核心问题，可以引发学生由此及彼的联想，举一反三，触类旁通。这个有广度的核心问题，可以使学生体验到思维的联想与拓展，感受到更开阔的阅读视野。

  例如教学《画龙点睛》这则成语故事时，可以把核心问题聚焦在"画龙点睛"的比喻义上。这样，整个阅读教学就形成了一个核心问题高阶思维三部曲：

  第一，单篇比较思维：点睛之前的龙和点睛之后的龙，有什么不同？圈画批注，朗读想象。走进文本之中，品读语言文字。再借助形象的画面，诵读点睛的文字。这部分主要是聚焦文本内涵得其意。

  第二，群文联系思维：这些诗文故事之中，有画龙点睛之笔吗？默读静思，讨论交流。扣住"精辟语句·生动传神"这个核心点，引入了一串诗文故事——《搭石》《桂林山水》《江雪》《九月九日忆山东兄弟》《狐狸和葡萄》。这部分主要从"读"的层面来聚焦文本外延，从单篇走向群文得其意。

  第三，读写结合思维：你能试着给这些文字，加上画龙点睛之笔吗？回归语言情境，练笔表达实践，给《狐狸和葡萄》《翠鸟》和学生的习作片段"点睛"。这部分主要从"写"的层面来聚焦文本外延，从单篇走向群文。

这样的三部曲，在核心问题引领下，聚焦一个语言核心——"画龙点睛之笔"，从单篇比较思维，到群文联系思维，再到读写结合思维，形散而神聚，得意复得言。

3.探究性的核心问题，指向思维回溯与重构

核心问题设计，还应该考虑到问题探究之后的"思维回溯"。刚才这个问题，我们是怎么思考的，从哪儿解开答案的？像这样的一类问题，我们可以采用什么方法来思考呢？……这时候的课堂上，占据主导地位的一定不是问题答案，真正有价值、能让学生带得走的，是可迁移的方法。因此，我们要通过思维回溯，让思维走向前台并清晰起来。

如统编教材三年级下册《肥皂泡》，这是一篇贴近生活的清新文章。这个单元的教学重点是"运用多种方法理解难懂的句子"，课堂上就要紧扣文本中难懂的句子，引导学生尝试运用多种方法来理解意思。当学生逐一理解了这些难懂的句子之后，再给一个留白空间让学生反思重构。例如：这些难懂的句子，你刚才分别是用了哪些方法来理解的呢？引导学生自己回望梳理相关学习方法，这是一个静悄悄的自我反刍过程；引导学生讨论交流，联系上下文、结合生活经验、借助图画、朗读想象……这是一个同伴间相互启发的反思过程；这些理解句子的方法，有没有你刚才新学会的？你知道以后阅读中该怎么使用这种方法了吗？这是一个自我吸纳的认知重构过程。学生自觉地完成一次认知结构的重塑，在今后学习中就可以将习得的方法进行迁移运用。

（二）依据问题，搭建思维支架

要实现语文的深度学习，思维支架的研究是关键之一。搭建恰当的思维支架，让语文学习从"浅表"走向"深耕"，可促进学生系统化认知结构的建立，促进学生关键能力的提升，促进学生思维的可视进阶。

1.基于立足真实经验的"原点"

美国教育家杜威认为："教育是在经验中、由于经验和为着经验的一种发展过程。"我们要对学生的已有经验进行审视，以学生已有的经验为学习的"原点"搭建思维支架，从尊重教材文本的内容逻辑转向尊重学生认知建构的发展逻辑，设计教学活动，这样才能更好地激活储存于学生大脑中的相关知识经验，丰富学生体验，引发学生高度的情感投入。

2.基于形成认知结构的"标点"

遵循语文要素横向分布、纵向分层、回环往复的特点，设计思维支架时应既聚焦训练重点又观照整体认知结构的建立。教学中，教师不能把学生已经获得的知识经验当作"标点"，而是要将其转换成一种趋力和媒介，以语文要素训练目标为

"标点"去搭建思维支架帮助学生发现其未发现的问题、规律，落实语文要素的同时关联旧知识与新知识，使学生形成系统化的认知结构。

3.基于跨越学习障碍的"焦点"

深度学习是基于真实问题情境的学习，具有一定的挑战性。学生在挑战中会遭遇各种困难，碰到各类障碍。思维支架就要搭建在跨越学习障碍的"焦点"上。教师便可借助思维支架来分解学习任务，调动高阶思维的参与，启迪思维碰撞，展开思辨交流，窥见文本深处的思想与智慧，并利用文本所学解决课堂中的关键问题。

4.基于提升关键能力的"发展点"

语言的习得更多是在反复操练的过程中完成的，思维支架的搭建要注意关键能力的层级延伸，要追求学生关键能力的螺旋升级。思维支架的搭建，应让学生从关注文本事实转向关注生活思辨，从只求结论的封闭转向享受过程的开放，从分散的知识点堆砌转向聚焦的知识结构化整合，不断地启发思考、延伸思考，使学生的关键能力具有无限生长的可能。

（三）建立关联，形成认知网络

搭设思维支架的主要工作是依据文本重点任务拓展出不同类型的"点"，那么接下来就是将这些"点"按照一定的逻辑进行有效关联，以实现高效解决问题或完成任务。其建立关联的方式受制于"点"的类型及与阅读任务之间的关系，教师在这一过程中主要起助推思维、促进关联的作用，引导学生将这些质点进行梳理总结，进而关联起来，形成完整的系统，助推高阶思维的形成。知识网的出现利于将学生的"点状思维模式"发展为"整体关联思维"。因为学生要解决一个具体情境中的问题，要想到背后有多种方法，知识的运用要经过过滤、选择以及重组创新，选取最佳的方法才能更好地解决问题。以整张网的方法为解决问题的背景，利于整体提高学生的思维水平。

四、结语

综上，SOLO分类理论注重思维品质培养，在语文阅读教学中拥有广阔的开发利用空间。在阅读教学中，教师创设有价值的核心问题，从一点激起一片涟漪；搭设有效的思维支架，利用思维"脚手架"帮助学生的思维不断跃迁；从不同维度思考阅读内容，扩大阅读内容的"广度"，增强阅读内容的"联系度"，拓展阅读内容的"深度"，培养学生高阶思维，最终实现学生语文核心素养的提升。

参考文献

［1］约翰·B·比格斯，凯文·F·科利斯.学习质量评价——SOLO分类理论（可观察的学习成果结构）［M］.人民教育出版社，2010.

［2］林勤.高阶思维培养的实践研究［M］.华东师范大学出版社，2019.

［3］杨雪莲，赵连顺.基于SOLO分类理论，建构语文课堂教学模式［J］.教育家，2021（01）.

［4］李英杰.SOLO分类评价理论在阅读能力评价上的应用［J］.首都师范大学学报（社会科学版），2006（02）.

第二章　深度学习教育教学实践研究

> 在理论学习的基础上，学校以骨干教师引领、全体教师跟进的方式开展了深度学习教育教学实践探索。语文、数学、英语、信息技术等不同学科教师在深度学习理念指导下，从单元整体设计、学习活动设计、质疑能力培养、小组合作、评价策略、作业设计等方面开展研究与实践。近三年的研究过程中，老师们边思考实践，边总结梳理研究成果，之后再把成果用到实践中继续完善与改进，在这种螺旋式研究过程中实现课堂的深度学习，促进学生核心素养的发展及教师教育教学能力、科研素养的提升。

基于深度学习的小学语文单元整体设计研究

许菲菲

深度学习，是指学生在教师的指导下，围绕具有挑战性的学习主题积极参与、体验成功并获得发展的有意义的学习过程。在当前语文统编教材背景下，深度学习更将成为语文教学的主旋律。2019年9月全面推行的语文统编教材，其中重要的编排特点之一是单元整体结构体例，单元内部各版块不仅在主题或文体上有关联，还在知识与能力、方法与策略等方面有着内在联系。因此，教师应把"单元整体教学"作为语文学习的切入点，依照新教材的编排思路，以单元为基本单位，明晰教学目标、厘清语文要素、提高教学效率，实现学生的深度学习，从而全面培养学生的语文核心素养。

目前的语文课堂教学，虽然整体上有向好的趋势，但也存在着一些问题：有的教师缺乏单元整体教学的意识，还是按传统的单篇教学，不利于学生进行知识迁移，形成较为系统的知识体系；有的教师虽然有单元整体教学的意识，但只是流于形式，浮于表面，实际还在按以往经验教课文，导致课堂实效不高；有的教师在单元整体教学中，缺少统领整体的学习活动、学习情境的设计，或设计的学习活动更多的是关注知识的获得，导致学生很难理解和把握知识背后的深层含义及深层结构，没有真正发挥单元整体教学的作用。

分析以上现象，究其根本原因，是教师对统编版教材编写理念解读不全面、不准确，同时缺乏单元整体教学的方法和策略。基于此，笔者认为，在单元整体教学开展过程中，教师首先要充分、深入地解读教材，全面考虑影响单元整体教学的因素，在此基础上进行单元整体教学的设计。教师可以从提炼单元学习主题、确立单元学习目标，设计单元学习活动及开展单元学习评价四个方面来开展基于深度学习理念的单元整体设计。

一、把握单元内容，提炼单元学习主题

"单元学习主题"主要指的是从国家课程标准要求出发，以学科某一核心内容为重点组织起来的主题，其不仅有助于促成学科知识的发展，而且在深化学科思想方法和增强人们对世界的认识上起着重要的作用。随着单元学习的逐渐深入，可以有效增强学生学习的热情和积极性，让学生在学习活动中发挥自己的主观能动性，从而推动学生学科核心素养的形成。

统观统编版语文教材，在编排上更加注重单元整体性，为落实课程目标，以"人文主题"和"语文要素"双线组织单元结构，这就需要教师具备整体教学的意识。在进行教学时，教师如果仍是以课时教学为主，在每篇课文教学上花费两三个课时，那么学生只是对"这一篇课文"进行知识的识记、理解和简单应用，并不能对"这一类课文"的语言知识和语言经验进行整体性的关联和架构学习。处于浅层学习状态。这样"零散式、碎片化"的教学，不仅浪费教师的教学精力，而且使学生处于一种机械化的学习状态，思维停留在浅表层面，很难提升运用语言文字的能力。

单元整体教学应将一个单元看做一个统一的整体，确定一个单元学习主题，将前后学习资源关联起来，促进知识迁移，避免教师重复性教学和学生碎片化学习。把握单元学习主题是单元整体教学的前提。统编版三至六年级的语文教材，每单元篇章页均以导语形式对本单元的人文主题加以提示，同时篇章页还会揭示本单元的语文要素，涵盖阅读能力、习作要求、学习策略等。这些语文要素被分解成若干个训练点，分布于单元的各个版块。

在提炼单元学习主题时，可借助两种方式，第一种是以教材编写的单元内容和人文主题为依据确定单元学习主题；第二种是打破年级甚至学段界限，关注语文学科核心素养和语文要素的能力进阶，通过整合教材各单元的学习内容来确定主题，这就需要教师对教材的深度理解，挖掘出单元间合适的整合点进行整合，以此确定单元学习主题。

二、关注关键要素，确定单元学习目标

"单元学习目标"是指在完成单元多个课时的学习之后，学生应该获得的学科核心素养，包括能灵活应用的知识、技能、策略，能反映学科本质及思想的方法、解决问题的综合能力，以及解决一定的问题之后学生愉悦的心理感受，还有学生对于学科的好奇心以及期待感。单元学习目标的确定，既离不开学段目标的要求，也需要根据相应的学习内容和具体的学习情况来定。在确定单元学习目标之前，需要保证两个条件，首先必须和学生的实际学习情况相匹配，有助于在学生的未来学习中发挥积极作用；其次需要以具体的学科知识和技能为主要依据，确保学科本质得到全面体现。

在单元学习目标确定之初，要全面考虑对单元学习目标产生影响的关键要素，主要包括：《课程标准》的要求、单元学习主题与核心内容、学科核心素养的提升、学生的发展需求等。

具体而言，一是要关注课程标准。《语文课程标准》对语文课程的性质与地位进行了基本确定，并对其基本理念和设计思路进行了准确说明，规定了语文课程的总目标和学生各学段识字写字、阅读、口语交际、习作、综合性学习的具体目标，可看作是小学语文教师制定单元和课时目标时的纲领性文件。拿阅读版块中对表达的要求来说，第一学段要求能结合上下文和生活实际了解课文中词句的意思；第二学段要求能体会课文中关键词句在表达情意方面的作用；第三学段要求能在阅读中揣摩文章的表达顺序，体会作者的思想感情，初步领悟文章基本的表达方法。在交流和讨论中，敢于提出自己的看法，做出自己的判断等。可以看出不同学段对学生提出的能力要求存在很大不同。因此，在制定单元学习目标时，要先明确课标中对学段的要求。

二是要关注单元导语。为了确定具体单元的学习目标，我们还要用心揣摩教材单元导语页出示的语文要素，这是单元的核心内容，每个单元的学习内容都是围绕本单元所要训练的语文要素安排的，一般包括阅读和表达两个方面要求。以语文要素为抓手确立单元学习目标，不仅可以为学生的深度学习指明方向，也可以为学习效果的检验提供评价标准。

三是要关注学科素养。确定单元学习目标还应关注本单元在教材中所处的地位及发挥的作用，明晰多个单元学习主题间的关系，以学科核心素养的发展为基础，明确学生应该获得的内容和水平标准，并从整体学习出发，推动相应单元学习目标的确定。单元学习目标要整体涵盖学科核心素养，可以采用素养整合方式描述学习目标。

四是要关注真实学情。确定单元学习目标还需要对学生的学习情况进行分析，包括对学生在这一发展阶段的发展水平和特点的宏观分析，以及本班学生在本课中学习情况的微观分析，并设定合理的学习目标。

三、创设情境任务，设计单元学习活动

单元学习活动的开展，需要以单元整体教学为主要背景，通过积极指导学生学习，促进学生在学习中逐渐达成深度学习的最终目标。以往的学习活动设计往往只侧重于文本的内容、学习方法碎片化，难以按照学习规律进行教学。而单元学习活动设计有明确的目标，把一个单元的教学目标分解成课时目标，并在具体活动中扎实落实。

基于此，笔者认为，单元学习活动可以在大情境中开展，以大任务来驱动，其目的是使学习者能够解决实际生活中的问题。这里的情境不是指作者运用语言文字创设的文本情境，而是真实的语言情境，其目的是在学生的日常生活和课程学习之间架起一座桥梁，激发学生的学习兴趣和参与热情。完成单元任务的过程就是学习者体验学习活动的过程。教师需要重新安排教学单元的学习材料，围绕单元学习目标设计学习任务，在以理解为基础的实践性学习活动中促进学生知识、思维和情感共同发展。

以统编版语文五年级上册第五单元为例，这一单元是习作单元，主要教学内容是让学生学会写说明文。教材在整体编排过程中以习作单元体例为主要编排思路，整体系统设计了五个版块：两篇精读课文《太阳》和《松鼠》、交流平台、初试身手、两篇习作例文《鲸》《风向袋的制作》和习作《介绍一种事物》，语文要素是先"阅读简单的说明性文章，了解基本的说明方法"，再在习作中运用"搜集资料，用恰当的说明方法，把某一种事物介绍清楚"。

许多孩子去过博物馆，博物馆的解说员说什么、怎么说，他们的专业精神和表达方式直接影响游客的体验感。因此，基于单元学习要素、单元文本特点和学生生活背景，笔者适当调整了原有教材的顺序，创设了"云端博物馆"这一大的整体学习情境，对本单元进行了大单元、大任务、大情境的教学设计。将文本内容与参观博物馆相关联，整合了三大任务八个活动，通过任务驱动，引导学生在真实的语文生活情境中学习，帮助学生在说明事物与生活实践之间建立联系，系统有序地丰富说明文写作知识、提升说明文写作能力，在大情境大任务中，努力达到叶圣陶先生指出的说明文写作的最终目的：说明文以"说明白了"为成功。

具体到每一个版块的教学，承载的任务侧重有所不同。比如《太阳》一课，创设虚拟"太阳空间站"，学生通过学习逻辑性很强的说明文《太阳》，了解基本的说

明方法，感受科学性说明文在语言表达上的效果。活动一是"设计空间展览区"活动，学生首先感受如何抓住特点介绍事物。活动二是"制作个性资料卡"，学生通过梳理信息，选择恰当的说明方法，为太阳制作个性资料卡。活动三是"我在空间站做讲解员"，学生整合本课所学知识，选择自己感兴趣的内容进行梳理与表达。

第二篇精读课文《松鼠》，这节课的主要目的是通过引导，让学生对不同风格的说明文有所感知和了解，让学生明白，说明文的说明角度、表达方法和语言风格都可能存在很大的不同。活动一是"动物展览馆"，学生通过学习《松鼠》，并以"可爱的小松鼠"的身份介绍自己，从中感受文艺性说明文具有知识性、科学性、趣味性的特点。活动二是"大型动物鲸"，同样是介绍动物的文章，《鲸》条理清楚，逻辑性强。学生通过为鲸制作一分钟左右的科普视频或音频，进一步感受如何运用多种说明方法，介绍一种事物。

最后是单元习作，学生打造"自己的博物馆"，向大家推介好物。围绕"介绍一种事物"设计了两个活动。活动一是"晒一晒：制作分享"，引导学生关注怎样把制作过程介绍清楚，并且整理一份自己的制作分享。活动二是"优享好物推荐"，学生选择自己感兴趣的一种事物，进行说明介绍，并且以图文解说、视频、音频等形式，进行云端展览。

总之，安排单元学习活动，要在单元整体的思想下，创设大情境大任务。而创设的情境任务也不能随意选择，应具有实践性，以听说读写的言语实践活动为主，提升学生的语文素养；应具有体验性，注重活动与生活的对接，让学生体验问题的产生到解决，连接旧有经验与新知识，再现知识生成和思维发展的过程；应具有自主性，活动设计要将学生的需要、兴趣和动机置于核心地位，彰显自主、合作、探究的学习方式。

四、立足评价标准，开展单元学习评价

"单元学习评价"是以单元教学目标为依据，整体来评判学生的学习过程和结果，为教与学服务，是教学设计不可缺少的环节，兼具诊断和发展的功能。

在开展单元教学评价设计时，要将单元学习过程中的评价作为设计重点，通过评价知晓学生在知识的理解和把握上的基本情况。教师设计的评价内容要指向以下三个方面：首先是学生对知识的深入理解与整体把握情况，其次是学生的思维过程和思维水平情况，最后是学生的学习经验情况。除此之外，评价也应指向学生深度学习情况的评判。评价维度包括认知、思维和情感三个方面，我们不仅要评价学生的知识掌握情况，还要注重学生能力和情感体验的发展。评价方式还应多样化，在评价过程中，教师可以通过口头语言评价、肢体语言评价、积分奖励评价、星级评

价等多种方式开展持续性评价。此外，评价主体还需多元化，既可实施教师评价，也可实施自我评价，还可以开展同伴之间的互评，使得评价主体能收到来自各方面的全方位评价。

总之，深度学习理念下的小学语文单元整体教学设计，有助于摒弃注重文本内容分析导致理解不深，学生认知水平低；迁移缺位，学生思维能力弱；被动接受，学生情感体验少等弊端。在大单元统整教学中，促进学生思维品质的提升，以实现语文深度学习的真实发生。

深度学习视域下的小学语文学习活动初探

池佳静

《礼记·大学》中有言："心不在焉，视而不见，听而不闻，食而不知其味。"这里强调了学习要集中精力，如果不能对一件事集中精力，心里该想什么还是想什么，那么看到不一定注意到，听到不一定听进心里去。这就告诫人们办任何事情都要专心致志。苏霍姆林斯基亦有言："学习如果具有思想、感情、创造、美和游戏的鲜艳色彩，那它就能成为孩子们深感兴趣和富有吸引力的事情。"这里指出了有意义的学习内容和方法的重要性。由此可见，自古以来，积极调动学习者学习的主动性并探索丰富的学习内容受到了学者的关注，对于学生的学习有着深刻的意义。

一、深度学习视域下语文学习活动的内涵及特点

随着新课程的实施，在活动中学习成为了语文课堂的一种重要的组织形式。语文学习活动主要是指学生在学习活动中逐渐感悟、掌握语文的规律，提高语文的学习能力，提升语文学科的核心素养。

为了更好地实现教育的意义和学习的目的，深度学习应运而生。深度学习，是一种课堂变革的理念和课堂教学的设计思路，是指在教师的引领下，学生围绕着具有挑战性的学习主题，全身心积极参与、体验成功、获得发展的有意义的学习过程。于教师而言，深度学习强调教师的"真"教学，将人类历史的认知成果转化为学生主动的活动，转化为学生的精神力量和发展能量。于学生而言，深度学习是学生积极主动的学习，这里的学习呼唤学生的主体参与性，是具有个人意义的活动，是基于学生的个人经历、内心感受、思想水平和想象力的活动。

因此，深度学习视域下的语文学习活动更注重教师的引导性和学生的参与性，学生积极参与到对语文知识的感悟和习得中，并在这个过程中获得体验，获得发

展。结合语文学科特点，我们认为深度学习视域下的语文学习活动应该至少具备这样四个特点：一是整体性。教师充分挖掘学习内容的知识性成果，以丰富的活动落实教学目标，使学生获得整体的、系统的知识。二是联系性。学习是一个循序渐进、逐层进阶的过程，在学习过程中，学生温故知新，在教师引导下建立新旧知识的联结，头脑中搭建知识学习网。三是体验性。活动能够充分调动学生积极参与到知识的学习和应用当中，以真实的体验强化对知识的掌握。四是拓展性。在已有知识和经验积累的基础上，学生结合当下所学，创新运用学习资料，更好地获取知识并实现对知识的积累和灵活运用。

基于以上特点，在教学过程中，我们要根据相关特点设计语文学习活动，这样才能够有效地促进学生的深度学习。

二、深度学习视域下语文学习活动的设计与实践

作为一门学习语言文字运用的综合性、实践性课程，语文学习活动的内容和形式应该是丰富的，听、说、读、写是语文学习活动，而诵读、思维和讨论等活动也应是语文活动的重要组成部分。语文学习活动是学习语文知识的载体和途径，关系到学习目标的达成、学生思维的发展和能力的提高，可见学习活动的重要性。结合深度学习视域下的语文学习活动内涵及特点，我们可以从以下三个方面开展实践，通过设计能够促进学生深度学习的学习活动，来更好地落实语文学习的任务。

（一）深度解读教材是前提

深度学习作为一种课堂变革理念，学习的主体是学生，要想设计出符合这一理念的语文学习活动，深度解读教材是前提。

要想实现对教材的深度解读，就需要教师在备课时，除了备教材、备教参和备学生外，还要能够大局着眼，梳理学习的进阶脉络。以阅读教学为例，"边读边想象，感受自然之美。"是小学阶段阅读训练要素之一，此时就需要教师明晰阅读训练要素的循序渐进这一学习要求（见下表）。

册序	单元	阅读训练要素
二上	第七单元	展开想象，获得初步的情感体验
二下	第二单元	读句子，想象画面
二下	第四单元	运用词语把想象的内容写下来
三上	第三单元	感受童话丰富的想象
三下	第一单元	一边读一边想象画面
三下	第五单元	走进想象的世界，感受想象的神奇

续表

册序	单元	阅读训练要素
四上	第一单元	边读边想象，感受自然之美
五上	第七单元	初步体会课文中静态描写和动态描写
五下	第七单元	体会景物的静态美和动态美
六上	第一单元	阅读时能体会所读的内容想法
六上	第七单元	借助语言文字展开想象，体会艺术之美

这样对教材深度解读后的梳理，不仅能够帮助教师了解学生已有的学习认知，还能更好地让学习活动的设计有所依托并发挥承上启下的作用。

（二）设计促进学生高阶思维发展的任务是重点

高阶思维是思维发展的高级形式，具有创新性、整合性和反思性，作为深度学习的核心特征，发展高阶思维能力有利于实现深度学习，反之，深度学习对发展高阶思维能力也有促进作用。因此，设计促进学生高阶思维发展的任务就成为了语文学习活动设计的重点内容。其中，高阶思维能力包括创新、质疑、解决问题、归纳概括等10余种能力。下面将重点介绍促进学生质疑能力和归纳概括能力提升的语文学习任务设计。

1.设计提升质疑能力的学习任务

古人云："学起于思，思起于疑"，这说明生疑、发问很重要。正如宋代张陆所说："为学患无疑，疑则有进"，培养学生的质疑意识，鼓励学生发现问题，对于学习而言至关重要。质疑，说明学生在认真思考，在调动自己的思维参与语文学习。这里值得注意的一点是，质疑并不仅仅是为了解疑，更重要的是从学生质疑的行为和内容反映出他们在参与、在思考以及思考的方向和角度。质疑能力的提升，不仅能调动学生学习的积极性，养成独立思考的习惯，也有利于学生智力的发展和表达能力的提升。

比如，在课文学习过程中，教师可以从学习课文的前、中、后三个阶段，分别对学生提出"请你结合……提出自己的问题"类似的、能够提升学生质疑能力的学习任务。学习课文前，教师可以引导学生从课文内容、课题形式进行思考，结合自己的生活经验和已有知识对课题进行质疑，这样的学习任务能够调动起学生学习的积极性，从而更好地参与到新知识的学习中来；学习课文过程中，教师根据课文中的内容，可以引导学生从课文的写法、读课文的体会以及从课文中获得的启发等角度，将新知识和自己的学习经验相关联，实现质疑与思考；学习课文后，学生对课文结尾的留白以及全文所表达的中心、情节等进行深入思考之后，可以提出自己的想法与疑问。

2.设计提升归纳概括能力的学习任务

归纳是指从一定数据、资料、事实中提炼出所需的信息、结论,把具象变成抽象,通过现象看本质;概括一般指把事物的表象抽象出一个道理来。整体而言,归纳概括能力就是这种提炼信息、概括大意、通过现象看本质的能力。

在识字教学中,每一篇识字课文都要落实生字的学习,但每一课之间的字都是分散的,这就需要教师设计阶段性总结的学习任务。教师可以通过设计"请同学们结合语文书后面的生字总表,对生字进行归类"的任务,让学生在完成任务的过程中提升归纳概括能力。首先,学生结合语文书后的生字总表,找出同部首的字,结合部首所表示的意义,如按照同一部首进行归类,如"木"部一般和树木、植物相关,"冫"部一般和凉、寒冷相关,"灬"部一般与煮熟的食物,用火加热烧熟有关等等。然后,教师鼓励学生制作字卡,将所有部首以及一个字去掉部首后的部件单独做成字卡。最后,学生在课堂上展示不同的部首,并依次选择部件组成新字并组词。这个过程可以让学生单独小组、或男女生比赛凑字,同时进行学生领读、男女生比读和同伴互读等来巩固生字的音形义的结合。

(三)设计迁移运用类的活动是拓展

迁移运用是对知识和信息更高阶段的运用,"为迁移而教,在运用中学"是深度学习课堂的基本要求。语文学习活动设计中的迁移运用可以表现在方法迁移、知识迁移、思维迁移等多个方面。

1.设计学习方法迁移运用的活动

宏观而言,学习方法范围很广泛,但具体而言,语文学习中不同的知识需要掌握相应的学习方法,才能达到事半功倍的学习效果,而掌握了学习方法,才能实现深度学习。

在教学过程中,教师可以设计帮助学生进行学习方法迁移运用类的活动。许多中国的汉字都有悠久的发展历史,有迹可循,有源可考,很多汉字的背后都隐藏着其字形字义的变迁,因此,学习生字时引导学生追溯汉字的字源字理,进行相关部件的迁移并运用到新字的学习中,就成为了一种很好的识字方法。那么,在生字学习中,教师可以设计"借助字源字理进行识字"的活动,帮助学生加深对生字的理解和认识,实现"音形义"的结合,更好地实现生字的学习。如"鸟"字是学生最先掌握的象形字之一,在学习"乌鸦"的"乌"字时,引导学生比较"乌"字和"鸟"字,将"鸟"字的古汉字字形迁移到"乌"字。结合乌鸦的长相特点——因为这种鸟羽毛很黑,眼睛也是黑的,所以看不到眼睛,这就是"乌"比"鸟"少了一个"丶"的原因,也就将"鸟"字相关知识做了合理的迁移和运用;又如"纸鸢"的"鸢"下部分是"鸟",迁移"鸟"字知识,结合上半部分"弋"表示猎获,所以"鸢"表示善于捕获猎物的鸟，指的是老鹰。教师在备课时，先搜集能够追溯的生字的字源，然后课堂上可以让学生先去猜字义，这样对生字有整体的感知和自己的想法，教师再展示这个字的字源，使学生加深认识。语文课堂经常加入字源识字的环节，学生会不断积累，在此基础上，遇到学过的生字部件，就能够自己想出相应的字源和生字所表示的意义。

2.设计语文知识迁移运用的活动

知识并不是单一的，而是相互联系的一个整体，语文学科的学习更是如此，在这个日积月累的过程中，学生需要学会知识的迁移运用。在知识的迁移中，实现从点到线，线成面式的联结，促成深度学习。

教学过程中，学生掌握了课文的主题之后，教师可以结合主题继续进行引申，引导学生开展"联系学过的同一主题的内容进行表达"的学习活动，帮助学生更好地掌握语文知识。教师可以设置这样的问题："本篇课文表达了作者——（思想、心情），由此我想到学过的……"，借此引发学生对课文的再思考，进而联系到自己学过的相关知识。这样的设计可以呈现在课件中，也可以印制在学生的学习单上。在学习统编版二年级教材《古诗二首》的时候，《村居》和《咏柳》描写的都是春天的景色，由此，教师就设计："《村居》《咏柳》表达了作者——（对春天的赞美和喜爱之情），由此我想到学过的……"由此引导学生联想学过的春天的古诗，如《赋得古原草送别》《大林寺桃花》等等，从而加深对古诗的理解与掌握。同时，深度学习不仅仅止步于此，还可以引导学生去查找、去发现，积累更多相关的诗句、积累描写春天的好词好句，"关于春天，我积累的词语：＿＿＿＿＿＿＿＿＿＿＿＿＿＿＿＿＿＿＿＿＿；我积累的句子：＿＿＿＿＿＿＿＿＿＿＿＿＿＿＿＿＿＿＿＿。"在该活动中，学生先自己思考，然后进行小组交流，在小组中分享自己的想法。这样的学习过程加强了知识的联结与积累，也能更好地促进学生的深度学习。

3.设计思维方式迁移运用的活动

思维方式的迁移运用主要指人从已知的知识中，抽取有关的思维方法，并以此为指导，再去思考正在探索的对象。语文学习活动中思维方式的迁移运用则更强调由一个知识联想到另一个知识，建立新旧知识的联结，从而达到"温故知新"的目的。

在课文教学时，教师可以结合教材本身的特点，设计"课内研读、课后仿写"的活动，通过这样的活动帮助学生掌握和运用课文知识，实现思维方式的迁移。首先，学生通过品读、批注等方法以自学和小组合作等形式，把握课文的中心；其次，对于课文表达的形式，即结构，学生进行适当的模仿和学习。例如，在学习统编版语文教材中的《古诗二首》这一课后,结合两首古诗在内容上都是写春天这一共性,教师引导学生自己去细心观察春天的美景,运用积累的词语,以诗句或描写的形式,呈现自己心中的春天。又如《咏柳》的"咏"是"赞美"的意思,生活中,你想对什么人或什么事物抒发你的赞美之情呢?以《咏……》为题,写写你心中的赞美。学生有的写"咏雪",从雪花飘落的灵动写到雪花落地的静美,还能写出"雪花像一个个小精灵在空中跳舞"这样的拟人句;有的写"咏医",赞美抗击在疫情一线的医务工作者;还有的写七言绝句"咏荷","圆圆荷叶像蒲扇,盛开荷花像小碗。莲藕可爱又香甜,出淤泥而又不染。"……这样的写作是对思维方式的迁移和运用,更是学生深度学习的体现。

总的来说,于教师而言,深度学习是一种教学理念;于学生而言,深度学习则是一种学习方式,是一个学习真正在学生头脑中发生的过程。教学中,教师需要不断引导学生开展深度学习,使学生对知识产生学习动机,将新知识与已有的知识相联结;同时,通过探究的方式,使学生在深刻理解的基础上,对知识产生自己的看法并内化为自己的涵养。在教学中,我们还需要不断地探索能够促进学生深度学习的语文学习活动与对策,从而推动深度学习真正发生。

参考文献

[1]刘月霞,郭华.《深度学习:走向核心素养》[M].教育科学出版社,2018(11).
[2]王惠珍.小学语文深度学习之我见[J].科学大众(科学教育),2019(7).
[3]刘桂侠.深度学习视域下小学语文学习活动得到优化策略[J].语文教研,2018(26).

强化"整合设计" 突显深度学习

秦继兰

为了实现小学英语课堂上的深度学习,本文将从课堂上的"浅表学习"现象分析入手,重点阐述教师在"整合设计"理念指导下,通过对问题、学习活动、学习情境的整合设计帮助学生实现深度学习的实践与思考。

一、"浅表学习"现象分析

在听课过程中,经常能够看到这样的"四多"现象,一是问题多,在一节课中老师提几十个问题的现象时有发生;二是活动多,课堂上教师一个活动接着一个活动地带着学生"赶场",短短40分钟能开展七八个活动;三是情境多,对话学习、句型学习、单词学习都有不同的情境,情境中开展学习固然没有问题,但是一节课中呈现的情境多且互相独立、支离破碎,则会影响课堂学习的整体性与系统性;四是教师话语多,正是因为教师提的问题多、组织的活动多、创设的情境多,而每一个步骤都需要教师发出指令,无疑就导致了教师话语增多。这样的课堂会带来一些不理想的学习结果,问题过多说明所设计的问题过于琐碎,活动过多说明所设计的活动比较零碎,情境过多容易分散学生的注意力,这几个现象都不利于学生结构化学习知识、系统化思考问题,不利于学生在知识学习中进行联想与统整,从而使得学生的学习很难实现知识之间的关联,学习过程不深入、不系统,长期处于浅表学习状态。

二、"整合设计"让学习走向深度

基于以上现象,在教学过程中,我们可以通过强化"整合"思想,让学生的学习从浅表走向深度。所谓"整合",就是把一些零散的东西通过某种方式彼此衔接,从而实现信息系统的资源共享和协同工作。其主要的精髓在于将零散的要素组合在一起,并最终形成有价值有效率的一个整体。教育学领域的整合理念,是一种建构主义教学理念,其核心是建立有机联系,追求一以贯之,把不同类型、不同性质的事物组合在一起,使它们成为一种整体,以产生好的效果。结合整合理念及课堂教学中观察到的一些现象,我们可以从学习问题设计、学习活动设计及学习情境创设三个方面开展整合探索。

(一)整合设计学习问题 提供探究学习空间

在课堂上,我们可以通过整合设计来精简问题的数量,把零碎的问题综合化,从而让问题更有思考价值,为学生提供合作探究的学习空间。在整合设计问题时,教师首先要认真研读学习内容。在认真分析、研究学习内容的基础上,根据内容需要进行问题的整合设计。其次,教师可以根据不同学习内容提取出关键词进行问题信息整合设计。可以有这样几种设计方式:一是图片信息式问题整合设计。在对话学习之前,教师往往会针对主题图提出一些具体问题,如"Who are in the picture? Where are they? What are they doing?"等。为了整合设计问题,我们可以抓住"图片信息"这一关键词,把以上几个问题整合成"What can you see in this picture?"类似问题。谈论这样的问题时,学生也需要从图片中的人物、地点、事件等方面开展交流。二是语篇信息式整合设计。在语篇学习时,教师通常会提出"What does... say? What color is the...? How many... are there?"等有关具体信息的问题,这样的问题对学生来说缺少思维含量,即不需要思考就可以直接从书上看到答案,指向的内容也过于单一，对学生综合能力培养没有帮助。在这种情况下，教师可以提取语篇学习中的关键词，提出"What do you know about...?"的问题，在问题引领下学生去探索关于这个人、这件事或这个物品的相关信息，然后再交流出来。这样就为学生提供了探究学习的空间，学生在探究中梳理信息、概括语言知识、提升逻辑思维能力。另外，教师在整合设计问题时也需要考虑学情。一二年级的学生由于认知能力弱，教师在整合设计问题时要把握好度，尽可能既不让问题过于繁琐，又让学生能够完全理解教师的问题，让问题更有针对性，以达到应该有的效果。

（二）整合设计学习活动 留足自主学习时间

整合设计学习活动，让活动少而精，保证在减少数量的同时不降低质量，能够为学生参与每个活动留出充足的学习时间。要想很好地实现学习活动的整合设计，首先，要对一节课的学习内容进行全面分析。教师要充分考虑前后内容之间的联系，把相关的内容综合分析之后再设计学习活动，这样能够保证活动任务的综合性。其次，相关联的内容要尽可能地整合为一个活动。比如听力练习进行整合设计，既可以与说的活动、读的活动，还可以与写的活动。再次，要让每一个活动作用最大化。比如，在设计单词学习的活动时可以融入句型的练习，进行听力训练的同时可以就听力材料展开说和读的操练等。这样设计不仅能够使活动数量精简但作用不减，还可以省出时间根据需要开展一定的拓展活动，为学生留出充分的自主学习时间。

在学习北京版英语二年级上册Lesson16时，授课教师主要带着学生学习了教材前四个版块的内容，共设计了包括Free talk, Listen and number, Match and say, Talk and act和Look and read五个学习活动。第一个活动用了10多分钟，导致后面的活动都特别紧张，明显感觉教师带着学生一直往前赶，即使这样到了Talk and act活动，课堂也已经接近尾声。教师只好让学生课下再准备，下节课再来开展这个语言输出活动。

在这种情况下，教师开始尝试整合设计学习活动，减少活动数量而不减少学习内容。本着化繁为简、整合活动设计的思路，对本节课的活动进行了重新设计。教师把原来的五个学习活动变成了三个：Free talk继续保留，Look and read调到第二个学习活动，教师在该活动中除了呈现课本中的包含o、oa的单词和句子外，又为学生拓展了一些课外词汇，从而更好地帮助学生逐步拥有拼读能力，也实现了活动效果最大化。第三个学习活动是把Match and say与Listen and number两部分内容进行整合，在此情境中开展Talk and act活动。准确地说，是把三个原本分裂的版块放在了一个大情境中，整合成了一个活动，具体操作如下：先在Listen and number情境做听力练习；然后用PPT增加Match and say中的新动物图片，让学生来说一说整幅图中的动物名称；最后PPT出示本单元的核心句型作为提示，让学生综合运用相关语言谈论场景中的内容，创编对话并表演。一个活动分三个步骤开展，层层递进，既锻炼了听说读写能力，又不让人觉得活动的分裂。在后续的实践过程中，学习效果非常好，学生参与活动很充分，也有了充足的时间进行语言的输出展示。

可见，活动的单一设计到整合设计，不仅能够使课堂变得简单不简约，还能让学生有足够的时间与空间开展深度学习，真正对学生学习能力及学习品质的养成起到了促进作用。

（三）整合设计学习情境 助力学习过程逻辑化

整合设计学习情境，在这里是指把一节课的多个相互独立的学习情境整合成一个大情境，把学习过程置于整体性的大情境中进行，从而保证在相互关联的整体情境中实现教学的连贯性。以北京版英语教材内容安排为例，在整合设计学习情境时可以从这样三个方面进行思考。

1.延伸教材学习情境使之整合

就北京版教材来讲，每节新授课都有四五个版块的学习活动，除了版块二的核心句型来自于版块一的对话内容外，有些听力练习版块、实践活动版块与其他内容相互关系不大。在这种情况下，教师可以通过延伸教材中的对话学习情境，让不同版块的学习内容之间具有连续性、一贯性，使之成为一个整体，这样的学习才更加符合学习规律，呈现出来的学习过程更具有逻辑性。比如四年级下册Lesson24，为了让对话学习与词汇、句型学习情境融为一体，在学习完教材对话之后，教师延伸学生回校取书包的情境，让学生通过观看教师自制的动画学习语言整合知识。在延伸情境中呈现并学习"hit somebody on my way home, lost my new cap"等短语，在整体情境中扩充了话题语言，并学习了本节课的核心词汇。这样学习语言的过程符合语言学习规律，让学生更容易接受，从而收到更好的学习效果。

2.改编教材学习情境使之整合

基于有些教材各版块内容所提供的情境之间的关系相对独立，教师还可以通过对已有情境的改编和重组，使之成为一个整体，从而实现在整体情境下学习的目的。这样的整体情境设计贯穿整节课的学习内容，使前后教学情境具有一定的逻辑关系，学生学习完一个情境并不是学习的结束，而是还要探索接下来发生的相关联的事情，从而主动继续开展学习。在学习四年级上册"Unit6 May I take your order? Lesson21"时，教师对教材中的情境进行了改编。教师先创设了"美食城"这样一个主情境，然后是对话中的主人公Lingling和Mike分别到美食城中的快餐店、糕点店，以及中国特色小吃店购买美食的过程，通过这样的大情境构建，把本课的对话、核心句型、饮食文化等内容都生活化地呈现了出来，以利于学生更好地理解语言。

3.创编新的整合式学习情境

北京版教材的复习课更加突显版块学习，通过听、说、读、写各个版块的练习实现知识点的复现、语言的运用，但是教材上这几个版块的安排都是相对独立的，基本上没有连贯的学习情境。在这种情况下，教师可以创编新的整合式学习情境，把教材各个版块的内容整合到大情境中来，让学生在大情境中复习语言知识、运用语言开展实践活动，从而促进综合语言运用能力的提升。这样的学习不仅会帮助学生有效地提升听、说、读、写能力，还能很好地提升学生的逻辑思维能力，帮助学生建立起知识之间的联系，从而更好地内化语言和迁移运用语言。

可以看出，在一节课中，比起互相独立的多个学习情境的组合，整合设计学习情境能够更好地保证学习内容的完整性和知识的结构性，能够保证学生学习思维的逻辑性和流畅性。虽然整体情境创设也有一定的难度，但是只要我们认真钻研教材，充分考虑学生的学习特点及生活实际，就一定能够创设出更加符合学生学习规律的整合式学习情境。

三、"整合设计"注意事项

综上所述，整合设计问题能够使问题更具有概括性、综合性，更具有思维含量，从而为学生提供开展探究学习的机会；整合设计学习活动可以使课堂活动少而精，使每一个活动都得到更充分的开展，从而提高活动的效果，也能为学生节省出大量的自主学习空间；整合设计学习情境，让学生在大情境下开展系统化学习，更符合学习规律。这样的设计能够帮助学生的学习系统化、结构化，能够促进学生全面、综合、深度思考，从而促进学生的深度学习。

但是在开展整合设计时，不管是问题设计、活动设计，还是情境设计，都要遵循这样三个原则：一是要根据需要开展整合设计，不能为了整合而整合；二是要结合学科课程标准、教学内容及学情等因素进行整合设计，要让整合后的设计更加符合学生的年龄特点，更加符合学生的学习规律，不能想当然地开展整合；三是本着"少而精"的思路进行设计，实现减量增效的结果，即在整合过程中减少问题、活动或情境的数量，但是不减少质量，要在减少数量的基础上更好地提升问题、活动或情境的效果，这才是我们提倡"整合设计"的最终目的。

深度学习背景下单元学习活动设计的策略研究

王海波

深度学习是一种新的课堂理念和课堂教学设计的思路，是落实立德树人根本任务的重要途径。在小学数学课堂中，深度学习需要在教师的引领下，学生围绕有目的性、挑战性的学习主题，积极参与、体验成功、获得发展，通过开展以从具体到抽象、运算与推理、几何直观、数据分析、解决问题等为核心的学习活动，让学生掌握数学的核心思想与本质，从而提高学生的思维能力，促进学生核心素养的发展。

要实现深度学习，教师可以以单元学习活动的设计为重要突破口。这就要求教师备课、上课需站在单元整体的角度，深入了解每一个知识点在模块、领域中所处的地位以及知识之间的关联性。目前，许多教师对单元学习活动设计理解的不够深入，只是单纯地将整个单元笼统地放在一起，而没有进行前后关联或适当重组，导致单元活动的设计不够深入、缺乏连贯性。这样的设计也会让学生处于浅层学习，从长远来看，不利于学生高阶思维的培养。深度学习下的单元学习活动设计要立足教材整体，综合考虑知识之间的关联性，设计能够让学生全身心参与的学习任务，在活动中逐步发展学生的数学学习能力。

一、统揽教材内容，确定单元学习活动主题

深度学习是要围绕一定的学习主题，在数学中，可以分为不同领域，如数与代数、图形与几何、统计与概率、综合与实践，不同的领域又可细化成不同的学习主题，这些学习主题在学生不同学段都有不同层级的呈现。单元学习意味着不再以一课时的内容为出发点，而是要统揽一个单元的学习内容，并将这些内容进行整合，找到核心内容，以此来确定一个单元的学习活动主题。单元学习活动主题并不是要打破现有教材的呈现方式，也不是要超越学科知识间的顺序，而是要根据核心内容，学生的认知情况，适当地对教学内容进行调整、补充或者拓展。

基于数学学科的特点，单元学习活动主题可分为两大类：一是基于教材及课程标准对学习内容的分类：如10以内的数的认识、分数的初步认识、图形的周长、长方形和正方形的认识等。二是以生活情境为出发点，整合其他学科的单元学习主题。这一类的学习活动主题是一种综合性的实践活动，比如超市小调查、篮球场的周长等，在教材中的数学广角、数学百花园会呈现这类主题。单元活动主题的确定

当然也要考虑数学的思想本质及要培养学生哪些核心素养。这是单元活动主题所承载的真正意义，比如"数的认识"其本质就是数，让学生经历数量到数的过程，以此为突破口，让学生把握数的认识的本质，从而培养学生数感。教师在设计单元学习活动主题时要充分地理解知识背后的数学思想所在，一定要让教学过程依托着一个或几个数学核心素养，比如符号意识、空间观念、几何直观、运算能力等，让单元学习活动主题更有深度。

二、依据教学要素，确定单元学习活动目标

单元学习活动目标关系到单元学习活动设计，同时也是后期对学生持续性评价的重要依据。教师要综合考量、分析教学要素，基于教材、学生等多个方面设计整体性、层次化、综合性的单元学习活动目标。单元学习活动目标的设计要从学生的角度出发，充分考虑到学生的最近发展区，并且要指向学生的学科核心素养。

（一）分析教学要素

教学要素是构成教学活动的基本成分，是制定单元教学目标的依据。顾明远先生认为教学要素一般包括三个方面：教师、学生、教材（课程标准、教学内容）。那么在进行数学单元学习活动设计时，应至少考虑以下教学要素：数学教材分析、课程标准分析、学情分析、教学重难点分析、教学方式分析。其中，教学教材分析可以从横向和纵向两个维度进行思考。首先要纵向分析本单元的内容以及其中包括的重要的数学本质、渗透的数学思想，分析本单元在整个教学体系中所起到的作用及与先后学段知识之间的联系。接着要从横向的角度比较不同版本或者新旧版本之间在内容、编排方式、练习题等方面的区别。学情分析可以从学生对新知识的认识程度、学生的认知水平及能力、学生学习习惯及兴趣爱好等方面进行。教学重难点需要结合教材内容，尤其是学生的已有认知经验进行确定。教学方式的选择要充分体现学生的主体地位，尽可能地为学生提供自主学习与合作交流、探索的时间与空间，要能够调动学生在课堂上的积极主动性。

（二）确定单元学习活动目标

单元学习活动目标是在分析完教学要素以后所确定的，目标具有重要的指导作用，是设计教学活动以及后期评价的重要依据。单元学习目标既要涵盖整个单元的学习内容，也要符合学生的认知能力，并且还要起到承前启后的作用。深度学习理念强调，单元学习目标必须指向学生核心素养的发展及高阶思维的培养，指向数学本质和数学思想。单元学习目标要以学生的口吻来制定，是学生能达到的应然状态。单元学习活动目标与课时目标不同，它具有整体性，能够对每个课时起到引领作用。同时它也具有层次性，它包含对学生知识技能、思想方法、解决问题、情感

态度价值观等多个方面的要求。

三、基于学科核心素养，设计单元学习活动

单元学习活动是学生参与课堂并获得知识与技能的载体。单元学习活动的设计要体现数学学科的核心素养，教师通过让学生经历运算推理、抽象概括、迁移应用等活动，逐步发展其数学学习能力。这就要求教师在设计单元学习活动时，要通过创设学生感兴趣的问题情境来激发学生参与活动的欲望。除此之外，教师还可以通过设计探究性的学习任务，让学生在任务中主动探索、积极交流，在完成任务的过程中获得成功的体验，从而提升数学学习兴趣，促进学科核心素养发展。

（一）设计趣味性问题情境

在单元学习活动的设计中，好的问题情境会大大激发学生的学习兴趣，同时在学生思维发展方面也具有一定的促进作用，能够帮助学生通过建构一定的知识储备或者小组合作的方式"跳一跳"最终解决问题。好的问题情境具有以下特点：首先，问题情境要能够体现出数学学习的本质，学生能够在情境中理解和探究，从而培养学生数学学习的能力。对于一些概念性的知识，通过教师的直接讲授并不能起到很好的效果，而在情境中则能够引发学生的认知冲突，激发学生的探索欲望。学生在情境中进行思考，能够更加清晰地理解概念的本质。其次，问题情境要与学生生活紧密联系，学生参与到课堂中是尤为重要的，学生能够有效参与的问题情境是课堂得以开展的关键所在。在这样的情境中，每个学生都能够参与到学习中，主动思考或者参与小组的合作与交流；在这个过程中，学生能够逐步理解新的知识内容。例如，在学习"周长的认识"时，通过帮助孙悟空给师傅画保护圈这一任务情景，看似简单的问题，背后却隐藏着"周长"的概念。学生通过画封闭图形，感受到了封闭图形一周的长度就是周长，既引发了学生探究的欲望又突出了本单元的本质内容。这样的情境很好地激发了学生强烈的学习动机，让学生真切地感受到数学与生活的密切联系。

（二）设计探究性学习任务

在单元学习活动中，"探究"二字尤其重要，要重视学生的参与度和探究性。学生以学习活动为脚手架，置身在与生活实际相联系的问题中来，教师是引导者、合作者、参与者，引导学生在积极参与、主动思考中，不断地积累学习经验，不断地自我反思总结，体验成功与收获，从而达到对数学知识技能、思想方法的深度建构。学习任务是探究性学习活动的核心所在，可以体现问题解决策略的多样化；学习任务是基于单元学习目标及学生的已有认知设计的，要考虑不同学生的认知起点、知识经验。在解决学习任务时，不同学生能够根据自己的思维习惯、学习水平

等进行自主探索或合作交流，不同学生可以展示出不同的策略方法，凸显学生个性化特点。

比如，在学习《万以内数的认识》一单元时，教师设计这样的学习活动：用你喜欢的方式表示8844的意思。教师出示学习活动之后就大胆放手，给学生充足的时间，让学生利用核心概念进行迁移。学生经过自主探究、小组合作的学习过程，最终呈现出以下四种表示方式：①第纳斯方块②计数器③数位顺序表④8000＋800＋40＋4=8844。之后，教师继续追问，千位上的8与百位上的8是不是一样？通过这些表达方式，尤其是计数器，学生会发现千位上的8表示8个千，百位上的8表示8个百，位置不一样，意义不一样。在这个过程中，学生围绕着学习任务进行探究，在学生的最近发展区内，满足了学生共性和个性的需求，从而利于学生进行深度加工，最终达成对概念的理解。

四、着眼学生发展，设计单元学习活动评价

活动评价主要是对学生学习活动参与程度及学习过程的监控，是对预期目标达成程度的检验。学生对学习活动的参与程度及表现各不相同，收获各异，所以评价的设计要具有一定的灵活性。教师需要关注学生在学习过程中的收获与体验及解决问题的思路和方法，从深度学习的角度让学生真正地能在自我评价与反思中，形成一定的批判精神和灵活解决问题的能力。如在学习"两位数乘两位数（不进位）"时，教师可以设计这样的评价内容：24×12等于多少？尽可能详细地记录你的思考过程（可以写一写、画一画）。这样的评价活动能够考察学生算法的多样性，还能考察学生的思维途径和认知层次。

活动的评价设计要充分发挥其多功能的作用和价值，引导学生在知识技能、情感态度、小组合作、交流表达能多个方面进行自我反思，以促进学生个体发展及小组成员的进步。评价的方式也可以是自我评价、生生评价、师生评价或者小组评价等，在多种评价的方式中，实现学生的深度交流、深度反思，从而达成活动评价设计的目的，促进学生长远发展。

深度学习是落实立德树人根本任务的关键方法，教师要在尊重学生、理解数学学科本质及基本素养的基础上，以深度解读教材为前提，通过确定单元活动主题、活动目标，设计单元学习活动及开展持续性评价，实现单元学习活动的高效开展。在单元学习活动中，通过用心观察、动手操作、主动探索、及已有认知经验的充分发挥，使学生获得数学知识及数学思想方法，促进其高阶思维的发展，最终实现在数学课堂上的深度学习。

参考文献

[1] 马云鹏, 吴正宪.《深度学习：走向核心素养（学科教学指南·小学数学）》[M]. 教育科学出版社, 2019（3）.

[2] 郭立军.《整体把握与单元教学研究——以小学数学"数与代数"领域为例》[M]. 北京：北京师范大学出版社, 2016.

[3] 朱礼娜. 小学数学单元整体教学体系架构与实施的研究[J]. 教育观察（下半月）, 2016, 5（8）：83-85.

[4] 李燕. 基于核心素养的小学数学单元整体教学研究[D]. 山东师范大学, 2018.

小学数学课上促进学生深度学习的探索

李宝玲

深度学习是指在教师引领下，学生围绕着具有挑战性的学习主题，全身心积极参与、体验成功、获得发展的有意义的学习过程。数学中的深度学习主要涉及三大版块：高阶思维、学习迁移和问题解决。新课标中指出，数学教学要从"以知识为本向学生发展为本转变"，将"双基"变成了"四基"；提出了在数学教学过程中，帮助学生感悟数学思想方法和积累数学活动经验的重要性。课标中要求的重视数学方法背后的数学思想，正是数学课堂上实现深度学习的一种手段。可见深度学习是一种顺应时势发展的课堂理念，需要教师去思考、去探索、去实践。

本文主要从培养学生质疑能力、培养学生深度思考能力、激发学生深度探索的热情和提高学生解决问题的能力四个方面浅谈如何在数学教学中促进学生深度学习。

一、出示课题时用问题带动问题，培养学生质疑能力

深入学习的能力培养不是一朝一夕的事，需要教师逐渐去引导。质疑能力的培养是深度学习能力发展的关键要素。但是在课堂中，学生却存在缺少质疑意识和质疑能力较弱的现象。当老师把课题写在黑板上时，学生只知道这节课要学的内容，却缺少深入思考和积极探索的欲望。这时教师可以采用"用问题引出问题"的方法，即在出示课题后教师多问一句："看见课题你想到了什么，你最想知道什么"，学生联系已有经验提出最想知道的问题，或者是对本课题的疑惑，整个学习过程激发了学生的好奇心。

这种"用问题引出问题"的方法，不仅能够激发学生学习的兴趣和好奇心，给学生创造思考和质疑的机会，而且这些有价值的问题也有利于整节课的开展。同时，让学生带着问题上课，在求知中寻找答案，更能让学生记忆深刻，进而促进学生深度学习。在教学过程中，我们可以这样进行实践：首先，设计问题。出示课题之前，教师要根据教学目标，明确课上需要教授哪些知识点；出示课题时，针对需要学习的内容和对象进行提问。这里要注意，教师需要根据学习内容先确定是否有必要开展提问，对于学习目标很明确的课题就没有必要多此一问。其次，引导问题。当我们判断好哪些课题适用这种方法以后，需要预设学生的困惑点是什么，学生可能提出什么问题；当学生看见课题不会提问，或者提出的问题不着边际时教师该如何应对。一般情况下，学生都会针对需要学习的对象和内容提出自己的疑惑，但当学生提不出我们想要的问题时，教师可以利用学生已有的学习经验，让其回忆和本节课相关联的学习内容，让其利用知识迁移的办法去思考问题，从而展开探究。最后，提炼问题。老师"用问题引出问题"的方法，能够使学生提出很多问题固然是好事，可是在众多的问题中，未必每一个都有价值。教师要将问题进行筛选，从中挑选出符合教学目标的问题，让整节课围绕着这一个或这几个有价值的问题进行。

例如：在五年级上《用字母表示数》一课中，出示课题以后，老师可以这样问：同学们，今天我们来学习用字母表示数，看见"字母"你想到了什么？

生1：我想到了英语单词。

生2：我想到了26个英文字母。

……

师：非常好，能看出来大家都是爱学习的孩子。当你看着这个课题时，你有什么问题吗？你最想知道什么？

生1：我想知道用哪些字母可以表示数？

生2：我的疑问是为什么要用字母表示数呢？

生3：在哪些地方能用字母表示数呢？……

从这个课例中能看出，出示课题时，教师几个简单的问题就带出了学生一连串的问题，而这些问题都指向本节课的教学目标，也是课上要学习的重点和难点。

从心理学的角度讲，凡是经过头脑分析、综合、比较、概括过的内容，必然会留下深刻的痕迹，而问题就是思维的表现形式，科学合理的提问是促进学生思维活动的外部动因。这种出示课题后"用问题引出问题"的方法，有利于培养孩子在思考中质疑的好习惯，从而逐步提升学生深度学习的能力。

二、发挥语言的引导作用，培养学生深度思考能力

在小学数学课堂上，教师经常围绕学习目标设置不同的学习活动。在活动过程中，学生经常是别人说什么就是什么，不去思考怎么得到的，为什么是这样。他们只关注问题的结果，忽略算式背后的意义和算法背后的数学思想，这说明学生处于浅层学习状态。这就需要教师发挥语言机制，多说启发性语言，引导学生进行深入思考，开展深度学习。

在课堂上，学生出现不知道下一步该怎么想或怎么做的时候，就需要教师发挥语言机制。为了更好地发挥语言机制，教师要认真备课，清楚每一个环节和每一个学习活动的目的，明确引导的方向。只有这样，当学生思路出现问题时，教师才知道该往哪个方向去引导，从而激发学生接下来的思考。当学生的思考不能继续时，教师可以联系旧知识和生活经验，用启发式的语言激发学生对新知的思考；当学生只注重结果，而忽略算式和方法背后的意义时，教师就多问一句："为什么这么算，将这几个方法对比有什么联系？"，这样便给学生的思路指明了方向，长此以往便能帮助学生开展深度思考以及提升学生深度思考的能力。

例如在四年级《线与角》复习课中，教师设计了如下的学习活动：

活动一：填一填

	直线条数	射线条数	线段条数
当同一直线上有8个点时			

(1) 请写出或画出你的想法

(2) 你有什么发现？

设计这一学习活动是希望学生在深度思考的基础上，懂得做题要有方法；希望能够渗透有序的数学思想，引导学生发现规律，这样当直线上的点数增多时，学生很快就能应用规律得出结果，而不是将思维只停留在"数"的方法中。在这一活动开展过程中，大部分学生都能把表格填上，并且在"我的发现"中很容易说出射线和点数的关系，而在数线段条数的时候，如果直线上的点数较少时就很容易数出来，当点数增加到8的时候，也能将线段数量数出来，但是却没有方法，没有顺序，

思路不清晰。这个时候，教师可以发挥语言机制："我们怎么数才能有顺序，做到不重不漏呢？"学生就会根据已有经验和对题目的理解进一步思考数线段条数的方法，进而呈现出如下的做法：

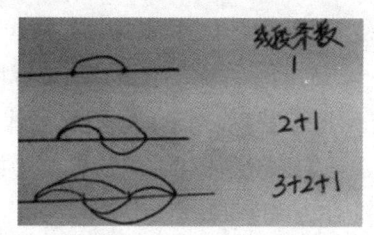

其实，做到这些还不够，此时教师还应该顺势问一句"当点数不断地增多，你还会算吗？是不是在数的过程中有什么规律呢？"引导学生进一步思考有序方法背后的规律。思考后总结出当直线上有3个点时，线段总数是从数字2开始加到1；当直线上有4个点时，线段总数应该是从3开始加到1；那么当直线上有8个点时，线段总数应该是从7开始加到1，是7+6+5+4+3+2+1=28（条）。有了这样的思考过程，学生再遇到类似的问题，就能够灵活应用规律解题了。

由此可见，课堂上教师及时发挥语言机制，能起到很好的引导作用，能够帮助学生顺着自己的思维一步步探索和深度的思考，直至得出正确的结论。

三、巧设学习活动，激发学生深度探索的热情

为了体现学生的主体性，课上我们会依据教学目标，制定适合学生的学习活动，让学生在探究的过程中获得新知。时间久了，学生们仍按着老师的要求去做，会失去探究的热情和欲望，那么我们就可以"巧"设学习活动，比如适当的改变题目中的数字，使学生依照直觉得到的结果和真实的结果不同，促使学生产生认知冲突，进而帮助学生深度的思考和开展探究学习。教师还可以将容易出现思维定式的数学知识，更换一下数学情境，打破思维定式的同时也能拓展学生思路，进而激发学生深度思考的热情。在这里想说明的一点是学习活动的设计是一个非常复杂的过程。但是如果我们在充分考虑数学本质的前提下，再能够注重"巧"设计，将会使学习活动更加科学、合理、高效。

比如在学习北京版四年级上册数量关系《速度的认识》一课时，教师第一次设计了如下的学习活动：

活动一：你能用不同的方法比出谁跑得快吗？

3秒 [_____] 24米
5秒 [_____] 50米

这个活动的设置不仅让学生学会解题，还让学生思考解决问题的办法。学生在思考过程中，体会速度不是时间的长短，不是路程的长短，而是运动的快慢，需要用时间和路程两个量一起去衡量，进而体会速度单位的不同。学生在比较快慢时主要有以下三个方法：第一，相同时间比路程长短，路程长的速度就快，反之就慢；第二，相同路程比时间多少，时间多的速度就慢，反之就快；第三，还可以对相同时间内跑的长短进行比较。可见这个小活动的设计已经非常合理而且具有开放性，并能有利于学生发散思维。但如果教师将其"巧"修改为如下活动：

活动二：你能用不同的方法比出谁跑得快吗？

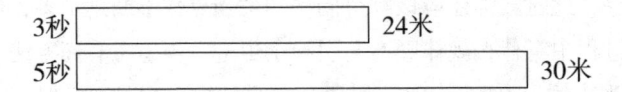

3秒   24米
5秒   30米

活动二与活动一表面上看区别不大，都是用时多的人跑的路程长。所以，很多同学在看到这个活动以后，从直觉上认为第二个速度快，因为路程长。可是计算后才发现第二个人速度比第一个人慢，这与没修改之前的结果刚好相反。"巧"修改后的活动能使学生产生认知冲突，激发学生深度探究的热情和欲望，更好地理解速度的意义以及速度、路程、时间三者之间的关系，进而提高学生的深度学习能力。

四、加强不同方法间的对比，提高学生解决问题的能力

在数学学科问题解决中，经常会出现一题多种解法的情况，当很多种方法都呈现出来时，我们应该将他们进行对比。对比这些方法时，较容易的层次是找到它们的不同点，在书写形式上，或者在思考过程上。第二个层次是找到不同方法之间的联系。当学生将它们异同点对比后，便能发现不同方法背后的数学思想或者感知不同思想之间的联系，而不单单是只记住这几种方法。

更重要的是，要帮着学生明确不同方法的使用情况。当学生独自面对一个新的问题时才能灵活的选取方法，不仅能将题做对还能提高速度。如果教师经常这样训练学生，不仅能帮助他们学习数学知识，还能发展学生的思维，提高学生解决问题的能力。

如：在五年级上《鸡兔同笼》的教学中，设置了如下的学习活动：

活动一：今有鸡兔同笼，上有35头，下有94足，问鸡兔各几只？

在解决这道题的时候，画图和列表是学生最常用的方法。当数据较大时，画图就会很麻烦。在列表过程中，反应快的学生是先猜一组数，比如鸡有30只，兔子5只，然后再依次调整，不断地调整数据直至正确的结果94为止，但是会发现这种方

法也很麻烦。

鸡（只）	30	29	28	27	26	25	24	23
兔（只）	5	6	7	8	9	10	11	12
腿（条）	80	82	84	86	88	90	92	94

为了帮助学生深度学习，教师可以进行这样的引导：一次次的调整，每调整一次加一只兔，减一只鸡，就多两条腿，这样思考的话，我们能不能一次就把数据调整为正确的结果呢？此时学生就会想到将表格和算式进行结合：

（94-80）÷2=7（次）

鸡：30-7=23（只）

兔：5+7=12（只）

通过计算和深度思考，学生发现只要调整7次就能得到正确结果。列表也可以变得简单，不一定按顺序依次去计算直至得到正确的结果。这就帮助学生获得了一种更好的运用列表解决问题的方法。

还有一部分同学喜欢用假设法。假设35只全是鸡的话，隐含条件兔子是0只，有如下算式：

35×2=70（条）

兔：（94-70）÷2=12（只）

鸡：35-12=23（只）

通过计算我们看到，假设全是鸡的方法中直接能够算出兔子的只数，进而得到鸡的只数，显得思考过程更简单。但是很大一部分同学却不理解"为什么明明有鸡也有兔，却要假设没有兔子去算呢？"这时，我们要引导学生将列表和假设法进行对比，让学生去寻找两种方法的相同点。对比后学生会发现，两种方法在算式里运用的数学思想是相同的，也就是说在调整数据的过程中，每增加一只兔，减少一只鸡，就多2条腿。学生还会发现，假设法中假设全是兔子的话能使计算变得更简单。在解决这个问题时，引导学生在对比中找区别和联系，不但解决了学生心中的困惑，而且更多地关注了数学思想方法的理解，从而发展了学生的思维，实现了学生对知识的深度学习和探索。

综上所述，开展深度学习能够更好地发挥学生的主体地位，让学生在深度思考、主动探索中获得新知，发展能力。但是在教学实践过程中，我们也要因人而异、因生而异、因课而异，选择适合的实践路径来开展深度学习。

基于深度学习的小学数学教学策略探析

王佳伟

在当前的数学教学中，还存在着教师一味讲解、学生被动接受的学习方式。在这样的学习状态下，学生仅仅把学习当作一个任务，过分依赖于教师的讲解，没有自主的学习过程。这就导致学生呈现出对知识掌握不牢固、学过的知识很快就会忘记、在解题的过程中不会变通、缺少举一反三的能力等学习状态。追根溯源，之所以呈现出这种学习状态，是因为学生在学习过程中未实现深度学习。

所谓深度学习，是相对于机械、被动和孤立的浅层学习而言的，小学数学深度学习是指在教师引领下，学生围绕着具有挑战性的学习主题，全身心积极参与、体验成功、获得发展的有意义的数学学习过程。在这个过程中，学生开展以从具体到抽象、运算与推理、几何直观、数据分析和问题解决等为重点的思维活动，获得数学核心知识，把握数学的本质和思想方法，提高思维能力，发展核心素养，形成积极的情感、态度和正确的价值观，逐渐成为既具独立性、批判性、创造性又有合作精神的学习者。本文旨在运用深度学习的原理，从教师的角度探讨促进小学数学深度学习的教学策略。

一、深度学习对小学数学教学的意义

基于小学数学深度学习的内涵，我们能够看出深度学习对于小学数学教学具有非常重要的意义。

首先，深度学习能够帮助学生构建数学知识。知识的意义主要是提高人的思想、发展人的能力以及培养人的精神。在学习中获取知识，实际上是学生在一定的情境之下，通过新旧知识间的相互关联，使已有的知识以及经验得到进一步提升和改造。在浅层学习中，学生所获取的知识是点状的、片段的和孤立的，数学知识的学习是静态的，只要遇到新的问题和新的变化就不知如何下手。而通过深度学习，学生可以利用自己的知识储备主动选择、处理和加工新接收的外部信息，并最终把书本中的知识建构成个人的知识网。

其次，通过深度学习能够发展学生的高阶思维能力。根据美国教育家布卢姆的说法，思维可以分为低阶思维和高阶思维。高阶思维的思维过程表现为分析、创造和评价，与高阶思维相对应的学习方式就是深度学习。深度学习需要学生置身于具体的情境之中提出问题，并通过对比、分析、比较、概括和归纳，以及调研、实验、问题求解和创造等学习活动，对问题作出自己的判断，从而寻找出解决问题的有效方法。经过深度的思考和学习过程，使学生解决问题、批判性思维、创造性思维等一系列的思维能力得到有效锻炼和快速发展，从而有效地提高学生的高阶思维品质。

再次，通过深度学习还能够提升学生的数学学科核心素养。发展核心素养主要指的是学生必须拥有可以适应社会发展需要以及终身发展的关键能力，它是学生在技能、态度、知识、价值观以及情感等多个方面要求的综合表现。在学习过程中，学生通过深度学习能够学会通过表面现象看到更深层次的规律；能够通过独立思考、质疑争辩、合理迁移以及信息联结等系列学习方式，提高数学学习能力等，从而促进数学核心素养的提升。

二、促进学生深度学习的小学数学教学策略

基于深度学习对小学数学教学的意义，我们可以从如下三个方面开展促进学生深度学习的小学数学教学策略探索。

（一）创设学习情境使学生沉浸于数学学习中

要想实现深度学习离不开学习情境的创设。创设合理的数学学习情境能够使学生沉浸在数学学习中。教师可以根据不同的教学内容，从故事化情境、活动化情境、生活化情境和问题化情境等四个方面开展情境创设。

1.故事化情境

由于小学低中年级学生对"有趣、好玩、新奇"的事物更感兴趣，那么，教师在学习素材的选择与呈现及学习活动的安排上，都要尽可能做到新颖、充满趣味性。而创设故事化情境就是一个能够激发学生兴趣的学习形式。在教学过程中，教师可以把教材中的一幅幅画面所反映的问题情境编成简短的小故事，使学生身临其境，这样既能够增加课堂教学的趣味性，还能够有效地调动学生的学习积极性，使学生全身心地投入到学习活动中去。在教学一年级"零的认识"这一知识时，教师创设了这样一个故事情境：画面上是小狗的一家，其中狗爸爸、狗妈妈及狗姐姐都钓到了数量不等的小鱼，只有狗弟弟空手而归。学生在津津有味地故事交流中理解到：狗弟弟空手而归即一条也没有钓到，"一个也没有"能够用"零"表示，所以"零"的概念就呼之欲出了。

2.活动化情境

数学知识、思想和方法，应该让学生在现实的数学实践活动中理解和掌握，而不是单纯地靠教师的讲解去获得。教学中，把情境活动化，就是让学生投身到情境中去开展活动，使学生在口说、手做、耳听、眼看、脑想的过程中学习知识。这有

利于保证学生在学习中的主体地位,对于促进学生从直观动作思维向具体形象思维的过渡也十分有利。在教学二年级"认识物体"这部分内容时,教师根据学生的年龄特点,组织学生动手操作、合作交流。先让学生一起搭木块,使其在游戏中感知物体是有不同形状的;再引导学生把其中一些物体进行分类,依次观察每类物体,然后分别抽象出正方体、长方体、圆柱和球的直观图形,初步理解这些形状;再让学生依次摸一摸,再次感知每类物体的主要特征,并在小组里用自己的话说一说每类物体的特点,形成不同物体形状的表象。学生在这样的活动化情境中,经历了观察分类形成表象的过程,加深了对不同形状物体的理解。

3.生活化情境

数学来源于生活,服务于生活。这就要求教师在创设学习情境时要尽可能地结合学生生活实际,通过创设生活化情境,让学生在生活情境中理解数学问题,感悟数学与生活的密切联系,培养学生观察和初步解决实际问题的能力。在教学"人民币"这一内容时,教师创设了几个小朋友到商店购物的情境,然后根据教材和学生的具体情况组织学生开展实际购物或模拟购物。如买1元笔记本时,学生体会到"10角就是1元",并通过数出10角的活动,抽象出"1元=10角"。同时,学生在取币、换币、付币、找币等活动中,理解、熟悉人民币,学会了人民币的简单计算,感受到人民币的实际价值,积累了丰富的购物经验,为正确使用人民币做好了准备。

4.问题化情境

小学中高年级学生对有挑战性的学习任务更感兴趣,所以我们在创设情境时应关注学生的兴趣点,设法让学生通过深入思考来解决数学问题。让他们在开放性、探究性问题中表现自我、发展自我,增强学习数学的自信心。在教学"圆的认识"这一课时,教师设置了与学生实际生活紧密相连的问题,如:"同学们,你们知道自行车的轮胎是什么样子的吗?"大部分学生都知道是圆形的。教师继续提问:"如果自行车的轮胎是三角形或者长方形,可以吗?"很多学生不假思索地回答:"不行,那样不能骑。"此时,教师可以继续追问:"那为什么圆形的就可以骑呢?"通过上述一系列的问题,课堂的学习氛围立刻活跃起来,学生之间针对问题展开了激烈的讨论,为后续圆的知识学习做了铺垫。

(二)在深度体验中提高学生的数学理解能力

所谓数学理解就是指学生对于数学知识的价值以及意义的领会。它是培养学生数学核心素养的必要前提,同时也是学生进行深度学习的重要保证。在教学过程中,教师要通过具体的学习活动,帮助学生提高对数学语言的理解,提高学生抽象、概括分析、综合推理及增强学生运算等数学理解能力。

1.提高学生对数学语言的理解

数学学习活动更注重思维的发展，而数学语言是提升数学思维的工具，所以掌握数学语言是顺利开展数学学习活动的重要保障。我们应当把培养学生的数学语言和数学知识的学习紧密地结合起来，这样才能更好地锻炼学生思维的条理性和逻辑性。就《位置与顺序》这一教学内容来讲，让学生理解与位置有关的概念的本质内涵是主要教学目标。在教学中，教师可以让学生写出自己前、后、左、右同学的姓名，让学生理解这些位置关系的具体含义。然后再让学生背对着讲台，写出此时自己前、后、左、右同学的名字。引导学生进行交流，通过对比两个结果，使学生获得位置关系是相对而不是固定的这一认识，从而让学生对位置关系有更加深入的理解。除此之外，在文字交流与语言交流中培养学生理解数学语言的能力。

2.提高学生抽象、概括分析、综合推理的能力

抽象能力在很大程度上决定了学生能否轻松地学习数学。要想从千变万化的题目中抽取提炼出本质原理，进而举一反三，极为关键的一个因素就是抽象能力。它是理解概念，进行综合推理的基础。而概括分析则是将抽象出来的本质，在头脑中形成思维体系的过程，从而能够让抽象出来的本质适用于不同情景，扩大应用范围。而当我们对于概念的内涵了如指掌后，还需要综合考虑概念的外延，进而理解概念本质。同样，这种方法应用于解题思路中也极为有效。教师在讲解公式、定理、概念时，一般都会先揭示它们的形成过程，因为对于数学学习，最重要的是让学生掌握知识背后的数学思想及解决问题的方式方法，其中就包含抽象、概括分析、综合推理等能力。

在教学《圆锥体积》一课时，教师先引导学生复习圆柱体积的求法，再通过比较各种尺寸不同的圆柱和圆锥，让学生体会到标准不统一就很难比较圆锥和圆柱的大小，只有在等底等高情况下才能找出它们体积大小之间的关系。这时教师再让学生拿出准备好的实验材料，鼓励他们去探讨等底等高的圆柱和圆锥体积有什么关系。虽然不同学生准备的材料大小不一，但等底等高这个标准统一，所以得出的结论也统一。学生亲自参与了实验过程，即使没有教师的讲授，最后也能够正确总结出圆锥的体积公式。在本节课的教学中，探究只有等底等高才能比较体积大小的过程，很好地促进了学生抽象、概括和推理能力的发展。

3.增强学生的运算能力

提升小学生的数学理解能力，需要加强学生对"数或符号"的运算操作能力，如学生会做乘除法，但加减法却常出错，这是因为乘除法主要依靠听觉记忆功能，学生会背九九乘法表，即可把题目做对，而加减法则因为计算时会受到进、借位的影响，涉及视觉功能与记忆，因而更容易出错。再如，有的学生计算正确，答案却

抄颠倒，这是因为由运动功能发展出来的垂直、左右、前后秩序等观念尚未牢固建立的缘故。可见，对符号的理解是提升运算能力的前提。在教学《数轴》一课时，本课中出现的加减符号已经被赋予了新的内涵，因为这里的加减符号是有方向感的。教师将数轴画在黑板上的时候，先给学生讲它的构成，交代清楚了数轴的三要素，学生很自然的就能把"+"号和原点右边的数字联系起来，把"-"号和原点左边的数字联系起来，而不再把它们看成是普通的加减符号了。

数学理解不仅是数学课程教学的重要目标，同时也是提高学生数学综合素养的关键。缺少了数学理解，学生就无法形成深度的数学思维，在数学学习中也就无法进行深度学习。所以，要想实现深度学习，就必须提升学生的数学理解。

（三）在深度串联中提高数学知识联结能力

深度学习的本质是强调在学习数学的方式上要加强信息联结。要求学生把多种知识信息相联结，把不同学科的知识相融合，与此同时运用不同的学习方法，实现不同知识之间的联动性。我们在日常生活中所面对的是复杂、综合性强的问题，解决问题的时候仅仅依靠单一的学科知识或解决办法很难取得圆满效果。这就需要我们依靠信息的联结去解决问题。

在教学过程中，深度学习要求教师牵线搭桥，把不同的知识片段和模块联结起来，形成完善的数学知识结构和完整的数学知识体系，从而使学生对于数学知识的掌握更加系统化。因此，教师可以引导学生在数学原理、概念以及法则之间组织起认知结构，从而形成知识网络，并且让其成为个人内部知识网络中的组成部分。在教学三角形和四边形的相关知识时，教师让学生认识到三角形通过平移和旋转等操作可以得到平行四边形，进而在计算面积的时候，学生可以通过求三角形的面积从而得到平行四边形的面积。依据三角形的相关知识，把平行四边形、梯形、长方形、正方形等四边形的相关知识联系起来，形成和图形有关的知识网络。

在数学学习中，通过归总和求同进行规律探索是学生需要经历的学习过程，学生在将知识进行联结、发现规律的过程中，促进了联结思维的发展。通过引导学生寻找知识之间的内在联系，使学生对于数学知识的理解得到再认识和再升华，从而形成不同类型及性质的知识结构。

综上所述，在小学数学教学过程中，教师应该根据不同学生的个体差异性，创造良好的条件，帮助学生掌握正确的数学学习方法。同时，教师要充分意识到深度学习的重要性，加大对教学方法的探索力度，注重因材施教，提高学生数学学习的参与度，有效激发学生的学习兴趣，让学生在深度学习中发展创新、实践及自主学习等方面的能力。

依托信息技术促进学生英语深度学习的实践研究

秦继兰

《教育部关于实施全国中小学教师信息技术应用能力提升工程2.0的意见》指出，信息技术应用能力是新时代高素质教师的核心素养，教师应该应用互联网、大数据、虚拟现实、人工智能等现代信息技术实现智能化教育等。在该背景下，多途径探索信息技术与英语学科的深度融合，通过信息技术的运用促进学生深度学习、提升学生核心素养成为了我们研究的课题。所谓深度学习，是一种有意义的学习，是学生主动参与课堂的学习，是重在学生理解而非记忆的学习，是能够发展学生分析、综合、评价、运用、创新等高阶思维能力的学习。同时，深度学习还是学生能够有效开展自我反思与调控的学习。因此，在英语课堂上，我们尝试通过信息技术的使用，为学生创设学习情境、制作教学微课、构建思维导图、开展过程性评价等，来帮助学生深度理解知识，发展学生高阶思维，促进学生开展有意义的学习。

一、创设多媒体情境，开展有意义学习

教育心理学家布鲁姆指出，"成功的外语课堂教学应当在课内创设更多的情境，让学生有机会运用已学到的语言材料。"对英语教学来说，教师创设恰切的英语情境，能够帮助学生更好地参与其中，在参与中互动，在互动中建构，在建构中生成。

（一）利用视频资源提供阅读学习情境

以北京版英语六年级下册"Rainbows"一课为例，本课为阅读课，讲到彩虹形成的必要条件及形成的原因，以及三种创造彩虹的方法。就课文内容来讲，以文字呈现为主，缺少学习情境，对学生来说理解起来难度较大。在这种情况下，我们充分利用网络资源，比如播放彩虹相关的英文歌谣，从课题和情感上为学生创设学习情境；在学习过程中播放视频《彩虹是如何形成的》，帮助学生生动形象地理解彩虹的形成过程；为了让学生掌握阅读材料中的三种彩虹制作方式，教师播放《制作彩虹的方法》视频，让学生通过自主阅读学习材料和观看视频的方式实现语言内容的复述。这种学习情境的创设不仅降低了学生学习英语的难度，还有效地激发了学生对英语科普知识探究的兴趣。

（二）利用课件创设对话学习情境

以北京版英语四年级上册"Unit6 May I take your order?"第三课时为例，本课主要讲述了Lingling和Mike在快餐店购餐的经历，通过学习他们的购餐对话感知快餐食品名称及付款过程。在词汇部分还出现了很多零食、小吃，以购买零食和小吃来练习付款过程。分析之后，为了突出情境教学理念，我们利用动画课件整体设计了Lingling和Mike周末到美食城的过程。他们从快餐店（对话学习的第一个场景）到蛋糕店（对话学习的第二个场景），再到零食店（整合了词汇句型版块呈现的第三个场景），这就使整节课的学习接近学生的实际生活，让语言学习走近学生生活，走近学生内心。

这种利用信息技术创设的情境，为学生提供了相对真实的学习语境，使得学习不再枯燥乏味，不再只重视语言知识，还会关注学习内容、学习背景，使学习更有意义。

二、制作教学微课，帮助深度理解

在英语学习过程中，学生会遇到一些不易理解的重难点知识，会遇到无法与旧知识勾连来解决新问题的现象，会遇到不能够很好地把知识迁移运用到生活中等问题。这就使学生的学习处于表面，要想解决这些问题，就需要学生对知识的深度理解，对课堂的深度参与。通过实践我们发现，教学微课的运用能够有效地帮助学生实现对知识的深度理解。

（一）搭建微课支架帮助学生突破重难点

在英语学习过程中，我们倡导以生为本，学生能自己学会的知识教师不教；学生学习有困难的知识教师给予帮助、支架，辅助学生开展学习。其中，微课就是教师可以给予的支架之一，通过搭建微课支架帮助学生突破重难点。比如在学习过去时态这一教学难点时，教师提供微课资源，对包括过去时态的构成、用法、注意事项，尤其是动词过去式的变化规律等内容进行详细介绍，同时还通过小检测帮助学生灵活运用过去时态，以及在口语表达中用过去时态正确描述过去发生的事件等，从而帮助学生深度理解过去时态的含义，进而掌握这一知识点及用法。

（二）设计微课帮助学生实现知识勾连

要想深度理解知识，就一定要在学习过程中学会建构知识，学会把新旧知识实现勾连。但是我们发现，很多时候学生在学习新知识时很难联想到以前学过的旧知识，这种情况下，教师就可以通过设计微课来帮助学生对相关的知识进行快速复现，从而助力新知识的学习。还以"Unit6 May I take your order?"这一单元为例，关于食物的词汇及句型在低年级学习过"fish, ice cream, hamburger, sweet potatoes, meat balls, What's for breakfast/lunch/supper? Can/May I have…, please? Do you want…? What's your favourite food?" 等。

基于这种分析，为了让学生更好地联系已有知识，实现对新知识的深度理解，教师设计了这样一个微课，包括已学食物图片、单词和音频及关于个人饮食爱好的对话交流视频。教师把已学的相关词汇及句型放到情境中帮助学生快速复现，为新知识中的菜单及点餐过程的学习奠定了基础，能够助力学生更好地理解、掌握和运用 "What would you like to eat? May I take your order now？" 等新知识语言。

在学习过程中，我们还可以根据需要设计不同种类的微课，比如典型示范式微课、总结梳理式微课等，利用微课帮助学生激活话题知识、突破重难点、复习巩固知识等，从而实现学生对语言知识的深度理解，为更好地迁移运用语言做铺垫。

三、构建思维导图，发展高阶思维

发展学生高阶思维是深度学习的目标之一。在信息技术辅助下构建的思维导图，对学生高阶思维的发展有很大帮助。

（一）信息技术辅助的思维导图能够提升学生归纳概括、提炼梳理信息的能力

普通的思维导图我们可以不借用信息技术手段，但是在制作稍微复杂一些的思维导图时，借助课件、图片等信息技术工具则能够更好地展现话题思路，帮助学生形成整体概念。以五年级下册 "Unit2 What do flowers do?" 这一单元为例，该单元主要学习植物不同部分的英语表达，以及植物各部分的功能。单元学习之后，为了帮助学生有条理地输出相关内容，教师借助思维导图为学生提供提取、概括信息的思路。教师用X-mind软件制作出来的思维导图不仅让学生清晰地感受到单元主要内容，还为学生总结梳理单元或话题知识提供了可学习借鉴的思路，帮助学生养成在归纳梳理中输出语言的意识，提升学生综合分析知识、概括总结信息的思维水平。

（二）图文结合的思维导图能够发展学生的批判性思维和创新思维

在学习节日相关话题时，为了让学生更好地介绍节日相关信息，教师通过课件利用思维导图的形式向学生展示春节和元宵节的相关内容，包括节日日期、特色食物及特色活动等。

学生看到教师所展示的思维导图之后，产生了很多新的思考。例如有位老家是江苏的同学说饺子不是南方人春节的特色食物，他们春节不吃饺子，但肯定会吃鱼；还有同学说春节活动除了家人团聚、看烟花外，他们总是要去走亲访友等。在同学们的交流互动中，师生一起对思维导图的内容进行了拓展与丰富，从而使语言学习更符合实际生活。同时，在交流表达观点、丰富思维导图内涵的过程中，也发

展了学生的批判意识，提升了他们的创新思维。

四、利用AI开展评价，促进过程学习

深度学习是学生主动的学习，是学生能够自我反思与改进的学习。学习过程中的评价能够帮助学生积极主动地参与到学习中，帮助学生开展自我反思与调控，实现高质量的、有效的学习。利用恰当的现代技术手段则能够提高评价的质量和效率，从而更好地促进学生深度学习。

（一）利用AI开展学习内容评价

日常英语学习过程中的纸笔测试，无法测评学生的语音语调、口语表达能力、听力水平等，这就出现了很多学生纸笔测试成绩非常好，但却听不懂、不会说英语的窘境。为此，学校借助"教与学能力提升"项目，为每个教室配置一台"大象"机器人，希望借助AI技术更好地开展英语课堂学习评价。在学习过程中，教师可以借助机器人开展口语测评。测评之后，系统会从流利度、完整度、准确度三个维度进行评估，根据三个维度的评价给出总分。这样的评价结果对学生来说，能够明确知道自己的优势与需要改进的方向，便于日后有针对性地开展语言训练。除此之外，还可以利用"大象"AI开展单词听写、听力训练、单词游戏等不同形式的测评。

（二）利用AI测评功能助力课后服务

随着"双减"政策的落地，课后服务的全面开展，智能机器人"大象"的评测功能也得到越来越多地运用。比如在课后服务时间，英语教师借助AI技术开展有趣的配音活动。配音之后，"大象"AI会自动给每个角色的配音打分，让学生知道自己的配音水平。老师在课后服务时间利用此测评功能开启有趣的配音活动，不仅可以提升学生的英语口语表达能力，还能够丰富课后服务内容。

（三）利用AI"红花墙"开展综合评价

除了语言内容评价外，"大象"AI还有一个"红花墙"评价功能，教师可利用遥控器或语音控制小红花的增减，这比起传统的手工粘贴、统计式奖励要便捷得多。尤其是低年级的孩子，这种在教室内随时随地可操作的评价方式，他们非常感兴趣。同时，AI红花墙评价功能实现了所有学科教师评价的综合，每周系统会公示出小组红花榜、个人红花墙名单，大大地激发了学生学习的热情及集体荣誉感。

利用AI开展的教学评价，不是以检查学习、评估学习结果为主，而是以促进和加强学习为目的的"促进学习的评价"。这不仅能够激起学生参与学习活动的积极主动性，还有利于学生在学习过程中的自我调控、反思与改进，从而更有效地助力学生深度学习，提升学生的核心素养。

与信息技术共舞　让深度学习真实发生

胡小芬

深度学习指出,"保障小学数学深度学习的实施,必须重视信息技术的有效应用"。深度学习的实施推进,是时代发展的必然要求,是教育的主动应对。而信息技术的运用,则能够有效地提升学生学习的质量、广度和深度,为深度学习的真实发生、推进提供可能。因此,利用信息技术与学科教学融合,促进学生在课堂上的深度学习也就成为了很多教师关注的话题。

在数学课堂上,通过二者有效融合实现学生的深度学习也是我们追求的目标。尤其是到了中高年级,随着知识的抽象性和学生逻辑思维能力的发展,以及学生本身学习经验、活动经验和知识储备的丰富,他们已不再被各种各样的表面现象所吸引,而是需要更多的时间去探究知识的本质。那么,在这一学习阶段,信息技术的应用就会与低年级有所不同。因此,本文将从信息技术与学科融合过程中存在的问题及解决对策,来探讨信息技术助力中高年级学生深度学习的教学实践策略。

一、信息技术与学科融合存在的问题

虽然很多中高年级教师都在实践把信息技术运用到学科教学中,但是在运用信息技术过程中,我们也发现一些不恰当的使用情况导致效果不佳。

(一)不能及时调整课件内容

应用信息技术是为了更好地服务于教学,因此教师通常都会在上课之前围绕教学目标进行课件的制作。所以,教师在课堂上就会按部就班地播放以教学预设为主线制作的课件。这就导致教师很难根据课堂上学生的真实生成及时调整课件的播放顺序,或者根据学生的理解程度适时过滤内容等。这就会降低信息技术运用的预期效果。

(二)过度使用信息技术

信息技术对我们的教学具有辅助作用。理想的使用应是信息技术和学生主体和谐统一的过程。但在教学过程中常会存在部分教师过度使用信息技术的现象。比如他们不仅使用课件出示知识,还用信息技术演示学习过程,这就会缩短学生的思考过程、动手操作过程及合作探索过程等。这样做,虽然能降低学生学习数学知识的难度,但也会降低学生的思维含量。可以说,过度使用信息技术"侵占"了学生动脑想、动口说、动手做的学习过程。

（三）信息技术工具缺乏多样性

教师在日常教学中使用最多的信息技术工具就是电脑，一是使用电脑制作PPT课件；二是使用电脑搜索、储存资料。关于电脑的很多其他功能开发运用的很少。另外，除了电脑外，还有很多现代化设备可以运用在我们的教学中。智能交互式白板、实物展示台、计算器等都有着各自的特性与优势。我们应该根据需要充分利用不同的信息技术工具，从而让教学效果最大化。

二、有效运用信息技术促进深度学习

顺应时代的要求，信息技术在小学数学教学中已被广泛应用，并且在教学过程中发挥出无可比拟的优势，深刻影响着深度学习的课堂现状。深度学习离不开信息技术的辅助作用，特别是在深度学习过程中遇到抽象、转换等复杂问题时，师生可以充分利用信息技术解决问题。

（一）教师运用信息技术辅助深度学习

在信息技术飞速发展的今天，再也不是课上教师呈现几张简单的PPT就算是信息技术与学科的深度融合。随着信息技术在数学课堂上的广泛应用，我们需要摒弃形式主义，更加理性地去思考信息技术的有效应用。这样才能够避免使用过程中遇到问题，让信息技术真正成为学生开展数学深度探究的辅助工具，从而提高学生学习与合作的质量、广度和深度。教师可以尝试在以下场合恰当地运用信息技术，以促进学生的深度学习真实发生。

1.用于"难以描述"之处

在数学学习过程中，我们总会遇到难以用语言准确描述的现象，或者难以用手中的学具摆出的图形，或者难以记录的过程性成果。这时教师就可以在深入分析教材、学情的基础上，借助信息技术直观形象的图示图像制作出内容丰富、过程详细的课件，让学生形象地观察课件，从而理解不易描述的现象。但课前预设的课件，我们也应灵活运用：一是要尽可能多地预设学生的课堂生成情况，在课件中给出不同的引导方案；二是可以根据学习情况及时、恰当地调整课件的播放顺序，或者根据需要跳过一些不必要的展示内容等。这样才会让信息技术的运用达到事半功倍的效果。将难以描述的现象、事物、成果变成直观形象的过程，是加深对数学内容理解的过程。同时，直观表达的过程也是学生思维再现的过程，是学生批判性思考的过程，是知识变得有逻辑、有结构的过程。

2.用于"严谨推理、揭示本质"之处

深度学习是学生主动学习的过程，我们通常会在揭示知识本质之处设计学习活动，让他们通过观察、画图、操作、猜想、实验、推理、交流等活动，亲身体验知识的建构过程。而充分从事数学思维活动的过程是动态变化的过程，很多时候是不好被记录下来的，只能边操作、边演示、边描述，这就使得整个过程缺乏整体性、严谨性、准确性。这样的实例有很多，比如面积公式的推导，图形的分割、转换、极限思想的渗透等。这时候就需要我们发挥信息技术的强大功能。我们可以通过相关软件制作出知识动态变化的过程、推理的过程、验证结果准确性的过程等，这样不仅可以帮助学生沟通知识间的联系，还可以培养学生缜密的思考能力。但是这样的演示过程要在学生深度思考之后进行。学生"动脑想、动口说、动手做"的直观形象思维、抽象逻辑思维的过程在前，信息技术作为辅助工具直观形象演示在后。通过信息技术来辅助印证结果是否准确，可以更大范围地寻找特例，通过相关软件、课件辅助演示推理的过程，可以让推理更严谨、更准确。这种动态演示的过程是让推理过程不断走向深入、严谨的过程，也是逐步揭示知识本质的过程。

这种借助信息技术完整而准确地动态形象演示，让学生的记忆建立在理解的基础上，能够帮助学生把短时记忆转化为长时记忆，体现了理解性学习的过程。

3.用于"拓展学生思维空间"之处

深度学习特征之一是"联想与结构"，这说明知识之间不是独立存在的，而是处在结构中、系统中的。我们可以利用现代信息技术促进学生系统掌握知识，构建较为完整的知识体系。如利用信息技术直观展示相邻计数单位之间的十进制关系，沟通"点、线、面、体"不同维度之间的联系，各种平面图形周长、面积之间的联系，了解同样的样本数据如何用不同的统计图来表示以及各类统计图的特点等。这样可以让学生在各种转换中融会贯通，拓展自己的思维空间，提高空间想象能力。

4.用于"深度互动"之处

在深度学习的过程中，学生要不断建构自己的知识技能。而知识的建构不仅仅是通过教师讲授获得，还可以是学生在一定的情境下，借助他人的帮助（教师和学习伙伴），利用必要的学习资源获得。这里提到的学习资源是指学习过程中可被学习者利用的一切要素，而信息技术就是不可或缺的学习资源之一。现在，我们的教室都安装了可触屏的多媒体教学设备。我们可以发挥它的智能优势，通过人机交互学习，切实发展学生的思维，实现"人机互动"。在这里的"机"指的是与教学有关的所有设备。可以是与白板的智能交互、与实物展台的互动，也可以是与互联网、多种设备的穿插互动等。这一点在"空间与图形领域"应用中更为广泛，它对于学生创造性思维的培养更为明显。在学习图形之间的相互转换、基本几何图形等知识的过程中，学生可以亲自到屏幕上动手操作，亲身感受图形变化的过程，操作的过程会让他们的思维更深刻。这样就由原来课堂中教师和学生的双向交流，变成了教师、学生、设备的多元交流，使交流更深入、探究更深刻。这体现了深度学习过程中的"深度互动"。同时智能交互的过程也帮助学生厘清了思路，提炼了方法，增大了学生的思维容量。促进其思维进阶，进而促进批判性思维和创新能力的发展。

（二）学生运用信息技术自主开展深度学习

随着学生对信息技术的接触越来越多，他们已不满足于学习过程中的被动接受，而是更想借助信息技术主动地开展探究、实践活动。这也正是深度学习所倡导的学习方式。

1.信息技术助力学生对数学文化的深度探究

数学文化的含义比较广泛，在这里我们指的是有关数学家、数学史、数学发展中的人文历史等。我们使用的教材中涉及了大量有关人文历史、天文地理、数学发展、世界文化遗产等题材的内容。尤其是教材安排的"知识窗"更是带领学生走进数学的历史长河，它可以说是一个诸多数学文化的缩影。但是我们现行教材中的"知识窗"都是以阅读材料的形式附在所学知识的后面。内容比较简短，并且缺少完整性和趣味性。那么，如何让这些内容在学生的心中留下印记，让学生通过"知识窗"的学习提升人文科学方面和数学理解方面的素养是值得教师思考的问题。

教材中"知识窗"的出现，原本为学生了解数学发展史打开了一扇窗。如果能够通过这扇窗让他们看到更为感兴趣的事，则会激起更大的涟漪。基于"知识窗"内容设置的简短，我们可以鼓励学生以该部分内容为线索，利用互联网查找更加详细的背景资料，了解相关知识背后的故事，继而深化对数学文化知识的理解。比如小学阶段都离不开的"计数法"，教材通过"知识窗"简单地介绍了各种进制的计数法。教学过程中，教师可以再给学生介绍一个中国古代传统的计数法"十六进制"，就是学生都知道的"半斤八两"。"半斤是5两，怎么会与8两差不多呢？""5两和8两相差3两呢！这是怎么回事呢？"借着知识窗的介绍，教师又抛出学生耳熟能详的成语，学生的兴趣一下子被调动起来，都想赶紧回家上网查资料，弄清楚到底是怎么回事。就这样，他们带着问题走向了深度探究的道路。

可以看出，学生通过互联网能够寻找到解决问题所需要的信息资料，该学习过程也能够帮助学生形成解决问题的基本策略和方法。由此可见，互联网可以使学生开展超越课堂、超越教材的学习，增加获取知识的机会，进而促进学生深度学习，这也体现了深度学习的价值追求——智慧之旅。

2.信息技术助力学生自主学习

关于信息技术的使用，我们以往关注的都是信息技术对于教师教学发挥的重要作用，而忽视把它作为学生学习的工具。我们可以让学生玩一些与教材内容联系的游戏软件，如七巧板游戏，以考查学生观察能力及敏捷的思考能力，这样的游戏有利于发展学生的空间想象力；24点游戏，可以锻炼学生四则混合运算能力，增强计算的敏捷性和灵活性等等。在学生完成不同类型题目的过程中，教师可以选取错误率高、难于理解的习题，鼓励学生自己制作学具并录制成小视频。学生可以用自己的语言进行讲解或制作成音频文件发送到班级群，供大家学习借鉴。这样既能帮到学习有困难的学生，还能培养学生的自主学习能力。简而言之，信息技术让学生的自主学习不再枯燥乏味，而是充满了挑战和趣味，能够促使学生形成积极的内在学习动机。这体现了深度学习中强调的"使学生对所学知识及学习过程主动质疑、批判与评价"的教学理念。

总之，基于信息技术的数学学习是无边界的自由学习。我们通过信息技术能够链接很多的情境素材，可能涉及日常生产生活的各个方面，可能涉及天文地理、科学发展，还可能涉及不同的时代等。我们通过信息技术还能打破时空的限制，运用影像资料、模拟演示、动态演示、网络资源等技术手段，让学习过程变得图文并茂，声色俱佳，使枯燥的学习内容变得形象有趣。这样，学生的参与感会增强，参与的程度也会加深，在信息技术帮助下，学生的深度学习已然发生。

深度学习视域下的小学散文教学策略浅谈

王瑛玮

深度学习就是"学生围绕着具有挑战性的学习主题，全身心积极参与、体验成功、获得发展的有意义的学习过程"。在小学语文教材中，散文这种文体占据了较大的比重。统观我们的散文教学现状，情况并不尽如人意：要么教学目标定位不准，要么教学内容解读僵化，要么教学策略单一乏味……这些做法，不仅违背了学生的认知规律，也大大削弱了散文本身独特的生命价值，更谈不上引导学生进行深度学习。

散文教学应如何进行？笔者认为，最重要的是要先抓住散文这种文体的特征，而后依据教学规律开展教学。从散文的定义——"散文是作者运用生动形象、清新明丽的语言描绘社会生活中的人、事、景、物，深入挖掘其中的内涵、哲理，表达对自然、社会、人生的感悟的一种文体"，可以看出散文的特征主要体现在：典范的文字、深邃的内涵、真挚的情感。

接下来，笔者从散文的特征出发，结合自己的教学实践，粗浅地谈一谈小学散文教学的策略。

一、定位散文教学的整体目标

语文教材中，无论是叙事性散文、抒情性散文，还是哲理性散文，都具备以上三种特征（典范的文字、深邃的内涵、真挚的情感），而这三种特征正是散文教学价值的总体定位。"典范的文字"，散文中无论是精妙的、独具特色的、无比鲜活的语言文字，还是丰富的、意蕴悠长的、极具效果的表达方式，都是值得品味和揣摩的；"深邃的内涵"，作者通过人、事、物、景等在字里行间传达出对生命的感悟、人生的思考，是需要读者去深入挖掘的；"真挚的情感"，每篇散文都是作者用心灵倾心弹奏出的乐章，饱含着深情厚意，其文章背后的神与魂皆蕴涵其中。对作者情感的探寻、受到情感的熏陶，对学生的成长必将起到积极作用。基于此，我们把小学散文教学的总体目标定位为：触摸文字的温度，品味和揣摩散文的言语特色；悟享散文中蕴含的生活道理、人生智慧；体验真挚情感，荡涤心灵，灵悦学生成长。

例如《匆匆》一文，作者以细腻的文笔表达了对时光流逝的感慨，文质兼美，意蕴悠长。因此"悉心品读，感受语言文字的魅力，体会拟人、比喻等手法对表情达意的作用，体会作者对时光流逝的感受"成为本课的核心目标。

二、确立散文教学的基本策略

（一）品味典范的文字

散文教学中的品味语言，是核心的教学内容。散文的语言文字，尽管乍看起信手拈来、肆意流淌，但细品之下，其质地纹理、节奏韵律都是经过潜心推敲而来，如涓涓流水，叮咚有声，如娓娓而来，情真意切。如此清新隽永、质朴无华的语言外衣，要怎样引导学生充分发现、深切感悟甚至学以致用呢？

1.反复朗读，品语言之味

感受散文语言的精妙，最直接、最有效的方法就是反复朗读。教师将"朗读"这条主线贯串整个教学过程：从朗读入手，通过人的视觉、听觉等感觉器官，让课文中语句的音韵、节奏、语调及所附情感色彩的变化，直接刺激学生大脑，将一个个语言符号化为具体可感的形象，从而使学生不自觉地进入作品所创造的艺术境界，感受它的情感、意境，体味它的音乐美、绘画美。

例如《祖父的园子》一文描写园中景色那一部分，就可以用不同形式一层一层引导学生反复诵读。学生在朗读的过程中，与其说是在用声音诠释文字，不如说是用心灵在品味语言、感悟语言。在朗读中，学生读出了园中景色的美好，读出了作者对园子的热爱、对自由的追求。

2.想象、品味，感语言之法

散文在表达上，不拘泥于固定形式，既有最本色的如话家常、娓娓道来的语言,也有最优美的经过精心锤炼、讲究文辞的语言。有时采用排比、比喻、拟人等修辞手法,增强文章的表达效果;有时又借助联想和想象,抒发作者的真情实感。总之,散文的语言自由随意,风格多样。在体会语言表达上,我们可以借助想象、深入品味等方式,感受作者的语言技法和风格特色。

例如吴然笔下的散文,多从儿童的感觉出发,运用拟人、比喻的手法表达出儿童的情趣。如《清碧溪》一文中描写小溪的天真无邪:"跳跃着,跳跃着,你光洁的溪石上,有透明的珍珠跳跃着。你欢笑,你快乐,你和我一样,是一个不懂事的孩子,你是多么调皮的小河。"又如《珍珠泉》描写泉水的可爱多姿:"水面和潭底,金色的光斑和银色的光斑交错着;水泡闪亮闪亮的,射出红的光,黄的光,绿的光,紫的光……多像一串一串彩色的珍珠啊!"在品析这样的语言时,就需要深入语境,发挥想象力,读出文章的情致,揣摩出语言技法的功效。

众所周知,丰子恺先生的语言风格是风趣幽默。品析他的语言特色,就需要反复品味、咀嚼。如《手指》一文中描写中指样貌堂皇、养尊处优的特点,作者是这样写的"他永远不受外物冲撞,所以曲线优美,处处显示着养尊处优的幸福",教学中让学生在反复品味朗读中,体会丰子恺先生幽默风趣的语言特点。

3.情境练笔,用语言之形

大多数散文作家笔触细腻、语言特色鲜明。在教学中,除了让学生感受散文语言的味道、表达上的技法之外,还应让学生学以致用,进行必要的言语实践。

例如《四季之美》一文中是这样描写夏季的:夏天最美是夜晚。明亮的月夜固然美,漆黑漆黑的暗夜,也有无数萤火虫在翩翩飞舞,即使是蒙蒙细雨的夜晚,也有一只两只萤火虫,闪着朦胧的微光在飞行,这情景着实迷人。

经过品读,学生能够感受到夏天夜晚这种静态和动态结合之美。为了进一步学习语言,教师设计了这样的仿写活动:"课文所写景致不多,却为我们营造出独特的美的氛围。请你也仿照课文的写法,用几句话写写自己印象最深的某个景致。尽量用到动态和静态的描写方法。"这样的设计不仅将学生刚刚形成的写四季之美的方法图式进行强化,而且为后面的习作做了铺垫性练习。从后面呈现的仿写作品来看,学生已经能够抓住文段的语言结构及表达特点,将自己心仪的景致利用静动结合的手法表现出来,取得了良好的效果。

(二)领会深邃的内涵

散文,虽然在结构、选材、表达上不拘一格,也就是所谓的"形散",但在表达的中心思想、深邃内涵上是高度集中的,也就是所谓的"神聚"。深邃的内涵是这篇文章的统领、灵魂所在,也是引领学生感悟生活道理、增长人生智慧的关键,因此领会文章内涵尤为重要。教学时,可以遵循以下三个步骤进行。

1.整体入手，厘清文章脉络

思路灵活、材料丰富，使读者不容易抓住散文的主线。在教学时，应引导学生从整体入手，厘清各部分之间的相互关系，从宏观上把握文章脉络。一般来说，可以关注题目、中心句、反复出现的意象、结构上的起承转合等。厘清了文章的脉络，才能为探究更深刻的内涵做好铺垫。

例如《梅花魂》一文中，"梅花"这一特定事物，是贯穿全文的叙述线索。作者围绕"梅花"回忆和怀念外祖父"吟诗落泪、珍爱梅图、思国伤怀、赠墨梅图、送梅花绢"这样五件小事。"梅花"作为文章的线索是相对突出的，但却不是唯一的。教学时，引导学生从文题入手，抓住"魂"这个字眼，分清层次，梳理五件小事的关系，把握文章脉络，从而溯寻外祖父心灵世界的情感轨迹，感悟海外赤子深眷故土的爱国情怀。

2.巧抓"文眼"，把握散文主旨

凡是构思精巧，意境深远或写得委婉含蓄的散文，往往都有"文眼"的设置。"文眼"就是一篇文章构思的焦点。它的设置因文而异，可以是一个词、一句话、一个细节、一缕情丝，甚至是一景一物。在位置上，可能在开头处、结尾处、中间部分，也可能首尾呼应，或者贯穿始终。学习散文时，要全力找出能够揭示全篇旨趣和起画龙点睛作用的"文眼"，以便领会作者写文章的缘由和目的，把握文章的主旨。

例如《灵泉》一文中，经过悉心品读，就会发现"小小的灵泉给我们带来的乐趣"便是这篇文章的"文眼"。文章围绕灵泉带给"我们"的乐趣展开，写出了劳动后聚餐的分享之乐、亲近小动物的和谐之乐、自然世界的猜想之乐等。学生从这些乐趣的背后，逐渐感悟到文章的主旨：对童年生活的向往留恋、对大自然的亲近喜爱以及对家乡的无限热爱之情。

3.追本溯源，深入理解内涵

追本溯源要求教师必须引导学生直面文本、揣摩文本，探寻文本原貌，包括作品的写作背景、作者的创作经历、作品的原文等，这样更有利于准确而深入地理解文章的内涵。

《百合花开》是中国台湾著名作家林清玄的作品。主要记叙了一株长在偏僻断崖边的百合花，不畏冷落和嘲讽，坚持不懈地努力生长、开花，终于实现了自身愿望，博得人们赞美的故事。文章语言通俗易懂，主旨也显而易见。但如果追本溯源挖掘作者创作经历的话，就会发现本文的内涵并不简单。林清玄十几岁的时候萌生了当作家的愿望，但却受到父亲的挖苦和阻拦，但他并没有放弃，而是依靠惊人的毅力和学习能力，终于成为万众瞩目的名家。联系作者，再回望作品，就会发现文中的百合花实际就是作者的影子,这篇作品的人文内涵上升到了鼓舞世人的励志作用:在人生道路上也要像百合花那样有自信心,有坚定的信念,顽强的毅力,执著追求就一定能实现自己的梦想。

其实,对于任何一篇文学作品,都应该追本溯源,在教学中博观约取,深入领会文章内涵。

(三)体悟真挚的情感

引导学生体会作者蕴涵在散文中的情感也是散文教学的重要内容之一。散文中的情,往往打上了作者独特的主观的情感。因此,我们只有真正进入作者的主观世界中,与作者同欢喜、共忧患,才能真正理解作者的感情,感受作者的情怀,进一步理解散文内在的韵味。

1.咀嚼文字,实现和作者的情感对接

散文中有些语言,或使用白描手法,或通过着力复现,或借助景物抒情,抑或凭借事件议论,字里行间都浸润着作者的情感。在教学时,应让学生仔细咀嚼文字,努力实现自身情感与作者情感的对接。

如《慈母情深》一文中有这样几句对母亲的直接描写,"背直起来了,我的母亲。转过身来了,我的母亲。褐色的口罩上方,一双眼神疲惫的眼睛吃惊地望着我,我的母亲。"上课时,教师以这一复沓句为教学着力点,引导学生反复诵读,并从文中找出其他感动的细节,悉心咀嚼。这个过程中,学生潜心会文、披文入情,自然而然感悟到作者对母亲劳苦工作环境的震撼心痛之情、无私支持"我"买书的感动之情以及对母亲深深的感激热爱之情。

2.调动经验,实现和作者的情感融合

学生独立自主理解散文的意义,把握散文的情感,就需要调动已有的经验储备,通过联想、想象重构经验体系,激发自身情感,从而更好地体会散文中所包含的情感因素。

例如《灵泉》一文中,描写孩子们在灵泉边吃饭、喝水、聚餐、分享。尤其是最后举杯高呼"干杯"的情景,可以让学生调动生活中的经验,联想自己生活中欢乐的场景,体会当时孩子们享受灵泉带给他们乐趣的兴奋的情感。

3.知人论世,实现和作者的情感共鸣

这一点和前面提到的"追本溯源,深入理解内涵"比较相似。实际上散文中所蕴含的情感和作者的生平经历、思想观念、创作背景等息息相关。知其人、论其事才能准确、客观、深入地体会作者的情感。

例如《灵泉》一文的作者吴然,他大多数作品都是以儿童的视角来写儿童的生活。他是云南作家,文章里提到的《珍珠泉》《灵泉》都在他的家乡。查找吴然先生的有关资料，就会发现他作品中的故土之恋、童年之恋、自然之恋等和他的生平、创作经历是分不开的。

总之，散文教学应该依体而教，围绕核心特征采取不同的教学方法和教学策略，让散文文体意识在语文实践中与理解、感悟、体验等语文素养相互链接、交叉、渗透和生成，更好地发挥散文文体的教学价值，真正促进语文阅读教学的深度、广度和效度。

深度学习背景下小学古诗文教学方法初探

董伯玲

深度学习是对要学习的内容进行深层的挖掘和加工，达到多项思维和训练的效果，在促进学生理解的同时，提升学习的效果。语文是一门综合性较强的学科，不仅具有一定的生活性，还具有一定的人文性，所以在指导学生学习时，教师要鼓励学生仔细阅读、深度阅读、深入研究，达到"知晓其一又知其二"的学习目的。

在以往古诗文教学中，教学目标以解词释义为主，学生被动识记；教学方法以教师讲解为主，学生自主参与不足；效果评价以背诵默写为主，学生兴趣索然。学生对古诗文传达的意象、意境、情感的理解都停留在浅层面，学生学习兴趣不高，学习增量不明显。小学语文课堂中诗文的教学深度不够、多维度的能力培养不足。

在深度学习理念指导下，笔者结合自己的教学实践和思考，对小学古诗文教学策略进行梳理。

一、深度朗读，读出韵味

在古诗教学中，读是最基本的要求，从开始的读通读顺到学完后的熟读成诵，都是在读的基础上进行的。不管是诗词的理解感悟，还是语感的培养，最后检验的手段还是读。因此深度学习理念下的古诗文教学的第一个策略就是"读"。学生拿到一首古诗，首先要进行的便是读。在这首古诗中，可能有学生不认识的字，就可以借助拼音来读准，接着再多读几次。学生可以开展各种形式的读，如自由读、同桌读、小组读、男女互读等，直到读通读顺为止。

一是读通读顺。学生拿到一首古诗，首先要进行读题解题。在理解题目后，进行初读感知。在初读古诗中，学生首先要做到读通读顺。所有的理解和感悟都是建立在读通读顺的基础上，这也是学习古诗的第一步。

二是读出节奏。古诗讲究韵律美，在读通读顺的基础上，还要读出一定的节奏。这个节奏可由全班同学一起来划分。可以让学生在读通读顺时，其他同学认真倾听朗读的节奏，并判断节奏是否正确。七言绝句一般都是2—2—3的节奏，也有2—2—2—1或2—2—1—2的节奏，这要根据古诗的内容来判断。《四时田园杂兴》这首诗的节奏划分就是"梅子/金黄/杏子/肥，麦花/雪白/菜花/稀，日长/篱落/无人/过，唯有/蜻蜓/蛱蝶/飞。"朗诵五言诗的节奏通常是2—2—1。但就词义和诗句的内容来说，将其划分为"2—3"节奏更为合理。如将"举头望明月"处理为"举头/望明/月"，这样一来，容易给人以隔断感，特别是"望明月"这类句子，把"明月"隔断，诗意不清，诗味也会不足。如果将五言诗划分为"2—3"节奏，如"举头/望明月"，这样就能更好地感知诗句的内容。在古诗朗诵时，大家可以对各个诗句进行具体而灵活的处理，这样能够增强诗味，可以更好地体味诗情，展现诗的意境。古诗文朗读还有一个更高的要求，就是做到"声断气不断"，这样才能读出古诗文的韵味。老师适时进行示范，学生再进行练习，这样能够帮助学生更好地感受古诗文的韵味。

三是读出情感。这是古诗文学习中最难的一步。理解古诗文不难，但入情入境却是一大难题。在理解的基础上，读出诗人的心境，读出原诗文的韵味，把自己带入角色去读，这也是古诗文学习的重点。只有读出情感了，能入情入境地读，才算真正把这首诗文学透了。这里培养的也正是学生的语言理解能力。

四是熟读成诵。《小学语文课程标准》规定："积累自己喜欢的成语和格言警句，背诵优秀诗文 50 篇（段），课外阅读总量不少于5万字。"等，根据《小学语文课程标准》的要求，我们需要指导学生在平时进行大量的古诗积累。学习古诗，最终的目的是背诵积累，学会运用。在古诗已经读通读顺、读出节奏、读出情感后，当大部分孩子已经能初步背诵时，我们可以出示一些历代书法家不同的古诗书法作品，如隶书、楷书、小篆等。在不同书法作品的熏陶下，学生边欣赏边诵读。学生先是欣赏字体清晰的楷书、隶书到略有连笔的行书，再到龙飞凤舞的草书，虽然学生看不清文字但也是艺术的熏陶，这样就达到了背诵的目的。同时这也符合培养孩子的初步审美能力的核心素养要求。

二、深度理解，感悟诗情

学生在做到有节奏的诵读诗文后，还要理解古诗文的意思。以往我们的古诗文教学，教师习惯一句诗一句诗地逐字逐句地分析解释，结果是等你解释完，虽然意思是明白了，但古诗文原来的韵律美、意境美也给完全破坏了。在深度学习背景下，理解古诗文的意思要抓住重点词语，想象画面，使学生的思维处在积极思考之中。

（一）抓住重点词语，理解古诗文

古诗文中都有一些值得重视的词，这些词会给古诗文增色不少。鉴赏古诗文，需要领会这些词语的含义及所产生的艺术效果。

如古诗文中出现的一些意向词，由于它们的独特性和代表性，可以通过它们理解作者的思想或者感情，尤其是多个名词连用时意向的组合会营造一定的意境。如表达送别相思之情的诗词常会出现柳、月、酒、雁等意向。另外，数量词在古诗文中也经常出现。数量词在渲染气氛、描景状物、表情达意、说明事理等方面都有着非常重要的作用。

在学习《四时田园杂兴》这首诗时，学生结合注释理解古诗的意思，并在小组里和同学交流。学生通过圈画景物来了解景物的特征。在学生圈画出这首诗中的景物"梅子、杏子、麦花、菜花"之后，教师让学生想一想，这是什么季节？学生根据古诗中"梅子黄，杏子肥，麦花香，菜花稀"的景象知道这是农村夏季时节，有花有果，有形有色。接着在理解"无人过"时，学生大都不了解农村的生活，教师出示农忙时的图片，帮助学生理解"无人"是因为人们都在田里忙着农活，人们早出晚归，所以很少看见人。

（二）想象画面，丰富古诗文

古诗文重在意境美。在学生理解了古诗文的意思后，教师引导学生边读边想象，并说一说眼前出现的情景。在学习《四时田园杂兴》这首诗时，理解了诗句的意思后，教师引导学生把四句诗的意思完整地说一说。想象诗句描写的画面，让学生用自己的语言来描述："走过一片果园—不远处的田野里—来到村口"。学生在描述的过程中，对古诗描写的景物有了更深的理解。

（三）总结归类，感悟古诗文

教材无非是个例子，我们要教学生通过例子学会一系列类似题材、相同体裁文章的方法。小学古诗文教学也是如此，在二年级教学中，教师应该教会学生借助注释理解诗意，三年级教学中让学生能够通过想象画面来理解诗句等等，总之在学生理解完之后，要帮助学生掌握归纳方法。这样学生自己读诗时就可以借助相关的方法去理解诗句。如学习送别诗，教师可以拓展一系列送别诗句，让学生在读中去体会领悟送别时的忧伤等。

三、深度感悟，以诗解诗

在以往的古诗文教学中，学生能够说出古诗文的意思就可以了，但是通过古诗文教学引发学生的深度思考也是深度学习理念下的古诗文教学策略之一。要想实现让学生有更多的思考，教师可以引导学生在理解古诗文表面意思的基础上，再去思考一下为什么诗人会有这样的感慨等类似的问题。学生可以带着这样的问题，通过查找资料的方法，实现对古诗文更深入的理解。

（一）解背景

一首诗的思想感情不能仅仅从诗句本身来判断，而应了解古诗背景知识，如作者生活的时代、生平、思想等方面。了解诗人的生平，了解诗人的写作风格和写作习惯，了解诗人的语言风格等，将有助于我们把握整首诗的风格。

在教学中，我们可以采取课前布置任务，比如让学生去搜集资料，然后课中开展交流的方法，也可以由教师直接出示诗人的生平等，之后大家一起学习。

如在学习《清平乐村居》一词时，教师提前布置了搜集资料了解作者辛弃疾的学习任务，学生自主查阅作者生活在哪个朝代、还写过哪些诗词等信息。课上同学们结合自己的调查资料，了解到辛弃疾是我国南宋时期著名的文学家，也是当时南宋朝廷中杰出的将领，辛弃疾一生都有着收复中原、盼望祖国统一的信念，但一直没有实现。辛弃疾42岁时归居上饶。《清平乐村居》就是他在乡闲居期间所作的一首田园词，通过对农村清新秀丽、朴素恬静的环境描写以及对翁媪及其三个儿子的形象刻画，抒发了诗人喜爱、向往农村安宁、平静生活的思想感情。

在学习完《清平乐村居》一词后，教师接着出示了作者的《破阵子为陈同甫赋壮词以寄之》"醉里挑灯看剑，梦回吹角连营。八百里分麾下炙，五十弦翻塞外声，沙场秋点兵。马作的卢飞快，弓如霹雳弦惊。了却君王天下事，赢得生前身后名，可怜白发生！"学生在读通读顺、理解诗意以后，感受到作者想杀敌报国、建功立业却已年老体迈的壮志未酬的思想感情，结合背景资料对诗人进行了立体了解。因此，要想了解诗人表达的情感，不仅要了解古诗文表面的意思，还要结合诗人当时所处的社会环境、生活环境等诗词创作的背景进行理解，这样才能更好地理解古诗文。

（二）解诗情

诗中有画，画中有诗，古诗文很多时候讲究的是情景交融的意境，诗中还有许多用得特别好的字、词，对于小学生来说那种意境美是很难分析清楚的，属于只可意会不可言传的。但是在教学过程中，我们可以采用"以诗解诗"的策略，来帮助学生更好地理解、体会和感悟古诗中的意境。比如在教学《望天门山》这首诗时，对"碧"字进行讲解。教师先从它的字理结构入手。左上部分的"王"字在古代指"玉"，和右边的"白"组成"珀"，下边还有一个"石"字，本义是青绿色，像玉一样的石头。这"碧"色，让我们感觉到色彩的漂亮、晶莹和通透。在理解"碧"时，再丰富的语言也不能让学生理解，因此适时的出现"碧玉妆成一树高，万条垂下绿丝绦。""接天莲叶无穷碧，映日荷花别样红。"等诗句，能够帮助学生在诵读诗句中更准确地理解"碧"的意境。可见，以诗解诗，能够让学生在朗读诗句中感受诗文的魅力，增加学生的个性化理解。

四、拓展延伸，积累运用

学生在学习完古诗后，可以把经典的句子迁移运用到自己的习作中，进而利用诗句的恰当运用来展现个人的文学风采。但是活学活用需要一个过程，为了帮助学生实现知识的拓展延伸与积累运用，每学完一首古诗文，教师都可以设计一些拓展练习，如学习《渔歌子》一词时，教师可以在课堂上让学生背诵描写春天的古诗名句，选用其中的一些好词佳句写一段他们观察到的春景；学习《宿新市徐公店》这首诗时，教师可以让学生积累描写乡村儿童的古诗名句等。通过古诗学习的拓展延伸与积累运用，在学生幼小的心灵中烙下古诗印痕，在潜移默化中开发他们的智慧，接受古诗文的熏陶，使古诗教学更有深远的意义。

古诗文不是解出来的，而是悟出来的。因此，在教学古诗文时，我们不可破坏它原来的韵味，不可支离破碎地去分析，而是要带领学生一起深入地探究古诗文中所蕴含的背景、文化，运用相关的方法策略帮助学生实现对古诗文的理解与感悟，从而实现通过古诗文学习陶冶学生情操、提升学生文学素养的目的。

深度学习引领下小学数学导课策略初探

李宝玲

深度学习是指在教师引领下，学生围绕着具有挑战性的学习主题，全身心积极参与、体验成功、获得发展的有意义的学习过程。实现数学课堂深度学习也是很多教师一直在研究的问题。在小学数学课堂上存在着学生学习兴趣不浓厚的现象，为了让学生对数学课堂感兴趣，能够全身心地参与到数学课堂的学习与探索中，每节课的开场白即教师的导课就显得至关重要。因为教师恰当的导课方式不仅能够帮助学生快速进入学习状态，还能够很好地激发学生对新知识的探索热情和学习欲望，从而促进学生深度的思考与学习。为了让导课环节更高效，我们可以从以下四个方面设计导课活动。

一、情境式导课，提高学生探索的热情

在小学生眼中，数学相对于其他学科而言是单调和枯燥的，那么如何激发学生学习数学的兴趣，是值得数学教师认真思考的问题。相对于语文等其他学科而言，数学学科本身就具有非常抽象的特点，为了便于学生理解和最大程度地激发学生探索的欲望和热情，教师会设计关联学生生活的学习活动。对于导课活动也是一样，关联生活情境导课也是值得很多老师尝试的一种导课方式。

关联生活情境导课，简称情境式导课。要想创设恰当的情境式导课活动，教师首先要明确学习目标。准确把握学习目标以后，再去思考和选取生活中合适的情境，即利用日常生活中发生的事情，加入相应的数学信息引出课题，最好是很多同学都亲身经历过的事情，这样更容易被学生接受。在与学生生活联系密切的情境中引出新授知识，这样的情境设计能够让学生感受到数学来源于生活，也能应用于生活的重要作用。同时还能够通过情境的设置引起大家的共鸣，提高学生对新知识的探索热情。

例如，在北京版教材四年级下册《相遇问题》一课的教学中，教师设置如下生活情境：一天，小红放学回家，打开书包发现将同桌小明的作业本带回了家。她赶紧给小明打电话，两人商量，如果步行的话，怎么做才能把作业本交给小明？

在课堂上，学生分别给出了如下不同的思路：（1）小红给小明送去；（2）小明去小红家取；（3）小红和小明约一个碰面的地点；（4）小红和小明同时从家出发，沿着相同的路线相向而行。

显然，同学们通过对比能够知道方案（3）和方案（4）比较好。但是很明显第四种方案才是我们这节课要研究的相遇问题。此时，为了促进学生深度思考，教师引导学生将后两种方案进行对比，看一看哪一种方案更好些。这时候有同学说到，两个人不确定谁先到达约定地点，先到的那个人势必要在那里等候，这会不会浪费时间呢？随着该问题的提出，大家一致把关注点落到了最后一种方案上，即方案（4），也就是这节课要研究的相遇问题。

本导课活动从学生生活实际出发，选用最常见的一种现象，引起学生的回忆和共鸣，让学生感受到研究这个话题的必要性和价值，从而激发学生对解决该问题的探索欲望，促进了学生深度的思考，为整节课的顺利开展做了铺垫。

二、答案式导课，激发学生探索的欲望

"好奇心"是上课时学生学习的动力。一节课如果在导课环节激发了学生的好奇心和探索的欲望，这节课就成功了一半。这句话虽显得有点夸张，但是同样一节课，导课时能否激起学生的好奇心，将会直接影响整节课的学习效果、课堂参与情况以及学生对新知识的记忆深度。为了在导课环节激起学生的好奇心，我们可以采用答案式导课。

所谓答案式导课，是指教师提出问题之后直接给出答案来导课。这种导课方式

需要教师对教学内容进行筛选，不是所有的教学内容都适合此导课方式。这种直接给出答案的导课方式，适用于计算有技巧或者有规律的问题，对于普通的计算或者认识图形等学习内容，这种方式就不太适合。

例如，在四年级下册《和差问题》教学中，教师可以用环境问题引出如下的植树节情境：

出示情境之后，教师直接告诉学生："老师根据图中提供的两条数学信息，口算就能算出男生14人，女生11人，你们想知道老师是怎么算出来的吗？请大家拿出笔试一试。"

这一导课环节，教师采用了直接给出答案的方式，不仅不会让学生觉得很奇怪，相反还能够激起学生强烈的好奇心和探索的欲望，因为孩子们特别想知道老师为什么这么快就能知道结果，都想迫不及待地去试一试。这就为本节课的后续学习开了好头，打下了非常好的基础。

在小学阶段新课教学中，如果我们选对了教学内容，用这种读完题就能得出答案的方式去激发学生好奇心，不仅能够很好地促进学生的深度思考和深度学习，对整节课来讲还有可能收到事半功倍的效果。

三、问题式导课，培养深度思考的能力

核心素养中指出了培养全面发展的人的18个要点，其中包含了理性思维和批判质疑能力，而质疑能力的培养是深度学习能力发展的关键要素。要想培养学生的质疑能力，教师可以采用问题式导课。

问题式导课是指针对所学内容提出一个有趣的问题，直接让学生进行思考。那么如何才能提出趣味性问题，以此来激发学生的学习动机，促进学生的深度思考呢？我们可以结合生活中常见的一些现象，比如自然的现象、身边的趣事，或者数学在生活中的应用等去提问。通过提出一个与学生息息相关而有趣的问题来激发学生的学习动机。用问题式导课去代替直接揭示课题的方法，可以让学生带着问题上课，通过对问题的探究来达到学习新知识的目的。在使用这种方法的时候，首

先，需要教师将新授知识转化为问题，即将课题以问题的形式提出。这些问题一定要以学生既往的经验和知识为基础。学生听到问题后能明白问题的指向，为其思考提供了大致的范围。其次，在前一环节基础上提出发散性思维的问题。这一步是为了引导学生多角度的思考问题，在既定范围内延伸自己的思考。

比如，在学习《圆》一课时，学生只知道这节课要学习圆，并没有想过生活中的车轮为什么都做成圆形，可见学生没能将生活实际与数学理论相勾连。所以在课堂伊始，教师直接提问："同学们，你们想一想，如果将车轮做成椭圆或者正方形可以吗？"问题提出来以后，同学们都兴致勃勃地展开想象并讨论起来，如果车轮真做成了其他形状的话，它该怎么顺利地转动呢？是停止不前了，还是走起来一上一下呢？这样的讨论促使学生开始思考圆的特点，也就是圆之所以行驶顺利，是因为圆心到边界的距离都相等。这样，学生在认识和了解了圆的各部分结构的同时，也探究出了圆的特点，进而实现了学习目标。

从心理学的角度讲，凡是经头脑分析、综合、比较、概括过的内容，必然会留下深刻的痕迹，而问题就是思维的表现形式，科学合理的提问是促进学生思维活动的外部动因。问题式导课不仅能够激发学生学习的兴趣和好奇心，给学生创造思考和质疑的机会，还有利于提高学生的质疑意识和能力，提高学习的效率。在探索中寻找答案能帮助学生记忆深刻，进而促进学生的深度学习。

四、实践型导课，促进学生对新知识的思考

导课时我们会根据新知识的特点，选用适合的导课方式，目的是集中学生的注意力和提高学生的学习兴趣和探索欲望，从而促进学生对新知识的思考，帮助学生实现深度学习。相比之下，实践型导课是一种非常直接且效果非常明显的能够帮助学生集中注意力的导课方式。

所谓实践型导课，是指对于一些操作性强、可动手做实验的教学内容，放手去安排学习活动让学生亲自去实践。目的是让学生通过动手去发现问题，这种问题是操作的结果和原有的认知基础发生冲突而产生的。在实践过程中学生所遇到的困惑或疑问就是本节课要解决的核心问题。这种实践活动需要学生亲身去体验，教师给予学生足够的空间和时间，让学生在动手操作中发现问题，并带着疑问自主探索解决问题。这种方法不仅能直接将学生的注意力集中起来，还能促进学生数学思维的发展。

以《三角形三边关系》一课的教学为例，在导课环节，教师为每一名学生提供了长度不同的3根铁丝，让学生用手里的铁丝去拼摆三角形。提供的学具中，包含两条边之和等于第三条边的情况，也包含任意两边之和大于第三条边的情况，还包含两边之和小于第三条边的情况。学生经历拼摆之后发现，并不是任意的3根铁丝都能拼摆出三角形。但通过上节课学习的内容——三角形的定义：三根小棒首尾顺次相接所组成的封闭图形，这就与学生认为"只要是用3根小棒首尾顺次相连就能组成三角形"的认知产生矛盾。这就促使学生开始发问，三角形的三条边之间究竟要满足什么关系呢？这样，本节课要学习的内容就在他们的疑问与探索中呈现出来了。

从这个课例中可以看出，实践型导课方式不仅能够直接帮助学生集中注意力，而且还能够让新知识在学生的疑问中产生。让学生带着自己的疑问去实践，从而促进学生的深度思考，帮助学生提高深度学习和探究的能力。

导课环节作为课堂教学中非常重要的一部分，我们要从整体教学内容出发去设计该环节的活动。以上虽然对情境式导课、答案式导课、问题式导课和实践式导课四种导课方式进行了详细介绍，这四种导课方式也在实践过程中收到了很不错的效果，但教无定法，具体到每一节课，选取什么样的导课方式，都要依据教学目标、教学内容和学生的特点而定。无论什么样的导课方式，目的都是为了激发学生的学习动机，为了让学生快速将注意力集中到课堂上，能够全身心的投入到课堂活动中来，从而实现深度学习。只要我们的导课方式科学合理，能够起到应有的作用，就是好的导课方式。

丰富评价内涵　提升课堂学习质量

李文明

《关于进一步减轻义务教育阶段学生作业负担和校外培训负担的意见》指出，学校要健全教学管理规程，优化教学方式，强化教学管理，提升学生在校学习效率。评价作为教育教学中的一个重要环节，我们可以充分发挥其激励导向功能，以提升课堂学习质量、促进学生素养发展。而丰富评价内涵则能够让评价更加科学、实效。所谓丰富评价内涵，即在开展评价过程中，要把握好"为什么评价、谁来评价、怎么评价及评价什么"这几个评价的关键要素。在课堂教学实践中，我们可以通过丰富评价内涵，来更好地助力学生的学习和发展，从而提升课堂学习质量。

一、改变评价目的促"学习"

在"评价的直接目的是改善教学，而最终目的是促进学生的发展"理念指导下，我们需要把以检查学习、评估学习结果为主的评价，转化为以促进和加强学习为目的的"促进学习的评价"，实现改善与支持学生学习，突出师生的交互性与对评价责任的共享性，关注学生的主体性以及自我监控能力等。

教师可以利用追问式评价和解决问题式评价来促进学生的学习。追问式评价促学习，即教师在学生错误处追问、歧义处追问、疑难处追问、理解不深入时追问等来促进学生的学习。在这样的学习过程中，教师通过对学生关键点的适当追问获取即时反馈并及时调整教学过程，使之更符合课堂现状及学生的思维发展水平，从而获得更好的学习效果。解决问题式评价促学习，即通过设置问题情境，让学生在情境中运用所学知识表达思想、提出建议、解决问题等。这种解决问题式评价不仅能够评价学生当时的学习，更能够促进学生后续的学习；让教师了解学生的成长与发展，让学生意识到自己的欠缺与不足，从而更好地促进教师的"导"和学生的"学"。

例如，在教学"解决问题的策略：一一列举"一课时，学生在教师引导下，通过动手操作、小组研讨等学习过程得出"周长相等的情况下，围成的正方形面积最大"的结论之后，教师延续例题创设情境追问：考虑到实际需要，王师傅觉得要建的花圃面积小了点。他发现旁边有一面墙，你们觉得王师傅能不能围出一个再大些的花圃？怎么围能够使这个花圃面积最大？

学生经过讨论认为，王师傅可以将其中一条长靠墙围。然后开始动手操作靠墙围的长和宽分别是多少时面积最大。很快，学生得出结论：长是宽的2倍时面积最大。教师仍然没有止步于结论，而是继续追问：为什么和例题的结论不一样呢？这时，学生思考后说：例题得到的结论前提是周长相等，而现在的情况是一面靠墙围，围成的长方形或正方形的周长是不相等的。

可见，在教学过程中，教师通过追问式、问题解决式评价，在为学生提供的问题情境中激发了学生的潜力，激活了学生的思维，从而促进了学生的深度思考和学习。

二、增加评价主体促"全面"

新课程理念倡导，评价主体要从单一走向多元，因此，在开展课堂评价过程中，我们应该在以教师为评价主体的基础上，增加学生、同伴等不同的评价主体。通过协同评价，让学生得到更为"全面"的信息反馈，从而更好地在评价中改进与成长。

（一）教师评价

教师评价即教师作为评价主体，对学生的学习行为开展评价。教师评价需要贯穿课堂的始终，教师可以利用口语评价、肢体语言评价来鼓励学生积极参与课堂学习,可以用追问式评价启发学生思维,可以设计评价任务来检验学生是否达成学习目标等。教师的评价可以发生在课堂上的各个环节,如学生回答问题、交流思想、小组展示之后,学生表现特别好时可以给予夸赞性评价,学生遇到困难时可以给予引导性评价,学生有了进步时可以给予鼓励性评价等。

(二)学生自评

学生作为课堂学习的主体,是学习活动的参与者,也应该成为评价活动的参与者。在学习过程中,教师可以通过学生自评,让学生对自己的学习行为进行反思,在反思中更好地认识自己,发现自己的优点与不足,从而更好地改进和提升。比如,在语文识字写字环节,学生写完一个生字后,教师会引导学生从"宽窄、高矮、重点笔画"三个方面对自己的字进行评价;在数学课堂上,教师会引导学生从"知识、方法、学习过程"等方面总结自己的学习收获、反思存在的问题,以及提出困惑等;在英语单元学习结束后,教师会引导学生从"我能说出本单元学的核心词汇,我能讲述本单元的故事,我喜欢说唱本单元的歌曲和歌谣,我能和同学合作参加活动"等方面开展自评。

(三)同伴互评

同伴互评也是课堂教学中可以实践的一种非常好的评价方式,同伴互评能够提升学生的兴趣,增强学生学习的自主性。在前期开展同伴互评过程中,教师可以给予一些指导,比如为了让学生评价语言更规范,教师可以整理出一些常用的评价语言供学生参考,例如"我有不同意见,我有补充,我同意你的观点"等,规范的评价用语,让评价者表达得更明确,倾听者听得更明白。再比如识字写字环节的学生自评之后,教师再让学生开展同伴互评,同伴之间能够提出让字更美观的意见。这样学生在自评、互评过程中,就能够书写正确美观的汉字,进而夯实语文学习基础。

在我们的很多课堂上,往往都是多元主体结合来开展评价。比如在单元整体教学后,教师会以单元为学习单位来制定评价量表。评价量表既有对每课时目标掌握程度的评价,也有对该单元学习情况的评价;既有对知识技能的评价,也有对过程方法的评价;还有对情感态度的评价。评价量表先以学生为评价主体开展自评,再生生互评,最后是教师评价。这种多主体的评价能够使学生获得的反馈信息更加全面,帮助学生更好地认识自己,进而更全面地改进和提升自己。

三、注重评价内容促"深度"

在教学过程中,老师会使用很多的评价方式,比如口头评价、肢体语言评价、实物评价等,但就评价内容来讲,很多老师更多关注的还是学生说话声音是否洪亮、语言是否流利、答案是否正确等这些外在的形式，而缺少对实质性的学习内容的评价。这种缺少"深度"的评价使得课堂评价浮于表面，基于此，我们可以通过注重评价内容，即从关注形式的评价走向关注学习内容、学习过程的实质评价，从而让评价更有"深度"，在这种深度评价中更好地体现学生的主体地位，更好地发挥评价的积极导向功能。

在教学过程中，我们可以采用这样几种评价方式，以此让评价走向深度，让评价引领学生的学习走向深度。一是提问式评价：即发言者根据展示、交流、分享的内容提出一些问题，其他同学根据提问给予发言者以评价。这种评价方式既能够督促听者认真倾听，还能够促使评价者把评价重心放在发言的内容上，引导听者多关注发言的内容，而不只是外在形式，从而更好地发挥评价的实质作用。二是信息获得式评价：即在发言者分享交流之后，听者复述发言的内容，这种评价方式能够有效地激发听者对发言者的关注；同时还能够让所有同学都参与到评价活动中来，为更多的同学提供"评价"他人的机会。三是改进式评价：即听者根据发言内容提出改进建议从而对发言者予以评价。这种对发言者分享交流的内容指出错误，以及给出修改建议的评价方式，不仅能够很好地帮助发言者改进，还能够展现出听者的水平。

比如在学习完五年级上册Unit 7 Are You Going to Chengdu by Train? 后，教师与学生开展了这样一个学习评价过程：

学生Linda做了这样的英语演讲展示：大家好，我今天演讲的主题是旅行计划。寒假就要来了，我想和父母一块乘火车到伦敦旅行。我将会在伦敦参观大本钟和泰晤士河。你们有什么旅行计划？你们想去哪里旅游，准备怎么去？请与我分享。展示之后的评价环节，主持人问其他同学有什么想说的？有同学说知道Linda要去伦敦旅行等信息；有同学提出个别的语言错误；还有同学给出一些建议，比如去伦敦最好乘飞机，因为太远了，坐火车不太现实；还有同学建议Linda可以再多介绍一些关于伦敦的大本钟、泰晤士河的景点信息等。

由以上关注内容的课堂学习评价过程可以看出，师生从只关注发音是否标准、语法是否错误等个别问题走向了更加关注内容的评价，尤其是改进评价不仅有词汇语言错误的改进、内容的增加，还有语言表达的适合性、恰当性等方面的建议。学生在这种"深度"评价过程中不仅养成了认真倾听、敢于表达的学习习惯，还在为他人提出建议中养成了乐于分享的学习品质。

四、创新评价工具促"提升"

评价工具作为评价体系的重要组成部分，通过创新评价工具能够有效地提升评价效果，促进学生的成长与发展。我们可以根据教学需要设计课堂评价量表、利用信息技术手段开发课堂评价工具等。

（一）制定课堂评价量表

在课堂教学中，比起单纯靠感觉、经验开展课堂观察，利用课堂评价量表则能够更加科学合理地发现、梳理课堂中存在的问题，让观课结果更有说服力，从而更好地实现通过评价促进课堂的改进。我们可以根据需要设计不同种类的评价量表，比如可以设计重点观测学生学习状态的评价项目，也可以设计重点关注教师教的行为的评价项目等。

学校为了评价包括"明确任务——自主学习——合作探索——汇报交流——拓展延伸——反思小结"六环节的深度学习课堂模式，制定了包括三级指标的课堂评价观测量表：

一级指标是课堂教学六环节，二级指标是对各环节要落实的理念和思想的诠释，三级指标是依据二级指标的达成度进行定性评价。整体来看，突出了这样四个特点：一是落实了生本教育理论，把教的活动转变为学的活动；二是突出了"活动、对话、启智、育人"的课堂文化；三是落实全面育人与促进学生终身发展的理念；四是突出对学生行为习惯的培养。

在实践过程中，我们把观测量表与"互听常态课制度"结合，建议每位教师每周去听同组教师的课，每位教师每周也被同组教师听课；听课教师不仅要关注教师的教，更要关注学生的课堂表现，要运用观测量表来理性观察课堂；听课之后还要及时交流与研讨。二者结合组成的常态课督导评价制度保障了常态课的质量，提升了学生的学习效果。

（二）信息技术辅助课堂评价

在信息技术日益发达的今天，信息技术辅助教育教学已经成为常态。我们也可以利用信息技术来辅助教育教学评价工作。以学校二年级为例，借助"教与学能力提升"项目，学校为每个教室配置了一台"大象"机器人，这就为教师利用AI技术开展辅助评价提供了便利条件。比如语文、英语教师在课堂上借助AI开展口语评测，系统会从流利度、完整度、准确度三个维度进行评估；还可以开展生字或单词听写、听力训练、词句游戏等不同形式的测评。教师还可以利用AI"红花墙"开展综合评价，教师在教室的任何地方都可以利用遥控器或语音控制小红花的增减。这种评价方式在课堂上随时可操作，还可以实现所有学科教师评价的综合，每周系统会公示出小组红花榜、个人红花墙名单等，大大地激发了学生学习的热情及集体荣誉感。

为了更好地通过丰富评价内涵，提升课堂学习质量，我们在开展课堂评价过程中要结合学生的实际情况设计评价；要让评价具备发展性、多元性及动态性；还要采用质性与量化相结合、过程与结果相结合的方式对学生的学习状态、发展程度、能力表现、综合素质等进行评价，只有这样才能提升评价效果，才能通过科学高效的评价助力课堂学习质量的提升。

挑战性学习任务的设计探索

刘学伟

设计具有挑战性的学习任务作为开展深度学习的前提条件，在大家都积极探索数学课堂开展深度学习的今天，设计挑战性学习任务也成为了老师非常重视的话题。挑战性学习任务是教师综合考虑学生的最近发展区、课程标准要求、核心素养发展、教学内容等因素，设计的具有层次性、探究性，以及具有一定的难度、深度和广度的学习任务，学生通过完成这样的学习任务达成学习目标。此类任务可以激发学生的求知欲和探索欲，让不同水平的学生通过跳一跳完成任务，并在任务中调动潜能、克服困难，最后享受成功的喜悦。

一、学习任务设计存在的问题

虽然大家都知道，学习任务设计的质量将直接决定着学习活动的开展过程，决定着学生能否在参与活动、完成任务的过程中实现深度学习。但是很多教师设计的学习任务还是存在着过于简单、形式单一等问题。

（一）学习任务过于简单

在教学过程中我们能够发现，部分老师设计的学习任务难度较低，这就使学生的学习只停留在浅层状态，也就是处于识记和理解两个层面。因为，学生在完成难度较低的学习任务时，他们不需要深入思考，只需要对知识点或者老师讲解的内容进行单纯地记忆与重复即可。之所以出现这样的状况，是因为教师在设计任务时只重视简单的基本概念、基础知识的讲授，忽视了对教材的深入思考，不能够将新旧知识进行联系，不能够结合学生的最近发展区等因素开展任务设计。

（二）学习任务不能达成学习目标

有些老师设计的学习任务很难实现学习目标的达成。比如有的任务设计完全脱离了教材的内容，有的任务设计没有充分考虑到学生的具体情况。所以就导致学生在完成任务过程中无法运用已有的知识和技能，也不能对即将要学的新内容进行一定的了解。另外，学生的学习能力和思维能力也不能得到提升。这就导致学习任务设计的初衷，即对学习目标的落实无法得到实现。

（三）学习任务没有考虑到个体差异

很多老师习惯于设计统一的学习任务，但是在日常教学中我们知道，不同学生的学习水平差异是很大的。有的学生理解能力强，有的学生计算能力强，但也存在部分学生各方面都不强的现象。所以，在教学中面对不同水平的孩子，如果老师经常设计同样的任务，这种缺乏层次感的设计可能就会导致学习能力弱的学生无法完成任务，而能力强的学生则不需要深入思考就能很快地完成任务。结果能力弱的学生没有进步，能力强的学生也没有得到提升，这就导致课堂教学效率过低。因此，教师要用正确的态度对待这种差异，尽可能地分层设计学习任务，让不同水平的学生都能得到发展。

二、设计挑战性学习任务的理性思考

基于挑战性学习任务的作用，以及老师在设计学习任务过程中存在的问题，我们可以在教学中尝试设计挑战性学习任务来培养学生的数学核心素养。为了设计出高质量的挑战性学习任务，首先要了解挑战性学习任务的特征，然后再思考学习任务设计需要考虑的因素。

（一）挑战性学习任务的特征

经过思考与梳理，笔者认为挑战性学习任务应该具有以下四个特征：一是挑战性。即所设计的任务不能让学生不费吹灰之力就能完成，而是需要学生通过认真思考、小组合作、动手实践等学习过程才能够完成。当然这个挑战性并不单单指任务的难度，不是说任务难度越大越好，重要的是要结合学生的最近发展区进行设计，让学生"跳一跳就能够摘到桃子"。二是综合性。即教师在设计任务时，要充分考虑到学生的已有知识经验、生活经验、学习经验等，并把其与数学知识进行有机结合。学生需要结合相关经验才能完成任务，在完成任务的过程中，实现学生数学理解能力、思维能力等综合能力的发展。三是开放性。主要表现在设计的任务不能过于统一，不管是任务的表现形式还是解决问题的方法都要尽可能多样，这样才能为学生提供广阔的思维空间，使学生在完成任务过程中得到思维水平的提升。四是不确定性。既包括学生完成任务时所使用方法的不确定性，也包括学生完成任务的过程及课堂生成的不确定性等，这就对教师的掌控课堂、把握学生情况以及临场反应等能力提出了更大的挑战。

（二）挑战性学习任务的设计依据

设计富有挑战性的学习任务，能够帮助学生获得积极的思维体验，调动学生的探索欲望，激发学生的思维，从而实现学生的深度学习。教师在设计挑战性学习任务之前，要充分考虑以下三个因素：

第一，要依据课程标准和教材内容进行设计。教师要深入研究教材，可以对教材进行纵向和横向分析，以充分了解教材的编排意图、概念的含义及知识的前后联系。对教材进行全面分析之后再开展挑战性学习任务设计，设计的任务还要从低阶思维训练的记忆、认知、基本运用，向高阶思考练习中的分类、评价、创新等综合运用转变。

第二，要根据学生的实际情况，充分考虑学生的认知起点进行设计。教师要在了解学生的心理特征，对学生的学习基础、生活经验进行调查的基础上，有针对性地设计出不同层次的学习任务，从而使不同水平的学生也能够在任务中得到提升。

第三，要在"最近发展区"理论指导下进行设计。教师要结合教材内容、学生基础等找到学生的最近发展区，然后结合学生的最近发展区去设计学习任务。这样的学习任务将不仅能够调动每个学生参与学习的积极性，还能充分发挥其潜力，让他们在已有知识经验的基础上，通过积极努力、认真探索最终越过"最近发展区"，从而获得更高水平的发展。

三、挑战性学习任务设计实践

基于挑战性学习任务的特点及设计依据，在数学课堂上，我们可以从以下三个方面开展挑战性学习任务的设计实践。

（一）设计"玩"的挑战性学习任务

好玩是学生的天性，设计"玩"的挑战性学习任务让学生在玩中学，不仅能丰富教学内容，还能够营造出生动活泼的学习氛围，从而充分调动学生的学习积极性，促使学生积极投身完成任务的过程中。学生在参与"玩"的挑战性学习任务时，好胜心会促使他们更加积极地去完成任务，这样的学习过程会帮助学生很好地把握学习内容，提升课堂学习效率。

比如在学习"8"的口诀时，教师可以设计"拍八令"的游戏任务，让学生在游戏中寻找8的乘法口诀的规律。要求如下：请同学们依次轮流从1数到75，当说到8的倍数时需拍手并说出所对应的乘法口诀。主要目的是让学生发现相邻两句口诀之间相差8的规律。有了之前学习"1–7"口诀的经验，学生能够很容易地说出七八五十六。但是到了"64"这个数字时，大部分学生不能说出其所对应的口诀。于是教师放慢游戏过程，给学生充足的思考时间。最后，学生应用"1–7"的口诀得到了"64"所对应的口诀，学生的分享过程为：7个8加1个8等于8个8，即七八五十六和一八得八两句口诀合起来就是八八六十四。学生创编口诀的过程就是发现规律的过程，学生还用同样的方法得出了八九七十二，即"72"所对应的口诀。

可见，这种"玩"的学习任务能够培养学生自主探究知识的能力。另外，学生在完成该学习任务时，不仅要思考后面的数是什么，还要记得在哪个数时需要拍手，这还能很好地锻炼学生动脑、动手和动口的协同能力。

（二）设计"做"的挑战性学习任务

教师还可以设计动手"做"的挑战性学习任务，让学生在动手"做"中参与活动、完成任务。这样的任务将能够改变过去单纯的"教师讲，学生听""教师问，学生答"的教学模式。通过设计"做"的任务，为学生提供动手实践、主动思考的机会，并激励学生"动手做""动脑想"，从而促进学生的自主思考、自主实践。教师在设计"做"的任务时，要能够通过任务激发学生动手操作的欲望，还要注重学生在动手操作过程中的深入思考。让学生不仅要在"做"中学，还要学得有深度。

在学习《认识长方形和正方形》一课时，了解长、正方形的特征是最主要的学习目标。如果教师只是拿出一个长方形和一个正方形，让学生说说它们的特征，这样的学习过程会让学生的认知只停留在观察的浅显层面，不能形成深层的理解。在教学过程中，教师可以先让学生观察、触摸数学课本、魔方等物体的一个面，然后根据他们的初步理解用摆一摆、画一画等自己喜欢的方式制作出一个长方形和一个正方形。通过教学实践发现，有的学生通过小棒摆出了长方形和正方形，有的学生利用直尺画出了长方形和正方形，还有的学生用A4纸剪出了长方形和正方形等。之后，教师让学生在小组内根据手中的图形，交流各自的制作方法、制作过程，以及整个学习过程中的思考。在小组交流展示过程中，学生不仅分享了他们的实践过程，还总结出了长、正方形的特征。

可见，学生通过摸一摸、摆一摆、画一画等动手操作的学习过程，在自主探究、小组合作、交流分享中，建构起了对长、正方形特征的认知，这也是对"做中学"理念的践行。

（三）设计"用"的挑战性学习任务

数学的一个很重要的作用就是解决生活中的问题，因此，教师可以通过设计"用"的挑战性学习任务驱动学生学习，让学生运用所学知识解决现实生活中的问题，在完成任务中体会到学习数学知识是有用的，从而增强学生学好数学的信心，拉近数学与生活的距离。

在学习《长方形和正方形的周长》一课时，为了让学生明白不是只能在课堂上学习，还可以走出课堂，在解决生活问题中开展学习。于是，教师设计了这样的学习任务：学校要为篮球场安装围栏，请同学们测量一下篮球场的周长，以确定要安装围栏的长度。教师宣布完学习任务之后，学生就开始以小组为单位，先确定测量工具。当他们在小组内交流各自选用的测量工具时，教师发现，多数学生都知道要用尺子，但课堂用的尺子太短无法测量。这时学生就根据生活经验选择用卷尺、绳子、步测等方式进行测量。各组确定好测量工具后，又自主进行分工、制定测量步骤，之后各组开展测量活动。最后在交流分享阶段，各组都积极分享他们的测量方法、测量过程及测量结果。学生还重点交流了有效减少误差的一些思考和做法。学生在"用"的挑战性学习任务中不仅了解了多种测量方法，还学会了与他人合作与分享，既解决了生活中的问题，还懂得了做事要认真、学习态度要严谨的道理。

总之，为了促进学生的深度学习，教师要针对不同的教学内容设计符合学生认知特点的挑战性学习任务。这种任务要具有挑战性、开放性和综合性，而且要能够强有力地驱动学生积极主动地开展学习，让每个学生都能够在任务中发展自己，提升数学核心素养。

参考文献

[1] 马云鹏，吴正宪.《深度学习：走向核心素养（学科教学指南·小学数学）》[M]. 教育科学出版社，2019（3）.

[2] 孙莹，于飞. 挑战性学习：让学习真正发生[J]. 江苏教育，2020（49）：6-9，12.

[3] 李艳红. 挑战性任务设计的类型与功能[J]. 教学月刊小学版（数学），2016（6）：24-27.

小学英语绘本阅读教学实践研究

聂光华

绘本，英语名称为Picture Book，内容主要是以图画形式呈现，少量的英文语句作为补充，即以"图"为主体，图文并茂，这样的学习内容比较符合小学生的认知和思维发展特点。绘本具有较强的故事性，再加上图文并茂的特点，通过绘本阅读教学，既能丰富课内日常的英语教学内容，开阔学生的视野，还能增加课堂教学的趣味性，提高学生学习英语的积极性。基于此，很多教师把绘本引入了课堂教学过程中，以此来提升学生的英语学习质量。

一、小学英语绘本阅读教学中存在的问题

英语绘本阅读教学作为课内教学的重要补充形式，它不仅能促进学生阅读能力的提升，还能促进学生核心素养的发展。然而在教学实践中，我们却发现一些低效的绘本阅读教学现象，分析原因如下。

（一）绘本选择不当

由于在教学过程中并没有固定的配套绘本可以使用，教师就需要根据教学内容选择恰当的英语绘本作为学习的补充资源。在教学中，可供选择的绘本虽然种类繁多，但是要想找到跟学习主题匹配、与学生阅读能力相当的绘本却没那么容易。这就导致在教学过程中会出现找到了主题合适的绘本，却难以顾及学生的阅读能力；找到了与学生阅读能力相当的绘本，但是主题内容契合度又相差很多。有些时候教师顾此失彼，在教学中将就着使用不太恰当的绘本资源，而选择不太恰当的绘本显然会降低学习效果。

（二）教学目标不清晰

很多教师在开展绘本阅读教学时，没有制定明确的教学目标，在他们的意识中，绘本阅读只是为了激发学生的学习兴趣，作为课内学习资源的补充，让学生感知一下绘本故事即可。这种不清晰的目标意识导致教师在设计学习活动时过于随意，教师缺乏目标意识也就很难判定学生的学习效果是否达成，还会造成教师在教学过程中抓不到教学重点、不能给予针对性的指导等，从而使教学效果大打折扣。

（三）教学形式单一

绘本阅读教学跟普通的英语教学一样，都需要通过多样的教学形式帮助学生保持长久的学习兴趣。但是在现实中，却有一些教师长期采用固定的绘本阅读教学方式，比如基本上都是学生听录音、读绘本，然后朗读的学习模式；还有一些教师喜欢使用多媒体进行绘本阅读教学，每节绘本阅读课都通过音频、视频、动画等来吸引学生的注意力。使用多媒体的学习方式固然能够提升学生的兴趣，但过度使用则可能影响绘本故事的整体性，以及学生对绘本的理性思考。可见，教学形式过于单一势必会影响学生的参与度和学习效果。

二、小学英语绘本阅读教学实践探索

基于以上问题分析，在开展小学英语绘本阅读教学实践过程中，我们要遵循绘本阅读教学原则，在相关原则的基础上探索绘本阅读教学策略及绘本阅读教学实践。

（一）绘本阅读教学原则

1.保持绘本的完整性

绘本跟普通读物最大的不同在于它的图文并茂，绘本所要传达的信息不单单表现在文字中，很多细节信息都是通过图片表达出来的。因此，学生需要结合图片和文字来整体阅读绘本。在阅读绘本时，教师要引导学生在阅读中连接图文信息，通过二者信息的整合来构建故事内容。另外，有一些绘本信息还可能隐藏在扉页、环衬或者封底。这就要求教师不能将故事割裂开来，需要学生去整体感知绘本。

2.确保学生的主体性

学生是绘本阅读的主体，教师只是引导者。教师不能仅从成人视角去理解绘本，更多的要站在学生立场去引导他们开展绘本阅读。教师要了解学生的认知特点、阅读方式，这样才能更有针对性地给予指导，在引导学生主动发现、探究绘本内在意义的过程中，帮助学生真正成为阅读的主体。

3.挖掘故事的人文性

绘本的故事性强，是学生喜闻乐见的阅读载体。绘本中的故事能直达学生的内心，激起学生情感、思想、价值观的共鸣，让学生从绘本中获得新的理解和感悟。在教学中，教师要引导学生在阅读绘本时，学会与自己的生活、经历进行关联，以帮助学生更好地体验绘本中所表达的情感和正确的价值观。

（二）绘本阅读教学策略

为了提升绘本阅读教学的效果，在以上三个教学原则指导下，教师要采取恰当的策略来开展绘本阅读教学。

1.选择恰当的绘本资源

在教学过程中，教师首先要根据教学内容需要选择绘本资源；在选择过程中还要充分考虑学生的阅读水平，选择与之相匹配的绘本资源。比如教师可以筛选几本与教学主题匹配的绘本，然后再从不同版本的绘本中挑选与学生语言水平最接近的一本。或者教师还可以找班上几位不同水平的学生来试着阅读相关的绘本，根据学生的综合表现确定恰当的绘本资源。

另外，在绘本选择时，教师要尽可能地选择原版绘本读物，原版读物不仅语言上更纯正、地道，往往还都隐含着非常好的教育意义。当然，如果找不到合适的原版绘本，教师也可以采用自编绘本的形式。

自编绘本会耗费教师很多的时间和精力，虽然制作难度大一些，但内容针对性强，实用性大，值得教师去尝试。

2.制定适切的教学目标

教学目标决定着教学活动的设计，因此教师在开展绘本阅读教学之前，一定要先明确本节课的教学目标。即通过绘本的学习，学生能够掌握哪些知识、提升哪些能力，以及思维品质、学习能力等素养得到怎样的发展等。教师在制定绘本阅读教学目标时，一是要考虑绘本的内容，二是要结合课内英语学习目标。因为绘本阅读只是对学生课内英语学习资源的补充，是为课内英语学习服务的，所以教师要结合课内学习目标来确定绘本阅读教学的目标。

我们在制定绘本阅读教学目标时，要以英语学科核心素养为指导，教师要尽可能地从语言能力、学习能力、思维品质和文化品格四个方面，结合绘本内容、学生情况及主题教学目标来确定绘本阅读教学的目标。绘本阅读教学可以作为单独课时，也可以作为日常英语教学课时的一部分。当绘本阅读教学作为课时的一部分时，教师就要站在整节课的高度去确定绘本阅读教学的目标，让其为整节课的大目标服务。

3.采用丰富的教学形式

绘本阅读课是很多学生喜欢的课型，因为它的学习内容比普通英语课趣味性更强，但是如果教师采用一成不变的方式，必然会降低学生的期望和课堂成效。教师在进行活动设计时，可以变换不同的形式，比如可以采用绘本教学中常用的图片环游、拼图教学、持续默读、阅读圈等形式开展绘本阅读教学，以培养学生的阅读策略。另外还可以加入游戏环节、竞争机制等学习形式，以调动学生的积极性，提升学生的参与热情。

以绘本《My Dad》教学为例，为了帮助学生掌握绘本中的一些动物词汇，教师设计了两个游戏，一个是"你来比划我来猜"，另一个是"我来描述你来猜"。学生在参与游戏体验乐趣的同时，还加深了对词汇的理解和记忆。另外，绘本中反复出现的as...as句型，虽然对学生来说有些陌生，但是学生借助图片可以理解该句型的含义，之后教师让学生通过跟读、模仿语音并且做动作的形式来演绎每个句子的意思，加深对句子的理解。此外，教师还设计了趣味配音活动，通过学生的配音情况评选出最佳配音员。最后，教师还让学生模仿绘本写一写自己的爸爸。由此可见，绘本教学中多种形式的组合，不仅能够帮助学生实现对绘本的理解、语言的把握及素养的提升，还能够让学生感受到绘本学习的乐趣。

（三）绘本阅读教学实践

下面将以北京版小学英语四年级下册第七单元教学为例，浅析教师在本单元教学中，结合绘本阅读教学原则及策略开展绘本阅读教学，助力学生教学目标达成、完成英语核心素养提升的实践过程。

1.在教学过程中利用自编绘本，提升学生思维品质

如上文所说，自编绘本会耗费教师较多的时间和精力，但是针对性强，非常实

用。那么，在教学过程中，教师可以通过自编绘本的学习来提升学生的思维品质。以本单元第二课时为例，该课时讲述了主人公弄丢了钥匙，又把书包落在学校的遭遇。课本的"Let's do"部分由几张图片组成，于是教师充分利用相关图片资源并配上恰当的文本语言，一个英语绘本就呈现在了学生面前。在学习过程中，教师先让学生看图说话，学生在观察、分析之后，对每幅图的主要内容进行描述，并且还结合图片内容为主人公提出相应的建议。可见，学生以自编绘本为载体，在分析、思考、表达的学习活动中，实现了分析、判断等思维品质的提升。

2.在课时学习后补充绘本资源，发展学生学习能力

自编绘本资源是一种方式，选择已有绘本是大部分教师的行为。在教学过程中，我们可以运用已有绘本资源，帮助学生对课内学习内容进一步理解与把握，同时发展学生的学习能力。比如，本单元的第三课时讲述了主人公Maomao把花瓶打碎，小狗Lala尿在地板上，结果弄得家里很乱。本节课学习之后，教师选择绘本《What a mess!》作为补充材料。该绘本讲述了爸爸、妈妈和三个孩子一家五口在家里发生的事情。每个人都在做自己的事情：妈妈在做衣服，爸爸在做果酱，哥哥在织围巾，姐姐在做小车，弟弟在做贺卡，结果把家里搞得一团糟。学生在自主阅读过程中发现每个人都弄了一大堆垃圾，乱糟糟的，为什么不及时收拾一下呢？谁会帮助他们收拾干净呢？他们把这些问题记录下来，还写出了自己的想法。学生在这个过程中不仅培养了独立学习的能力，在小组合作中互相交流与分享，还碰撞出了很多思维的火花。比如，有小组汇报时说到他们组所有同学都想给主人公们和自己一个建议，那就是：自己的事情要自己做好，不要给家人增加负担。可见，学生在学习过程中不仅提升了学习能力，还领悟到关爱家人的道理。

3.在单元学习后开展绘本教学，提高学生语言能力

为了更好地内化课内所学，教师经常会选择一些跟文本材料匹配的绘本作为拓展延伸材料，以实现通过绘本学习促进学生语言能力的提升。在本单元对话学习之后，教师选择了《Dad's Bad Luck》这一绘本。绘本讲述了踢球的爸爸不慎摔到了泥坑里，回家打开水龙头准备洗澡，却被楼下电视中的足球赛吸引，于是忘记了浴池中的水。结果水从浴室里溢出来，流到了楼下，淋到了爸爸脑袋上的故事。该绘本从内容上来说是对本单元学习主题的延续，学生兴趣比较高。在绘本学习过程中，学生借助图片和教师的讲解理解了绘本大意，并且学会了单词forgot、barked及部分拟声词；在自由讨论"我要对你说"环节，学生大胆表达，说出了很多不同的观点。该环节很好地激发了学生的表达欲，促进了学生语言表达能力的提升。在绘本故事输出环节，教师还设计了表演故事及续编故事的学习活动，使学生的口语表达能力和写作能力都得到了提升。

绘本阅读教学能够开阔学生的阅读视野，活跃学生的思维，增加学生用英语的机会，通过绘本阅读还能够对英语国家的文化有更多的了解。可见，绘本阅读教学能够让英语走进学生的生活，促进学生英语核心素养的提升。在教学过程中，我们要遵循绘本阅读教学的原则，结合学生的实际情况采取恰当的绘本教学策略来开展绘本阅读教学实践，以实现通过绘本阅读教学助力学生常规英语学习的目的。

低年级趣味识字教学活动的实践探索

孟雯萱

《义务教育语文课程标准（2011年版）》指出，小学一二年级主要以识字教学为主，要求学生能够认识常用汉字1600~1800个，其中800~1000个要求会写。可见，识字教学是小学语文低年级教学的重要内容，也是教学的难点。基于识字是阅读和写作的基础，是学习其他学科知识的基础，作为语文教师更应该重视此项教学任务。本文就从低年级识字教学现状出发，阐述采用趣味识字提升学生识字效果的思考及具体做法。

一、低年级识字教学的现状

低年级语文教师虽然都知道识字教学的重要性，但是在教学过程中还是存在着一些不理想的教学现象，使学生对识字学习缺少兴趣，导致识字教学效果不好。

（一）教学方法单一

低年级很多老师在识字教学时，会对学生提出"读十遍、写五遍"类似的要求，由于学生年龄小、自控力差，让学生用死记硬背的机械式学习方法识记生字，会让学生对识字活动失去兴趣。

（二）识字活动不丰富

教师在设计识字活动时，不能够结合教学内容以及学生特点从多方面、多角度进行识字活动设计，很多时候只是就生字教生字，示范发音、讲解词义之后，就开始让学生去记忆。这样的识字活动不够生动、形象，对于低年级孩子来说，很难让学生对字音、字形、字义有深刻的印象和理解。

（三）自主识字时间少

低年级课堂中，教师为了赶进度，尽快完成教学任务，留给学生自主识字的时间很少，学生没有足够的时间去思考和识记生字，对于基础稍弱的学生来说，识字就变得更加困难。

基于以上识字教学现状，教师可以尝试运用趣味识字教学方式，即在识字教学过程中，设计学生感兴趣的活动帮助学生识字。兴趣是最好的老师，学生只要感兴趣就会全身心投入，因此，趣味识字活动的开展对学生快速识字、高效识字都有很大帮助。

二、趣味识字教学活动的实践

开展趣味识字教学，能够让学生在掌握知识的基础上，感受到浓浓的学习乐趣，以灵活新颖的形式提升识字教学效果。笔者将从趣味识字教学活动设计原则、活动形式、活动应用实践及活动实践效果四个方面进行趣味识字教学实践阐述。

（一）趣味识字教学活动设计原则

1.趣味性

这是趣味识字活动设计的第一个原则，因为低年级学生年龄小，只有有趣的学习活动对他们才有吸引力，要想让学生高效识字，就要让识字活动变得生动有趣。

2.适切性

趣味性对于趣味识字教学活动设计固然重要，但是在考虑趣味性的同时，也不能忽略适切性。我们不能纯粹为了趣味而去设计趣味性活动，要根据教学内容选择适合的活动；还要根据低年级学生的年龄及心理特点选择合适的活动，比如活动有趣的同时不宜时间过长等。

3.易操作性

我们在设计趣味性活动时还要考虑易操作性，由于低年级学生年龄小，设计的活动不宜过于复杂，否则会影响学生参与的积极性。因此，为了保证活动能够顺利开展，活动要尽可能地简单易操作，保证每个学生都能够参与其中。

（二）趣味识字教学活动形式

在低年级识字教学过程中，通常使用的方法有数笔画、熟字加一加、减一减等形式，为了体现出识字活动的趣味性，教师需要改变固有的教学思路，从学生感兴趣的方向来设计，学生才能更喜欢、更爱学。

1.动作识字

所谓动作识字，是指通过自身的肢体动作来演示出生字本身的形态或含义，比如手部动作可以用手来表示生字的偏旁，用全身动作来表示整个字的轮廓等等。适合通过动作来帮助学生识记的生字，通常都需要人来当做一部分或当成整体，这样学生有了亲身参与的真实体验，会把这种意识融入到生字的识记中，从而加强识记方法。这种方法非常适合低年级学生，因为他们有爱玩、好动的特点。另外，在识字教学中让学生用肢体语言来记住某一部分生字的含义，既能锻炼学生的思维，还可以提高他们的学习兴趣。

2.动画识字

所谓动画识字，是指利用信息技术制作出能动起来的画面，让枯燥无趣的字变得形象生动起来，学生看着一个个简短有趣的动画片，画面动起来的过程正是形成识记的过程。平常的课堂教学中，教师除了制作简单的幻灯片辅助教学之外，很少再使用到其他的辅助工具，从而经常忽略了学生最喜欢的是能动起来、吸引眼球的事物，如果把识字教学融入动画来辅助，学生会更爱学。比如形近字、易错字就让重点笔画跳动起来，学生能够一眼看到需要加深记忆的部分；遇到不认识的字时，为了让学生记得更牢固，可以用动画体现出生字的笔顺等等。

3.游戏识字

所谓游戏识字是指识字教学中还可以巧妙融入有趣的小游戏，通过同桌两人结成游戏小组，用你问我答的形式互相考察课堂上的学习成果，在轻松快乐的氛围下巩固识字。通常学生在区分形近字、同音字时容易混淆，为了让他们更好地记住每个生字，可以通过创设游戏情境识字的方法，加深对生字的理解和记忆。这样的识字方法通常适用在能够拆分成独立两个字或偏旁加生字这样的字中，将两部分拆开再组合，培养学生的思维能力，扩大识字量。

4.绘画识字

所谓绘画识字是指把生字在白纸上画成能表现出鲜明、具体的事物或形象。学生都喜欢用画笔把自己感兴趣的东西体现在纸上，利用学生的这一特点，同样可以把识字教学融入其中。这样的字大多以独体字为主，不能太复杂，学生几笔就能够画出字形的精髓之处，还应该以物为主，在现实生活中能看得见、摸得到的东西才更容易画出来。

（三）趣味识字教学活动应用实践

在完成趣味识字活动的设计后，需要结合学生实际情况和易错问题来开展丰富多样的活动形式，学生的参与感和体验感会更强烈。

1.身体帮我来识字

利用自身的肢体部位体现出一些简单的、表示动作的生字，这样的识字方法能够帮助学生理解生字本身的含义。学会了这种方法，学生就能迅速联想到相应的偏旁，可以在记清字形的同时加深对字义的理解，找到识字的乐趣。在字义的理解到位后，才能突破识字难点，这种能力的形成也有助于学生独立识字。

比如识记"大""人"这样比较简单的独体字时，学生张开双臂或双腿，身形自然而然就变成了字形；遇到合体字如"抱""扫""打""抓"时，学生先做出相应的动作，从而感知到它们的特点都是需要用手来完成，所以这些字的偏旁都是提手旁，学习"跑""跳""踩""踢"等字时，做出动作后会发现它们是需要用脚来完成的，所以都是足字旁，再结合形声字的特点，想要记住这些生字就变得容易多了。通过教师创设的学习情境，学生能够产生新的学习动机，使识字教学更加持续和深化。

2.观察动画记生字

通过动画形式表现的生字，需要重点强化生字的字形，这样的字结构不能太过复杂，大多以独体字为主，并且字义是可以真实感受到、看得到的事物，学生才容易集中注意力去观察。字形是学生识字过程中容易遗忘的部分，运用这种方法来巩固记忆，能够凸显出生字整体的轮廓，增强学生的观察能力。

在一些识字教学中，教师会借助图片来加强生字的辨识，虽然对学生的理解能力有帮助，但因为图片是静止的，学生还没有在头脑中形成深层记忆。如果把图片转换成动画的形式，例如一个圆圆的太阳从上下左右向中间逐渐变窄缩成"日"的样子，弯弯的月牙直起了身子构成"月"字，小河中的水流汇聚到一起组成"水"字，燃烧的火苗搭建成"火"字等等。学生在看到这种动起来的生字以后，记忆会更加深刻，下次再见到这些字时，脑海中就可能浮现出动起来的生字画面，先由动画联想再到深度记忆，就能很好的完成识字的学习任务。

3.偏旁生字对对碰

识字的首要要求是把字读准确。学生识记生字时，特别容易忽略发音的准确性，把读不准的字借助游戏反复读、互相考察读音，同一个生字换成不同偏旁可能读音会不同，组成的新字不同但可能读音相同等等，用游戏的形式巩固提高，强化读准字音这一要求。

学生两人一组进行小游戏，一个人拿着常用偏旁的卡片，另一个人拿独体字的卡片，通过观察、挑选、两两组合变成新的生字，比如女字旁加马就是妈妈的"妈"、门字框加口就是问题的"问"等等。这样的小游戏既能锻炼学生的逻辑思维能力，又能帮助学生快速提取出已有的知识和经验，从而加深对生字的记忆。

4.图画中的小奥秘

能用图画表示出来的字，需要有实际意义，可以是生活中常用的物品、常见的动植物等，这样的字具有形象的识记特点，学生自己动笔画出来的形象，记忆才会深刻，再通过联系生活由形记字到读字正音，既考察了读准确的能力点，还强调了字形结构，达到理解字义的目的。

有些生字很有特点，可以用绘画的形式进行识记。例如学习身体部位的字时，学生先画一张自画像，然后分别说一说每部分名称叫什么，说到"耳朵"时，把"耳"字写到两个耳朵的旁边；说到"嘴"就让学生张大嘴巴，看一看张开的嘴的

115

形状就像"口"字，把"口"写到嘴巴的旁边；"目"字表示"眼睛"，中间的两个横就像是眼球的边缘，把这个字写在"眼睛"的旁边。通过这样的识字方法，学生能主动识字，同时也巩固强化了对字义的理解。

（四）趣味识字教学活动实践效果

趣味识字教学能够提升学生参与识字活动的积极性，有效地提升学生的识字效果。主要表现在以下三个方面：一是能够更加快速地读准字音。在以往的识字教学中，学生识记生字时容易忽略读音的准确性，但趣味识字过程能够帮助学生在短时间内准确掌握字音，助力识字。二是能够更加容易地识记字形。字形是学生识字过程中容易遗忘的部分，运用趣味识字方法学会的生字，学生在观察时会更仔细，采用新的识记方法更能够凸显出生字的轮廓，帮助学生牢记字形。三是能够更加准确地理解字义。在趣味识字过程中，教师用学生感兴趣的活动代替了枯燥的语言讲述，能够帮助学生更准确、更到位地理解字义，为将来生词的运用打好基础。

识字教学作为低年级的教学重点，在教学过程中，教师要采用形式多样的识字教学活动来激发学生的识字兴趣，通过帮助学生掌握多样的识字方法来提升学生的识记效果。同时，教师也要注意因地制宜，一种方法并不能适合所有学生及所有学习内容，要根据生字的不同特点及学生的性格、学习特点等，灵活选用不同的识字方法。只有这样才能够真正设计出学生感兴趣的识字活动，才能真正实现学生在寓教于乐中开展识字学习。

小学生质疑能力培养的策略探究

赵娜

《义务教育语文课程标准（2011年版）》中指出：要培养学生的创新思维能力，激发学生的好奇心，开发学生的创造潜能。同时语文教育家朱绍禹先生说过："语文是语言学科，也是思维学科。"小学阶段是学生系统学习语文课程的基础阶段，是思维发展的关键，也是激发学习动力的关键。小学阶段要培养学生善于思考、善于质疑的习惯，通过质疑，对学生进行高阶思维训练，以达到深度学习的目的，获得真知。

当前小学语文教学中对学生质疑能力的培养仍存在一些误区，主要体现在三个方面：第一，质疑只是一种形式。在课前或课上，教师会让学生提出各种问题，但却不在乎问题质量。授课时为了完成教学任务，依然按照自己备课过程中预先设计好的问题进行教学，学生问学生的，教师教教师的，学生的提问就成了一种摆设。

长此以往，学生也就没有了提问动力，质疑热情大大降低。第二，教师对学生提出的问题一味肯定，不作分类梳理，不管多么简单或无厘头的问题也不予评价，缺少系统、深入的方法指导，导致学生长期随意提问，不清楚质疑的目的和作用，使质疑的价值大打折扣。第三，部分教师依然采用传统教学模式，课堂上占主体地位，一味问答或者直接灌输。学生被一连串问题缠绕看似是在思考，但思维被禁锢，学生的学习常常处于被动接受状态，自身的钻研探究意识模糊，缺少自己的独立见解。

缺少质疑的课堂，或者表面上的质疑，都只会使学生的思维处于"浅层状态"，无法实现深度学习。质疑的起点是发现问题，在深入学习中辨析问题，才能在学习与实践中解决问题，以达到深度学习。在语文课堂上，教师可以通过培养学生敢质疑、会质疑、善质疑来提升他们的质疑能力，从而促进高阶思维发展。

一、营造轻松氛围，让学生敢质疑

古人称学习为"学问"，要学必要问。学生在阅读文章时，有的会将不懂的问题提出来，而有的则会将遇到的问题憋在心里。后者之所以如此，主要是因为他们缺乏质疑的勇气，即学生不敢在课堂上提出自己心中的疑问。这部分学生将问题埋藏在心底，不敢提出来寻求解答，慢慢地问题就会积少成多，最终成为他们学习路上的"绊脚石"。因此教师应放下自己"师道尊严"的高大形象，以引导者和参与者的身份，为学生营造一种轻松愉快的课堂氛围，这样既能消除学生对课堂的恐惧心理，又能给学生一个发表自我观点和质疑的空间，让学生在毫无约束、自主轻松的情境中进行创造性学习。

在课堂教学中，教师要鼓励学生大胆地质疑，对于学生所提的问题，教师要给予肯定，即使价值不大，也不要打压否定，要通过恰当的引导使学生掌握质疑的方法，进一步提升质疑的勇气和能力。

例如在教学《一个豆荚里的五粒豆》这篇童话类文章时，教师让学生在预习环节，将自己阅读时产生的疑问列出来。起初学生提出的问题都局限于对词语的理解，例如豆荚是什么？预感、洋溢、揭晓是什么意思？还有很多问题都是天马行空的，例如豌豆怎么会说话？豌豆能开花吗？为什么说那第五粒豌豆掉进裂缝中就变成了一个囚犯？上课时，教师对这些比较浅显或者看似无厘头的问题并没有全盘否定或置之不理，而是给予正面的表扬和肯定，同时利用童话的文本特点，引导学生进行更有价值和意义的深度思考。对那些性格内向、心存胆怯的学生，教师也没有必要急于求成，应是以信任和期望的态度给予鼓励，让学生从简单发表自己的观点开始，一步步走向质疑。

"知之者不如好之者，好之者不如乐知者"。心理学研究表明，积极的情感体验能够对学生的学习产生积极的影响。如果教师能认真倾听每个学生的质疑，并适时地给予激励、表扬，学生就会获得自信，进一步产生质疑的兴趣，在阅读文章时会敢于提出自己的问题，进而引发学生的深度思考与学习。

二、找准最佳入口，让学生会质疑

起初学生对文本进行质疑还比较生疏，很难找到最佳切入点。学生最容易提出的质疑是有关词语或者不熟悉的事物，如废寝忘食什么意思？船坞是什么东西？和氏璧什么样子等。这些疑问是理解课文的前提，但其大部分可以借助工具书自主解答，而且对于理解文本情感及中心思想没有直接帮助。学生的质疑要有方向、有价值，才能引发学生深度学习。

（一）抓住题目开展质疑

题目是一篇文章的眼睛。以题目作为质疑方向，破题而入，抓住文章线索能更好地整体把握文本内容，同时对文章主题、作者情感、写作构思、语言表达等有观照性思考，产生"牵一发而动全身"的效果。

文本题目大多比较简短醒目，在发动学生展开质疑时，需要对题目进行细致分析，找出其构建特点，并对其关联性进行深度思考。如统编教材五年级上册《什么比猎豹的速度更快》一文中，课文以人的奔跑速度开篇，依次写了人、猎豹、隼等的速度，那么就可以引导学生关注，课文既然以人的奔跑速度开篇，为什么题目却是"什么比猎豹的速度更快"？以"什么比人的速度更快"为题不是更切合文章内容？质疑中也抓住了作者的写作思路以及说明文的写作特点。再如《爬山虎的脚》一文中，题目以拟人方式呈现，让人觉得有趣，关注课文内容后却发现课文不仅写了爬山虎的脚，也有大篇幅描写爬山虎的叶子，那么课文以爬山虎为题不就可以了吗？为什么以爬山虎的脚为题呢？联系题目和课文内容就会发现正是因为爬山虎的脚在墙上扒得牢的缘故才让叶子赏心悦目，从而理解了作者想表达的中心思想。如此结合内容再联系题目进行的质疑就能直接关注到文本表达的主旨。

（二）关注语句开展质疑

文章中的关键语句，有些是能够起到揭示文本内涵作用的。带领学生深入文本寻找关键语句，例如重点词、中心句、关键段等内容，往往是打开阅读的重要线索，对这些内容的表达作用进行重点解读，让学生建立直观感知，可以进一步拓宽学习思维，以提升学习品质。在具体引导启迪时，教师不妨给出示范操作，利用问题设计调动学生，让学生抓住关键语句开展质疑。

例如统编教材五年级上册《白鹭》一文中，开头提到"白鹭是一首精巧的诗。"结尾又写到"白鹭实在是一首诗,一首韵在骨子里的散文诗。"教师出示语句之后,引导学生关注这样的开头结尾,这时学生产生了质疑:开头已经写白鹭是一首诗了,为什么结尾又写白鹭是一首散文诗?深度思考后发现,作者用这样首尾呼应的方式是为了表达对白鹭的喜爱之情。再如《搭石》一文中,教师引导学生对"一排排搭石,任人走,任人踏,它们联结着故乡的小路,也联结着乡亲们美好的情感。"这样富有深意的句子进行质疑,"读到这句话的时候,你们有什么想法或疑问吗?"学生经过思考会产生这样的疑问:为什么要说联结着故乡的小路,也联结着乡亲们美好的情感?这样写有什么作用?再带着这样的疑问,逐段阅读。学生随着逐段阅读理解,慢慢就能体会到搭石是家乡独有的一种过河方式,它可以联结到小路,搭石更是乡亲们互帮互助的重要体现,是一种情感,这种情感是和谐又美好的。质疑、解疑的过程有利于学生形成对文本的深度认知,提升学生的思维水平。

(三)体会表达开展质疑

《义务教育语文课程标准(2011年版)》第三学段目标里有这样明确的要求:"在阅读中了解文章的表达顺序,体会作者的思想感情,初步领悟文章的基本表达方法。"学生进入高年级,接触的文章越来越多了,这些文章都是编者从浩如烟海的好文章中精选出来的,不但思想性强,而且表达方法也是多种多样、各具特色的,我们可以启发学生从文章表达方法方面入手,进行自主质疑和探究,这对于开阔学生写作视野,提升学生的写作素养有很大帮助。

例如《珍珠鸟》一文中,作者写珍珠鸟淘气的样子运用了很多拟人的写法,那么作者为什么要这样来描写珍珠鸟?为什么它这样做作者也不理会不生气?从表达手法上发现也感悟到作者用"小家伙""淘气"等词来表现对珍珠鸟的喜爱,鼓励学生在描写自己喜爱的事物时可以充分运用拟人的修辞手法。由作者写作手法的质疑进而关注到作者表达的情感,引发深度学习与思考。

(四)结合背景开展质疑

文章作品创作的时代、社会背景不同会影响表达的情感,所以关注时代背景进行质疑是很好的提问方向。如《圆明园的毁灭》一文中写到"圆明园的毁灭是中国不可估量的损失,也是世界历史上不可估量的损失。"读到这里,学生仅结合课文内容是不能理解这句话的含义,由此产生了质疑:圆明园是中国的,它的毁灭为什么会是世界上不可估量的损失?这时学生就必须了解当时的时代背景,查阅资料才能有更好的体会,为理解课文内容打下了基础。再如学习《示儿》这首诗时,学生了解到诗人临终前交代的不是家事,而是惦记王师平定中原之日,引导学生联系实际生活思考临终前人的遗愿多与家人有关,进而就对诗人为什么会有这样的遗愿产生质疑，进而搜集资料以便更好地了解诗人表达的思想感情。

三、梳理提问路径，让学生善质疑

学起于思，思源于疑，疑是发现的开始，是探索的动力，借用这把钥匙，可以打开通向深度学习的大门。所以教师对学生除了有质疑方法的引导外，还应该梳理提出问题的路径，让学生善于质疑。

以语文阅读教学为例，教师可以引导学生通过以下路径开展质疑，在自主提炼——小组梳理——聚焦主旨的过程中，强化质疑的意识，养成质疑的习惯。具体路径为：第一阶段，学生通过自主阅读提炼出对文本的质疑，列出问题清单，并在质疑后自发地尝试解决。第二阶段，以小组为单位梳理问题，学生在合作交流中先尝试解决简单的问题，然后再整合小组内的共性问题，共性问题指的是内容上的共性、视角上的共性、思维方式上的共性等。最后梳理出小组的问题清单。小组问题清单的梳理过程，不仅可以帮助学生将思维凝聚到深度学习中，同时更能够有效地促进学生解决问题的能力，让学生学会学习。第三阶段，依托问题清单及课后习题，衍生出主旨问题。学生围绕主旨问题深入研读文本，这恰好就探究出了一条清晰而扎实的学习路径，给予学生更加广阔的研讨空间自主解决问题。在这样的路径中，学生经历了提出问题、解决问题进而生出新的问题的过程，让质疑真实发生，且固化为一种学习习惯，从而培养学生的创新思维，将语文的深度学习向着纵深推进。

爱因斯坦说："提出一个问题比解决一个问题更重要"。好的提问能激活学生的思维，调动学生的兴趣和情感。教学中随时注意从学生已有的生活经验和知识背景出发，要让学生感觉到新面临的问题是与旧知识、旧经验有联系的，同时又是新奇的、富有挑战性的。一方面使学生有可能去进行思考和探索；另一方面能够激发学生的探究欲望，给思维以动力。语文教学中培养学生的质疑能力，方法与途径还有很多，但我们一定要确立以学生为主体的教学观点，把思考的权利交给学生，把质疑的权利交给学生，把探究的权利交给学生，给学生提供一个自由发现、探究问题的空间，适时引导，授之以法，使学生自解其难，变"有疑"为"无疑"，从而更加主动热情地去探求新知识，真正提升学习能力。

参考文献

[1]陈利坤.培养学生问题意识促进学生深度学习[J].华夏教师，2021（12）：53-54.

[2]李术伟.问题引领：促进学生深度学习[J].教育，2020（33）：71.

[3]林瑞华.浅谈培养学生语文质疑能力的方法[J].考试周刊，2021（52）：39-40.

依托"微活动"设计，促进语文课堂深度学习

王瑛玮

近年来，随着新课程改革地不断推进与深入，指向学生核心素养的深度学习已在教育界达成共识。深度学习不同于传统的被动接受、灌输式的浅层学习，它是基于理解的学习，是学习者以高阶思维的发展和实际问题的解决为目标，以整合的知识为内容，积极主动地、批判性地学习新的知识和思想，并将它们融入原有的认知结构中，且能将已有的知识迁移到新的情境中的一种学习。

实践活动，是提高语文能力的关键。在语文课堂上，教师要根据学习的内容，通过创设一定的情境，来设计和安排一些适当的实践活动来分解细化教学目标，真正让学生学起来、活起来、动起来，在助力学生学习语言、发展智能、陶冶情操的同时，提高课堂实效，促进学生深度学习，最终全面提升语文核心素养。那么，语文课堂中的这一个个小的实践活动，在此姑且把它们称为"微活动"，该如何开展并发挥其作用呢？下面，笔者结合具体的课堂实例来进行阐述和说明。

一、"微游戏"激发学习兴趣，奠定深度学习的基础

游戏对于教学中理论知识的学习，可以起到至关重要的辅助作用。目前，语文知识与游戏活动的融合，已经逐渐成为小学语文教学中的主要教学方式。课堂上，教师设计"微游戏"的教学活动，可以创新和优化教学方法，为学生提供不同类型的语言交流情境，激发学生的学习兴趣，为深度学习打下良好的情感基础。

儿童的天性是活泼好动。基于学生的年龄和认知特点，"微游戏"教学活动多运用于低年级，类型多种多样，可以设计在课前，也可以设计在课中。

"微游戏"设计在课前，通常起到点燃学习热情、渲染课堂气氛的作用。例如，一位教师在教学《姓氏歌》时，在导入环节就设置了"猜姓氏"的微游戏。教师在电脑屏幕上出示几张图片，如李子树、国王、张飞等，让学生根据图片上的内容找到与之对应的姓氏。在教师鼓励式的引导之下，学生兴味盎然，纷纷开始猜测。运用"微游戏"的方式导入学习新知识，可以让学生产生较强的探究欲望，对语文知识的学习保持新鲜感，为后续的学习增强动力。

"微游戏"设计在课中，往往能加深学生对所学知识的印象，提高教学实效。例如在教学拼音这部分知识时，一位教师设计了"把拼音寄回家"的微游戏。在课前准备好两个邮箱，分别写上声母和韵母。课堂上告知学生：邮递员叔叔忙坏了，

今天我们帮邮递员叔叔排忧解难，帮他投信好吗？学生拿着写有声母与韵母的信开始投递，师生一起唱：邮递员叔叔来到了，请你帮忙把信放到邮箱里。学生投对了就给予表扬，如果投错了，可以让他找一位同学帮他投信。这样的游戏寓教于乐，极大地调动了学生学习的热情，学生思维活跃起来，学习效率大大提升。

"微游戏"是课堂教学中的一种载体和手段，在设计时要注意合理安排游戏的时间，避免对课堂教学效果产生消极影响，同时一定要围绕突出重点、解决难点进行设计，决不能为了游戏而"游戏"。

二、"微搜集"丰厚学生认知，架设深度学习的桥梁

《义务教育语文课程标准（2011版）》指出学生要"初步具备搜集和处理资料的能力，积极尝试运用新技术和多种媒体学习语文"。同时《课标》也对培养学生搜集和处理资料能力提出了具体的目标和要求。由此可见，作为资料素养内涵之一的"搜集和处理资料"的能力，已被纳入学生语文素养的范畴，成为语文教学的一项重要目标。

笔者认为，资料的搜集与运用在语文教学中的作用不容小觑，不但有助于扩大学生的阅读量和知识面，丰厚学生的语言材料，还有助于学生更加深入地理解课文内容、主旨及情感，同时还能培养学生搜集、处理、应用信息的能力。教师在教学时，要根据编者的意图和思路，结合教学内容和学生实际，适当地布置搜集资料的作业，拓展课外资源，促进学生的深度学习。

例如统编教材五年级上册的《圆明园的毁灭》一文，作者运用反衬的手法，描述了圆明园昔日辉煌的景观和惨遭侵略者肆意践踏而毁灭的景象。由于文中描写的火烧圆明园的历史事件年代比较久远，要想唤起学生情感上的共鸣会有一定的困难。课前，教师可以让学生搜集圆明园景观、当时历史背景以及火烧圆明园等有关资料。教学时，为了让学生更加深入地领略圆明园昔日的辉煌，可让学生结合搜集到的图文资料去感受；在学到英法联军烧毁圆明园的内容时，可让学生将影视资料与文本内容结合起来细细品读感悟，从而激发起学生对侵略者残酷暴行的痛恨之情；在学完全文后，引导学生结合搜集的历史背景资料去思考圆明园被烧毁的原因，认识到当时清政府的腐败无能，树立学生不忘国耻、振兴中华的责任感和使命感。资料的准确搜集与恰当运用，不仅使学生对文本内容和文章主旨理解得更加深刻，思维得到深度延展，同时搜集与处理信息的能力也得到锻炼和提升。

三、"微想象"激活文本内涵，开启深度学习的入口

爱因斯坦认为"想象力比知识更重要，因为知识是有限的，而想象力概括着

世界的一切，推动着进步"。可以说，想象构成了创新的基础，是一种极其可贵的思维品质。

在语文教学中，根据教材内容设计"微想象"的学习活动，可以激活文本内涵，帮助学生和作者展开心灵与精神上的对话，从而更深刻地领悟语言文字的意蕴，开启深度学习；同时，科学合理的想象能让学生个性得到释放，创新能力得到提升。

如何在课堂上发挥想象的作用？首先，要善于引导学生透过文字看到画面。教材中的课文，都是以一行行的文字呈现在学生面前。对于一些文字背后的东西，教师要引导学生展开想象，通过文字看到图画，通过语言感受生活，体会作品丰厚的意蕴和内涵。例如脍炙人口的古诗《游园不值》，作者叶绍翁没有直接描写园里的春色，而是用一句"一枝红杏出墙来"表现春天的盛景，给人以无限的遐想空间。教学时，教师可以引导学生展开想象，满园的春色到底是怎样的？学生会联想到一幅姹紫嫣红、草长莺飞，充满盎然生机的园中美景图，从而深刻感悟到古诗所蕴含的深刻哲理，即一切美好事物是禁锢不住的，它必将冲破束缚，蓬勃发展。

另外，教师还要善于创设情境，让学生发挥合理的想象，走进文本，感悟形象，体会情感。例如一位教师在教学《伯牙鼓琴》时，为了让学生感受伯牙和锺子期善弹和善听的高超技艺，教师结合课文内容创设了这样的情境：同学们，假如你是锺子期，就站在琴旁，用心聆听着伯牙的琴声。当伯牙"鼓琴而志在太山"，你会怎样赞叹？伯牙"少选之间鼓琴而志在流水"，你又会怎样赞叹？学生在浓郁的氛围烘托下，自然地将自己代入到情境中，驰骋在想象的世界里，感受到伯牙和锺子期"高山流水"般的深厚情谊。

想象是在头脑中改造旧的表象、创造新形象的心理过程，学生的想象之翼一旦形成，脑中就会浮出新颖生动的意向。在想象的作用下，学生的语文学习必将从肤浅走向深入，达到事半功倍的效果。

四、"微表演"培养实践能力，拓宽深度学习的路径

《语文课程标准》指出，要让学生在实践中学习语文、运用语文。"表演"作为一门实践性很强的艺术，如果运用到语文教学中，则会使语文学习更具活力，让课堂成为学生展现自我、大胆创新、勇于实践的舞台。

笔者在课堂教学中，经常会根据文本内容和目标达成需求，设计学生在课堂"微表演"的环节。所谓的课堂"微表演"，就是通过个人或群体的动作、语言、神态来再现人物形象、故事情节或者精彩瞬间。

课堂"微表演"可以激发学生学习兴趣。俗话说："兴趣是最好的老师。"在常规课堂上，教师如果照本宣科，一味讲授，课堂就会像一潭死水。久而久之，就会使学生失去学习的兴趣，思维受限，学习动力缺失。此时，如果适时安排学生进行课堂表演，学生的学习兴趣就会增加，自觉地参与到学习中，充分释放自己的潜能，变"要我学"为"我要学"。例如在学习《曹冲称象》一文时，在初读课文时，学生比较感兴趣。但读过几遍之后，学生的兴趣逐渐消耗殆尽。于是，教师让学生分组表演曹冲是如何称象的。学生兴趣高涨，认真研读文本，揣摩人物动作、表情，将曹冲称象的过程表演得生动、形象，有个别小组还进行了加工创造，让人物更丰满，过程更具体。这样，原本一堂死气沉沉的阅读课，变成了一堂生动有趣的表演课，整堂课学生精力集中，兴趣盎然，实现了对文本的深度解读。

课堂"微表演"可以帮助学生领悟重点内容。对于一篇课文的学习，如何突破重点、解决难点是需要教师悉心研究和精心设计的。当文本故事性比较强、内涵丰富时，就可以设计让学生表演的活动，从而加深对课文内容的理解。如《狐假虎威》一文中，重点教学目标之一是让学生分角色演一演这个故事，把"神气活现""摇头摆尾""半信半疑"等词语的意思表现出来。上课时，教师让学生依据文本及课文中的三幅插图设计表演，学生经过练习后都跃跃欲试。展示的同学不但通过表演将这个故事活灵活现地呈现在其他学生面前，还通过肢体动作、表情神态等，将那几个词语的意思演绎得准确生动。这样的课堂"微表演"，不但能创造性地再现课文内容，还让学生在任务驱动下积极主动地领悟了学习重点及难点，提高了课堂实效性。

课堂"微表演"可以培养学生创新思维。成功的课堂表演是建立在充分研读文本基础上的，在想象的催化作用下，学生不但得到了充分的实践体验，还培养了创新思维。从开始的对教材的理解、领悟，到后期的表演实践、加工锤炼，每一个环节都需要学生开动脑筋，调动多种感官去进行创造性的劳动。学生表演中的每一个动作、每一句话语、每一个表情，都是学生思维火花的闪现。

总之，把表演融入到课堂教学中，是"以学生为主体"教学理念的充分体现，不但营造了良好的学习氛围，还拓宽了深度学习的路径，让学生全身心地主动投入学习，从而提升课堂效率。

五、"微写作"发展学生语言，延展深度学习的效度

毋庸置疑，写作是语文教学中重要的版块，历年来占据了语文教学的"半壁江山"。但根据笔者的实践经验，如果光凭教材中规定的几次习作训练，很难提升学生的写作能力。因此，我们可以在日常的阅读教学中引入"微写作"这种实践活动，用灵动的方式将阅读内容与写作有机结合，增加语言实践的机会，让学生时

时、处处学语言、用语言。

"微写作"可以理解为阅读教学中的随文练笔，即教师根据编者的意图，充分挖掘课文中的资源，通过仿写、续写、改写、扩写、批注等形式，对学生进行读写结合的微型写作练习。

在统编教材中，有很多可以挖掘的进行"微写作"的资源和素材。教师在阅读教学中，要有效搭建起读与写的桥梁，发展学生语言，延展深度学习的效度。

首先，要用好课后习题中的小练笔。统编教材课后习题及语文园地"词句段运用"版块安排的小练笔总量很大，训练指向性很明确，且切入口很小，让每一个学生都有话可说，有话可写。在指导学生进行课后小练笔时，一定要遵循"大量读写、读写结合"的语文学习规律，也就是说课后小练笔一定要与课文学习有机结合。"教材无非是个例子"，课文的写作手法、表达方式为写作提供了很好的范例，教师一定要发挥好例子功能，这样才能使学生在完成课后小练笔时得心应手。例如一位教师在教学《手指》一文时，在让学生感受五根手指形态和作用的同时，还引导学生关注写法，这样学生在完成课后小练笔"仿照课文的表达特点，从人的五官中选一个，写一段话"时，就能够顺利地迁移运用写法，实现了读写结合的语用效果。

其次，要善于挖掘课文中的写作空白点。语文教材是对学生进行语言文字训练的主要载体，不少文质兼美、意蕴深厚的文章，都给我们留下了创作的空间，这就是所谓的"空白点"。在语文阅读教学中，我们要挖掘为深化文本服务的"读写结合点"，寻找合适的时机对学生进行"微写作"训练。"点"选好了，训练到位了，不但可以切实提高学生的书面表达能力，还可以帮助学生更加深入地理解课文内容，提升深度学习的效果。例如一位教师在教完五年级上册"父母之爱"这个单元的课文后，为了让学生更深入地体会人世间最伟大的情感，设计了这样的"微写作"练习：结合本单元课文中父母的伟大形象，再想想自己的父母，完成诗歌《父母之爱的样子》。

  父母之爱的样子
  什么是父母之爱该有的样子？
  什么才是父母之爱固定的范式？
  《慈母情深》，
  让我看到母爱是瘦弱弯曲的脊梁；
  《父爱之舟》，
  让我知晓父爱是载我成长的渔船；
  《"精彩极了"和"糟糕透了"》，

让我懂得＿＿＿＿＿＿＿＿＿＿＿＿＿＿＿；
＿＿＿＿＿＿＿＿＿，
让我感受到＿＿＿＿＿＿＿＿＿＿＿＿；
＿＿＿＿＿＿＿＿＿，
让我明了＿＿＿＿＿＿＿＿＿＿＿＿＿。
或许，
它并不像书本上那样，
可能是喋喋不休的唠叨，
可能是无足轻重的絮语，
甚至是＿＿＿＿＿＿＿＿，
甚至是＿＿＿＿＿＿＿＿。
但是，
这一切
都是
父母之爱才会有的样子。

这种以诗歌为载体的读写结合训练形式，不但提高了学生的写作能力，还将学生对文本的人文感悟进行再加工，深刻读懂了父母之爱的样子。

语文课程是一门学习语言文字运用的综合性、实践性课程。在当前的教育背景下，教师不能仅仅满足于浅层教学，让学生被动地接受知识，而是应该巧妙地设计各种丰富的"微活动"，以此来满足学生不断增长的认知、思维与实践能力的发展需求，让学生主动进入深度学习，最终全面提升语文核心素养。

参考文献

[1] 张晓冰. 游戏教学法在语文教学中的运用例谈 [J]. 语文教学与研究. 2021,（10）: 92-93.

[2] 吴秀玲. 小学语文教学中资料的搜集与运用教学例谈 [J]. 教学教研. 2015,（8）: 45-47.

[3] 刘正东. "想象"在语文教学中的运用 [J]. 考试（教研版）. 2009,（12）: 27

依托课文图画　优化小学低年级字词教学的策略

张希子

在"双减"背景下的今天，对于小学低年级学生来说字词的学习依然是非常重要的，低年级的教师也一直在积极地探索如何优化字词教学的方法，而且大部分教师都在下意识地转变自己的教学理念，大家都认为死记硬背的学习方法早已不适用于今天的课堂，于是教师开始借助信息技术整合一些图片、视频资源来教学字词，目的是为学生创设直观的、易于理解和记忆字词的图示和语境，让学生主动地学习生字新词。在学生理解字词的基础上，还能将所学到的字词运用到造句、写话、语言表达等实践活动中去，因为只有经历这个学习过程，学生对于字词的学习才是走向了深度学习，当然这也是每一位低年级语文教师努力探索和实现的语文教学目标之一。

一、小学低年级字词教学中用课文图画的现状

在低年级字词教学中，随着教师对"双减"政策的理解和深入实践，更多的教师尝试借助课文图画引导学生走向深度的字词学习，他们中有的人甚至继续开拓课文图画所蕴含的更大价值，但也有一些教师没有关注到课文图画的作用，导致该教学资源得不到充分运用。

（一）忽略课文图画的实用价值

教师一直在探索字词教学的方式和方法，寻找各种各样的课外资源助力我们的字词教学，却往往忽略了课本中常见资源的使用，如在疫情期间的线上教学中，常见的是教师苦心寻找一些与字形、字义有关的图片制作成PPT，帮助学生理解、识记所学的字或词语。

这样的字词教学确实符合小学低年级学生的学习特点，却又是"道在迩而求诸远"，之所以这样说是因为在我们的统编教材中，课文都精心地配备了课文图画，这些图画具有形象性、直观性的特点，对低年级学生的字词教学起着非常重要的作用，有其特殊的实用价值。

（二）忽视课文图画与其他教学资源的整合运用

有些教师在利用课文图画时存在一带而过的现象，这里所说的一带而过就是教师只是简单地出示课文图画，让学生看看图画的样子即过，认为课文图画的实用价值已经完全体现，并没有考虑到将课文图画与其他教学资源进行整合，发挥1+1>2的

作用，充分挖掘课文图画的实用价值。

因此，在小学低年级语文字词教学中，教师与其花费大量的精力和时间去寻找课外资源图片，倒不如善于利用课文中现有的图画资源，帮助学生更为有效地进行字词的学习。

二、依托课文图画优化字词教学的策略

（一）依托课文图画，深化学生对字词的理解

图画对于儿童来说是一种让学生乐于接受的、直观性的表达，它更是能将表象和概念加以具体化，使学生从表象的认识慢慢步入抽象逻辑的理解。低年级学生对字、词运用的前提应该是能理解字词，这也是检验学生是否真正掌握字词的重要标准，更是学好语文乃至其他学科的重要保证，否则学生说话、欣赏、作文就会成为无源之水、无本之木。

然而，在学习的过程中有一些抽象的字或者词语是老师难以用语言解释清楚并让学生理解的，但图画却可以解决这个问题，随着对教材的学习与探究，我们发现课文中的图画资源可以帮助学生进一步的理解字词，它可以让教师节省寻找课外资源的时间，能让枯燥的文字变得形象具体化，难理解的词语直观化，辅助学生开展识字识词活动，通过图文并茂的形式加深学生对字词的理解，从而助力学生主动地学习生字新词。

1.依托课文图画，深度理解字形、字义

深度理解字形、字义对于低年级学生来说，就是从对字形、字义的表象认识到对它们具有一定思维上的理解与认识，了解这个字的内在含义、形的特点及意义。统编一年级教材中，为学生拓展了很多常见、常用的认读字。对于新入学的低年级小豆包来说，他们很容易遇到笔画多、字形复杂、难以识记和理解的认读生字。如果我们只借助一般的识字方法，如偏旁加熟字、笔画记字法等，学生在这个过程中的学习是枯燥的，容易失去识字的兴趣，记字的效果也不会特别好，更别说理解字义了。如果结合课文图画进行启发，学生此时会自主解读字义，再感知字形的特点，进而记住生字。

在学习《春夏秋冬》一文时，学生需要学习"霜"字，这个字如果用笔画法来识记字形，对于一年级的学生来说需要耗费很多时间去反复记忆，而且识字效果也不会特别好。于是笔者在教学时向学生展示了课文中的插图，同时向学生提问："你觉得秋霜是什么样子的呢？"看到这幅插图后，从学生的表情看出来他们对"秋霜"已经产生了兴趣，有的学生开始举手发言："老师，我发现图画中的小草上面有一层白色的东西，像水晶一样亮闪闪的，我想这就是秋霜吧！"还有的学生说：

"我觉得'霜'字也是从天上掉下来的,只不过比小雨点还要小,所以这个字的上面是雨字头。"通过学生的发言,"霜"字的字形和字义已经印在了学生的脑海中,接下来笔者让学生尝试着给"霜"字组词,来巩固对这个字的认识与理解,学生根据图片上"霜"的颜色,结合自己的生活实际发现的触摸感受组词为:冰霜。借助观察课文插图来认识笔画多的字,进而触发学生观察学习,唤醒学生原有认知的识字方法,把识字教学的课堂交还给学生,一切理解源于学生的主动学习。

2.依托课文图画,深度感知词语

深度感知词语,即学生能够更进一步的认识词语,理解它的意思,知道它所代表事物的样子或者本质特点。在所学习的课文中总会存在一些学生不常见的,或者是与学生的生活存在一定距离的词语,这些词语往往只需要学生简单的知道是什么意思就可以,但也起到拓展学生字词量的作用,因此学生对这些词语的理解比较困难,甚至有时候不知所云。这时,教师会发现课文中的图画资源可以解决这个难题,通过整个图画资源,学生可以产生直观的画面,更深一步地感知词语的含义,进而拉近学生与文本的距离。

老师在教学这部分内容时,首先自己要与学生换位,想一想一篇课文中的哪些字词是学生理解不了的,要对这部分内容有自己的预设,也就是我们常说的在教学时要做到心中有学生。在教学统编一年级教材《吃水不忘挖井人》一文时,讲到"毛主席就带领战士和乡亲们挖了一口井",笔者认为毛主席时代对当代的一年级学生来说已经有些陌生了,学生脑中一定会有这样的疑问:一口井到底是什么?怎么还需要毛主席带领战士和乡亲们这么多人一起去挖呢?预设出学生理解不了的词语"一口井"后,教师可以利用多媒体信息技术,将课内图画资源和课外资源进行整合,让学生进一步感知词语。因此,要想学生感知"一口井"到底是什么,教师可以这样教学:出示两张水井的图片,一张是课文中水井的正面图(课文图画),另一张是水井的俯视补充图(外引图片),让学生清楚地看到井是从地面向下挖的能取水的深洞,这样学生不仅能直观地知道水井的样子,更能通过图画感受到毛主席带领乡亲们挖井的辛苦。

(二)依托课文图画,丰富字词教学的情境

小学低年级学生的字词学习仍以具体形象性占主导地位,为学生创设有效而丰富的教学情境,必会助力低年级学生学好字词,还能有效促进学生自主认知字词,更是引导学生走向深度学习的有效途径。因此,教师可以在课文图画资源的辅助下构建特定的字词教学语境,调动学生的多感官、想象以及情感共鸣去学习生字新词。

1.依托课文图画，深度想象词语场景

图画是发展低年级学生创造性思维和想象力的有效手段之一，深度想象词语的场景指的是学生在借助图画进行想象时，不仅仅想象出一个简单的画面，还要入情入境地去感受画面中主人公的情感是喜是悲，与主人公的感受产生共鸣。低年级学生在学习字词时，教师可以借助课文中的图画资源来激发学生对词语的想象，为学生搭建展开想象的小支架，让学生的想象真正发生。在学习统编语文教材一年级下册《树和喜鹊》一文时，课文的第二自然段写到："树很孤单，喜鹊也很孤单。"课文教学中又明确提出让学生联系上下文理解"孤单"一词的含义。在第一、二自然段这页课文配图是：在田野中有一棵树，树上有一个鸟窝，鸟窝中有一只喜鹊。这个配图可以说跟第一自然段文本内容基本一致，教师可以将图片资源用PPT的形式展现给学生看，同时可以配上一首适宜的轻音乐。

教师可以让学生边观察图画边想象：你看到了什么？如果你是这只喜鹊会有什么感受？学生此时会将自身融于这种想象的场景中，再去读课文第一、二自然段，他们就会产生孤零零的感受，教师这时候请学生说一说对"孤单"的理解，这对学生来说也会更加容易。但如果在教学中教师只是借助这些静态文字教学，学生干巴巴地看着文字很难激发出想象力，也很难将对"孤单"一词的理解与情感融于一体。

2.依托课文图画，深度拓展词语场景

课文图画也是语言的另一种表达形式，与文字相比，图画更容易通过具体形象刺激学生的视觉感知，就像绘画技巧中的"留白"手法一样，留给学生想象的空间，获得对同一类词语或者更多词语的积累。教师要善于借助课文图画资源，引导学生想象图画中的内容，然后用字或词语表达出来，帮助学生归类认识字词，这样才能让学生的字词学习更有广度，同时培养其积累字词的意识。

教师在运用课文图画资源时首先要非常了解教材编排的内容和意图，可以通过将单元内的图画资源进行整合且运用到不同的课文学习中去，而不是学一篇课文只关注一篇课文的图画。在学习统编语文教材一年级下册《春夏秋冬》时，当讲到春天时，教师可以借助《语文园地一》中日积月累的课文图画，让学生说一说："在这幅春景图中你还看到了什么？可以用什么样的词语表达出来。"学生会说："我看到了绿绿的柳树和红色的花，我可以用'花红柳绿'这个词语来形容它。"经过这样的学习过程，教师帮助学生借助图画拓展了与"春天"有关的词语，学生在其他同学的发言中也积累了这些词语，这种积累源于学生与学生之间的学习，源于学生在课堂上的真学习、真思考，这种运用课文图画资源的整合式的方法无疑使学生自然而然地进入到深度学习字词中去。

（三）依托课文图画，助力字词的运用

小学低年级识字识词不是以会读字音、会写字为最终目的，而是要引导学生在理解字词的基础上，在合适的语言环境中运用字词。这样做，有助于促进学生阅读能力和写作能力的培养，有助于学生语文素养与智力的培养。低年级教材中的课文图画资源色彩鲜明，内容丰富而有趣，缩小了学生挑选字词的范围，更容易让学生与图画进行"对话"。因此，教师教学时可以借助课文图画，让学生给生字新词选择配套的图画，这样可以将学习的主动权交给学生，这本身是一种主动学习。然后再请学生用挑选好的图画说一句或者几句话，因为图片中隐含着对生字字义的描绘，学生借助这个小支架就能在字词的理解上去使用字词。统编语文教材一年级下册《小猴子下山》一文中，需要学生了解"掰""扛""扔""摘""捧""抱"表示动作的字的不同含义，并学会运用这些字。教师可以利用课后习题中6个小猴子的图画，引导学生从6个字中选一选哪个图画用哪个字，知道每个动作的具体样子，使图画与字义建立关联，再请学生运用这几个字说一句话。比如教师出示小猴子扛着玉米这幅图画，学生会选用"扛"这个字，可以说：小猴子扛着一个大玉米。学生在这个过程中利用图画资源在理解学习的基础上，学会了运用字词。其实低年级字词教学效果好不好，最重要的检验标准是学生对字词的理解和运用。教师还可以借助课文图画，检验学生对字词运用的效果，检查学生是否能够正确理解和灵活运用字词的质量。在教学《春夏秋冬》一文时，教师可以只出示四幅课文图画，让学生猜一猜每幅图对应的词语。这样学生既可以借助图画回忆课文内容，掌握四季的特点，同时还可以检验词语的运用情况。

总体来看，在"双减"背景下学生深度学习字词的语文课堂，离不开教师有效的使用并整合课内图画资源，这些课内的图画资源可以在小学低年级语文的字词教学中发挥其重要的功能性，丰富字词教学的语境，更好地帮助学生深化对字词的理解与运用。

小学英语"变教为学"课堂教学实践探索

秦继兰

2021年7月，中共中央办公厅、国务院办公厅印发的《关于进一步减轻义务教育阶段学生作业负担和校外培训负担的意见》指出，要通过优化教学方式等措施提升学生在校学习效率，确保学生在校内学足学好。基于此，笔者开展了"变教为学"理念下的小学英语课堂教学实践探索，希望通过课堂学习方式的"变教为学"

提升学生在校的学习质量。

一、"变教为学"课堂理念指导

所谓变教为学,是把"以教为主"的课堂变为"以学为主"的课堂;是把课堂上以教师"讲授"为主的教学活动,变为以学生自主或合作开展的"学习"活动。简单地说,就是在课堂上尽可能地减少教师"教"的活动,增加学生"学"的活动。在"变教为学"课堂上,教师要由以前的"主导、掌控、一言堂"向"研学、导学、诊学、助学、促学"等角色转变。另外,"变教为学"课堂的学习过程还追求:让每一位学生受到关注,让每一位学生都有活动,让每一位学生都有机会,从而让每一位学生都获得发展。

就"变教为学"英语课堂而言,"变教为学"理念创始人郜舒竹教授强调八个字,即"听力为中,信心为重"。"听力为中",即听力作为语言学习的最重要途径之一,在语言学习中居于中心地位。所有学习活动的开展,包括对话、词汇、语法等都围绕听力进行。"信心为重",即把培养学生的自信心,培养学生大胆、自信、敢开口的素养作为英语学习的最重要目标之一。

二、"变教为学"课堂理性思考

要想实现课堂的"变教为学",就需要从"教什么""怎样教"的思考转变为"学什么"以及"怎样学"的思考。"学什么",是对学生"学习目标"的把握、确定过程;"怎样学",首先是将学习目标转化为学习任务,然后是为完成学习任务所需要经历的学习活动。

基于此,教师根据"听力为中,信心为重"这一指导理念,结合英语课程标准、英语学科核心素养等内容对英语"变教为学"课堂进行理性思考,梳理出以下七个"变教为学"课堂教学步骤。

(一)盲听入手,指导听记

学习活动设计从盲听入手,该环节重在指导学生听力及记录的方式方法,对学生进行一些学法的指导。比如听的时候要全神贯注,记录信息时重在记录key words,不会拼写的单词可以用画图、缩写、中文等自己能够明白的方式记录下来即可。同时教师还要告诉学生首次听不懂没关系,接下来认真听讲,能听懂的信息就会越来越多,以此来缓解学生的压力和畏难情绪,同时给予学生前进的动力。

(二)词汇跟上,补充信息

在第一遍盲听的基础上,教师结合学生的记录、小组交流及课前的预设,引导学生开展重点词汇的学习,为学生第二遍听力能够获取更多信息做铺垫。在词汇学习过程中，教师可以利用图片、动作等直观方式帮助学生理解含义，培养学生英语思维；运用拼读方法帮助学生掌握发音，做到元音饱满、辅音弱化、重音准确等。

（三）再次听音，增强信心

有了重点词汇的补充，学生再次听录音，相信一定会比第一次盲听获取更多的信息。这个学习过程也是学生自我效能感提升的过程，一旦学生在学习过程中获得了自信，就会有更多的动力投入到后续学习中。

（四）情境创设，句式学习

再听之后，教师根据学生的课堂学习现状，引导学生进行重点句型学习。教师可以通过创设不同的情境，帮助学生理解、运用学习内容中的新句型。在句型学习过程中，教师要重点对语言的朗读和运用进行指导，一是指导学生注意句子中的连读、重读、语音语调等朗读基本功；二是强化语句的运用，可以通过创设不同的情境开展语言的"变式"学习。

（五）三次听音，理解彻底

在前期重点词汇、句式学习的基础上再次开展听力训练，能够帮助学生获取更多信息、基本达到完全理解所听内容的程度，这个学习过程也是学生经过词汇、句型学习获取进步之后信心再提升的过程。

（六）听读训练，加强记忆

在进行多遍听力活动理解语篇的基础上，通过听录音跟读、小组分角色朗读及展示等训练活动，加深学生对语言的理解以及实现学生对语言的正确朗读及内化。

（七）反思小结，分享提疑

最后，学生对本节课的学习进行反思小结，或分享收获，或提出疑惑，或表达新的发现，抑或交流不同观点等。总之，希望通过该环节帮助学生养成主动对自己的学习过程及行为进行梳理、归纳、反思与总结的习惯。

教师在"变教为学"理念下，梳理出的以上七个步骤的教学过程将会助力英语课堂真正实现"变教为学"，在课堂学习中凸显学生的主体地位，突出学生的学习过程，进而提升学生的学习质量。

三、"变教为学"课堂路径实操

基于以上的理性思考，笔者以北京版英语四年级上册Unit3 Will you do me a favour? Lesson9一课的教学过程为例，对"变教为学"理念下的学习活动设计及操作路径进行说明。结合本节课的学习内容及目标，教师共设计了五个学习活动，学习活动名称、目的、操作路径，及教师在每个活动中扮演的角色如下表所示。

学习活动	Listen and talk	Listen and talk again	Listen and do	Listen and read	Reflection
学习目的	整体理解语篇	整体理解语篇	理解语篇细节	内化语篇语言	反思
学习过程	（1）教师播放录音，学生用不同方式记录重点词汇； （2）学生小组交流听到的内容； （3）重点词汇学习，即教师巡视学生记录下来的关键词汇及交流过程中出现的学习难点，同时根据预设的学习重点开展词汇教学。	（1）教师播放录音，学生听记、补充信息； （2）小组再次交流； （3）重点句型学习。	（1）学生快速阅读教师设计的学习单（助学工具）； （2）教师播放录音，学生听录音完成练习； （3）学生完成之后，小组交流研讨； （4）全班展示分享。	（1）播放录音，学生跟读； （2）小组朗读语篇； （3）小组展示语篇。 （跟读次数及朗读时间根据学习内容难度及学生实际情况而定。）	（1）学生想一想，写一写； （2）学生分享自己本节课的学习收获、思考及尚存疑虑等。
教师作用	（1）（2）诊学→ （3）导学 研学	诊学→导学	助学	诊学→助学	助学、促学

从表格中可以看出，本节课教师设计的学习活动分别为：listen and talk, listen and talk again, listen and do, listen and read及reflection，对应不同的学习目标为整体理解语篇、理解语篇细节、内化语篇语言，以及开展有效反思。具体学习过程为：

学习活动一，教师首先播放录音，学生用不同方式记录重点词汇；然后学生小组交流所听到的内容；最后是重点词汇学习。在该过程中，第一和第二步为教师诊学的过程，即教师巡视学生记录下来的关键词汇及交流过程中出现的学习难点；第三步为教师导学过程，即教师根据诊学情况开展重点词汇教学。在本课中，学生通过第一遍盲听记录下来的词汇包括please, books, thank you, welcome, play game, sure, easy等。学生小组交流之后，教师通过肢体语言、图片及分音节方法重点引导学生理解了hold these books, play the word game, no problem等关键短语的含义及发音。

学习活动二的过程与活动一基本相似，教师在诊学之后开展导学，即进行重点句型教学。在第一遍听力之后教师补充重点词汇的基础上，第二遍听力过程中，学生已经能够把教师给出的重点短语补充记录下来，并在小组内进行分享。最后，教师出示本课的重点句型Would you please hold these books for me?及答语No problem.并带着学生进行理解与内化。

学习活动三，学生快速阅读教师设计的学习单；之后教师播放录音，学生听录音完成练习；小组交流研讨；最后是全班展示分享。学生在前两遍听力记录、引导学习的基础上，已经基本实现对课文大意的理解。教师在本环节为学生提供助学习工具——学习单，是为了帮助学生理解本课对话的细节信息。教师设计了这样几个问题：

Lesson9 学习单

Read and choose.

1. Who are in the story?（多选）

A. Sara   B. Maomao   C. Baobao   D. grandma

2. Where are Baobao and his grandma?

A. in the classroom   B. in the park   C. at home

3. What does Maomao hold?

A. drinks   B. books   C.water

4. Maomao: Thank you so much. Sara: _____.

A. You are welcome.   B. No problem.

5. What does grandma want to do?

A. play the word game on the computer   B. play football

6. Can Baobao play the word game?

A. Yes, he can.   B. No, he can't.

学生边听边完成学习单，通过学习单的自主完成、小组交流及全班分享实现了对课文内容全面、深入地了解。

学习活动四，包括教师播放录音，学生跟读；小组朗读及展示。其中，跟读次数及朗读时间根据内容难度及学生实际情况而定。该过程也是教师诊学及助学的过程。由于本节课内容对学生来说难度不大，故教师带领学生跟录音整体读两遍；朗读的过程中又对重点词汇进行了带读及个别读等。之后，进行了三分钟的小组分角色朗读操练。在最后的全班展示分享环节，学生表现的还不错，有少数同学已经能够初步背诵课文语言。

学习活动五，学生分享学习收获、思考及尚存疑虑等，教师根据实际情况给予答疑解惑，帮助归纳梳理，或者进行拓展延伸等，扮演着助学及促学的角色。就本节课来讲，在最后的反思小结环节，有同学分享了学习到的新词汇和句型，也有同学交流了自己的记忆单词的方法，还有学生提出了自己的疑惑，比如"Would you...?与Can you...?有什么区别？如果不能帮忙或不想帮可以直接回答No吗？"等问题。可见，学生不仅能够积极主动参与到活动中，还能够对本节课的学习进行有效的梳理，并与已有知识联系起来进行思考等。

就这样一节课来讲，学生通过参与小组交流、全班分享、完成活动、朗读、复述等不同层次的学习活动，不仅实现了对语篇内容的理解及语言的把握，还从盲听的知之甚少，到词汇学习之后再听的一知半解，再到句型学习之后的完全理解。该过程不仅是知识的增长，更是信心的提升。整个学习过程中，教师一直在激发学生的学习内驱力，增强学生的学习动机，一直发挥着"促学"作用。这一切都离不开教师授课之前的研学，既要研究学生，还要研究学习，在学习的已知和未知之间为学生搭建一个最近发展区，这才能够有适合学生的学习活动的呈现、学习效果的获得。

四、"变教为学"课堂略见成效

课堂学习方式的变化也肯定会带来学习状态及学习效果的变化。就小学英语"变教为学"课堂来讲，与传统课堂相比，主要体现出以下四个方面的变化：一是师生角色的转变。在"变教为学"的英语课堂上，教师是一个设计者、引导者、帮扶者、管理者，而不再是主讲者。而学生也不再是被动的参与者，课堂成了以"学生听、学生说、学生做、学生读、学生交流收获与思考"等活动为主的学习场所。二是学生倾听能力习惯的养成。即经历了"变教为学"课堂的学习过程，学生能够养成仔细、认真倾听的学习习惯。英语学习过程中养成的倾听习惯对学生日常学习也有很大帮助。三是"大胆自信敢开口"学习行为的呈现。学生在英语学习中自信心得到逐步提升之后，他们不再害怕说英语，而是能够大胆自信地用英语表达自己的思想，在表达中运用语言，乐在其中，也收获其中。四是学习能力的提升。这里主要指学生会自主学习，"变教为学"课堂上的自主学习，让学生掌握了充分利用网络、家长资源帮助自主学，积极主动地在课前进行小组互助学，还有些同学充分利用一切机会向老师请教学等学习能力。

"变教为学"课堂上的学习方式和学习过程的变化，让课堂呈现出：教师教的少、学生学的多，教师重引导、学生主动学；教师教的轻松、学生学的自由；教师爱教、学生乐学的学习状态。在这样的"变教为学"课堂上，不仅学习质量得到提升，学生的语言知识、迁移能力、创新思维、学习能力等素养也都得到了发展。

体育教学中的小组合作学习实践探索

张丽伟

中考体育项目的增设、分值的增加、小学阶段体育成绩成为中考成绩的一部分等系列改革及相关政策的出台，为中小学体育教学带来了新的挑战。那么，如何丰富体育教学内容，提升体育教学质量，提高学生身体素质已然成为当前体育课堂教学亟须解决的问题。

为提高体育课堂教学的有效性，帮助学生增强自觉体育锻炼的意识，我们可以在日常体育课堂教学中开展小组合作学习。小组合作学习能够提升学生的合作意识、激发学生的集体荣誉感，还能够帮助学生养成互相谦让、互帮互助的良好品质等。在体育教学中，我们可以充分发挥小组合作学习的优势，通过小组合作学习帮助学生提升参与运动的积极主动性，让学生在参与运动中爱上运动，养成终身体育锻炼的好习惯。

一、体育教学中小组合作学习存在的问题

很多教师在体育教学中也会用到小组合作这种学习形式，但在观课中我们能够发现，部分小组合作学习效果并不理想。

（一）合作学习流于表层，未能引发学生兴趣

在一些合作学习过程中我们看到，教师只是灌输式地让学生去合作练习不同项目的动作，合作过程大多是小组长带领本组同学，照葫芦画瓢式地重复模仿机械动作，小组同学之间达不到有效的沟通与交流，学生无法真正感受到合作的意义和氛围。这样的合作不但无法发挥合作学习的作用，甚至和当前课程改革相关标准严重不符。另外，这种缺少挑战性的小组合作活动也很难让学生感受到小组学习应该有的合作、竞争和集体荣誉感等，因此很难激起学生参与的热情。

（二）合作学习缺乏目的性、参与度

在教学过程中有些教师认为合作学习多多益善，所以，在授课时往往一有机会就让学生开展合作学习，不管需不需要，因为他们认为在课堂上开展的合作学习次数越多越好。这种没有根据教学内容的特点、学生的实际情况、动作的难易程度等有目的地设计合作学习活动的行为，导致合作学习存在严重的形式主义。学生参与这样的合作学习也无法形成真正的合作意识。另外，我们还看到在这种缺乏目的性的合作学习过程中，参与汇报的多是体育优秀生，他们承担着小组合作任务中的主要职责，其他同学几乎成了旁观者，这就丧失了小组合作学习也是为了让更多学生参与到活动中来这一功能。

（三）合作学习重结果轻过程

在小组合作学习过程中，很多老师往往关注的是合作学习的结果，而忽视了合作学习的过程和方法。教师不能关注到合作学习过程中，小组成员间为达成目标的互帮互助、点滴进步；对小组活动中学困生是否参与到合作中来也关注不够，认为

只要小组完成任务即可。这就导致学生在合作学习中也只关注合作的结果，不太关注良好的合作行为及友好的合作精神的体现。

二、小组合作学习实践探索

基于小组合作是一种非常有效的学习方式，体育课堂教学中的小组合作存在的一些问题，我们可以从引导学生感悟合作、热爱合作、增强合作信心，以及养成合作习惯等方面进行课堂教学实践，以实现小组合作学习在体育课堂上的高效开展。

（一）关注学习过程，发挥团队中每个人的优势

在体育教学中，由于学生的运动水平和运动技能存在一定的差异，导致教师在开展小组合作学习过程中会受到一定的阻碍，因为运动技能水平差距很大的同学之间合作起来很困难，水平高的同学不太能接受水平低的同学；反之亦如此。为了改善这种状况，让每一位同学都能够看到自己的优势，积极主动地参与到合作学习任务中，教师可以通过关注合作学习过程，让学生在合作过程中感受到每个人都有自己的优势，只要大家相互帮助、相互理解和相互扶持，就一定能够收到好的合作效果。

比如，空中接轨传递小球接力这一游戏活动，在小组合作完成这一任务时，小组中速度较快的同学比较受欢迎，而体型偏胖的同学则往往会被排外，因为很多同学认为体型偏胖的同学跑得慢会影响小组成绩。基于这种教学经验，再次开展本活动时，教师不再强调练习的结果，而是让学生静下心来去体会合作的过程。教师先把跑速比较快的几位同学分成一组，然后让他们开展合作完成任务。这时大家发现，这些跑速很快的同学，他们能够快速到达接轨位置，但在接轨道时，却常常会出现手持轨道重心保持不够平稳导致小球反方向滚动的现象。当教师再把跑速快与跑速慢的同学分到一组时，那些跑速慢的同学虽然速度不够，但在接轨道时往往手持轨道平稳，小球能够顺利向前滚动，轨道间衔接流畅，最终直至终点。通过对合作过程的关注，让学生意识到每一个人都有自己的特长，在充分发挥各自优势的前提下方能够让合作达到最佳效果。

（二）创建游戏化情境，激发学生合作学习的热情

基于以往很多教师设计的小组合作活动都是机械性的，这就导致学生不感兴趣，对参与活动也就失去了积极主动性。要想激发学生对合作学习的热情，教师可以通过创建游戏化学习情境的方式，让学生在游戏化的学习情境中开展合作学习，既能感受到合作带给他们的乐趣，还能够在合作完成任务过程中提升合作意识。

以耐久跑这一冬季体育课堂的主要教学内容为例，在以往的体育教学中，学生往往是四人一组排好队，围绕操场枯燥乏味地进行重复性跑圈练习，在这样的练习

过程中，优秀生的"个人主义"、学困生的"自暴自弃"现象非常明显。因此，为了激发学生对耐久跑这一活动的参与热情，教师可以将该内容进行游戏化设计，在游戏情境中帮助学困生克服畏难情绪，激发优秀生的帮扶意识，通过在游戏情境中开展小组合作提升练习效果。教师可以根据教学需要，结合学生的生活实际以及兴趣爱好，将耐久跑和多种游戏有机结合创设不同的耐久跑情境。比如以两人、多人用跳绳围在前一人腰间，后面人拉绳的形式进行"人力车"情境跑；以集体区域纵队跑步为形式，以各组掉队人数最少并吃的食物最多为获胜组的"贪吃蛇"情境跑；以集体纵队车轮跑并绕不同数字标志杆拨打电话号码的形式进行生活中的"救援跑"情境等。这样的趣味情境设计能够充分调动学生的参与度，让学生在游戏情境中体验到合作的乐趣，从而提升学生对耐久跑这一活动的参与热情。

再比如教师还可以以"小战士解救被困伤员"为主线设置游戏化情境，将台阶跑设计为登山，绕8字跑设计为穿越丛林，将踩点跑设计为食物补充站，将多人协作跑设计为运送伤员，将途中的攀爬和钻越跑设计为埋伏现场等。这种主题情境式合作学习能够很好地引发学生的探究欲望，让学生产生浓厚的参与兴趣，将学生和情境融合在一起，还能够有效增强学生的情感体验。在这种以小组为单位的游戏竞赛中，不仅能够调动学生对耐久跑活动本身的激情，更能够在活动中增加学生的合作热情，增强学生的团队精神。

（三）注重言行激励，增强学生合作学习的信心

言行激励不仅是我们日常生活中的沟通工具，更是体育合作学习中的调味瓶。教师和同学相互间的言行激励能够让学生在疲劳的练习中精神焕发，在惰性产生时斗志昂扬，在恐惧不安时无所畏惧，还能够让学生在合作过程中相互理解并最终实现互助共赢。

在实践中我们发现，有的学生在团队合作中第一步就卡住了，不知道如何与他人交流，显得不知所措，这时候就需要教师和同伴在言行上给予积极地引导、鼓励或帮抚，让他们能够更加顺利地参与团队活动，在团队合作中增强信心，提升合作效果。在组织体育活动时，我们经常用到的激励方法包括让学生用言行去激励同伴、为同伴鼓舞士气等。比如：在8字长绳合作练习中，当某一位同学跳绳动作失败时，团队成员一起喊"加油"并做出加油的手势；当动作成功时用"你真棒"并竖起大拇指的方式肯定对方的努力；在开展迎面接力活动时，小组同学相互击掌同时喊"加油"来增强团队士气；在各小组开展长龙跑比赛时，组长喊"1、2"、同学喊"加油"以鼓舞团队每一个人的斗志；学生在获得胜利时同伴互相击掌和拥抱；团队比赛前大家围成一圈，手搭手一起呐喊"加油"等。在教师的鼓励与引导下，学生能够在活动中自觉、自发地用言语和行为相互激励，在互相激励与加油打

139

气中更加顺利地完成运动项目，进而增强团队合作的自信心。

（四）开展小组评价，助力学生养成合作学习习惯

在课堂教学中，我们可以通过小组评价来帮助学生养成合作学习的习惯。其中，小组积分就是小组评价的一种，即教师根据小组中每一个学生的课堂表现、成绩、纪律等为各小组积分，也就是说以小组为单位开展课堂评价，每一位同学的表现都跟小组积分挂钩，而小组的积分也是该组所有成员的积分。

体育课堂上经常会开展竞赛类小组活动。在各组参与竞赛活动过程中，教师就可以以小组累积成绩作为集体评价结果，这时候的评价既要关注动作完成的质量，还要对学生完成过程中的态度和纪律进行综合评价。比如在单摇跳绳比赛中，教师将学生个人的成绩计入四人小组的总分；练习过程中每一位组员的纪律表现或运动成绩有进步者可以获得附加分，一并计入小组总分；对于在小组合作中通过帮扶实现技术和成绩上进步的行为，教师也会给本小组加分等。

这种在体育课堂教学中，时刻以小组积分对学生进行课堂评价的方式，不仅能够拉近小组成员的距离，让他们意识到每一个人都是团队的一员，是团队不可或缺的一部分，同时也让他们意识到只有每一个人都尽心竭力才能够为小组赢得荣誉。随着每一位同学都深刻意识到自己在小组中的地位，个人与小组"荣辱与共"，他们就会越来越重视小组合作学习，并慢慢地养成合作学习的习惯。

一个团体需要凝聚力，有凝聚力的团体才有生命活力。而这种凝聚力则来自于小组成员对共同目标的一致认可并为之付出努力的行为。在体育教育教学过程中，教师作为合作学习活动的设计者，也是学习活动的组织者和引导者，要帮助学生形成合作意识，指导学生建立适当的团队目标，引导学生在小组合作中为实现目标而共同努力。教师要经常设计恰切的、趣味性的合作学习任务，并通过激励言行帮助学生大胆自信地参与到合作学习中来，从而让合作融入学生的学习行为中，让团队意识成为学生参与运动的动力，让合作学习成为学生积极主动参与体育课堂的有效学习方式。

参考文献

[1] 肖斌.试论体育课堂教学中的"合作学习"[J].体育教学，2000（4）.

[2] 王坦.论合作学习的基本理念[J].教育研究，2002（2）.

数学教学中的小组合作学习策略探究

李涵

传统的数学课堂，学生学习的方式以被动接受教师的讲解以及大量的机械性辅助练习为主，这种学习模式导致的最终结果是学生的思维处于浅层状态，做题时无法触类旁通、举一反三。在技能与方法、情感态度价值观的形成和培养上，更没有任何的意义和价值。

近年来，"小组合作学习"作为一种新型的教学方式逐渐走进数学课堂，并发展成为主流趋势。这种学习方式主要以小组为单位，通过互助交流与倾听，综合概括而获得知识。小组合作学习具有积极的意义，首先，将原来的单一、被动式的学习方式转变为自主、合作、探究式的学习方式，每一个人都有参与、表现的机会，久而久之，学生学习的动机和态度就会由被动到主动再到自主；其次，学生与学生之间形成平等互助的关系，在沟通交流的过程中，或是大胆地对存在分歧的地方提出质疑，或者对欠完善的发言进行有效补充。学生在自主探究、共同研讨中解决所遇到的困惑，大大提高了学习实效；最后，组内成员商讨、探究得出结论的过程，有助于帮助学生感悟数学思想方法，积累数学活动经验，实现以知识为本向以学生发展为本的转变。学生在小组合作学习中发现并解决数学问题，并且坚持不断地追问和深入思考，有助于数学知识的掌握与数学方法的习得，从而促进深度学习。

小组合作学习虽然在课堂教学中已经被重视和运用，但是由于教师对小组合作学习的理论认识不足，或者没有深刻地探讨，因此在实施过程中也存在着一些问题。接下来，笔者就结合自己的课堂实践，从小组合作学习存在的问题、组建合作学习小组的方法、数学课堂中开展合作学习的策略三个方面展开论述。

一、小组合作学习存在的问题

笔者通过观察发现，在数学课堂上的小组合作学习中存在着以下四点不良现象和问题。其一，学生在分享学习收获时，小组成员之间要么互相推脱，谁都不愿意先说，要么出现有个别学生急于表达自己的观点而忽略了倾听组内其他成员的想法和意见；其二，分组不均衡，有的小组组员能力都比较强，往往占据学习的主动权，而能力较差的小组，因跟不上学习的节奏，常常沦为小组合作学习的"工具人"；其三，教师设计的合作任务过于简单，缺乏合作探究的价值，让小组合作学习流于形式；其四，小组合作学习时由于教师没有给予有效引导，很难使学生达到合作交流的目的。还有的学生在小组合作交流时提不起兴致，使小组合作学习高耗低效，很难使其达成小组学习结果、方法策略上的共识，也就无法达到预期的学习效果。

二、组建合作学习小组的方法

基于以上小组合作学习中存在的不良现象及问题，要想在数学教学中高效地开展小组合作学习，首先就需要规范小组建设，比如通过恰当地组建学习小组，并制定相应的组内规则、开展小组长培养等举措实现小组建设的规范，为后续合作学习的高效开展做铺垫。

（一）科学合理分组

通过分析小组合作学习中的问题，笔者认为科学合理的分组是有效开展小组合作学习的前提和保障。科学合理分组要充分结合本班学生的性格特征和学习能力来进行设置，从而使每一个小组都能够顺利开展小组合作学习。

1.首先了解学生的能力水平

在进行分组之前先了解清楚每一个学生的性格特质，通过平时上课学生回答问题积极性的程度，将学生分成四类：积极性高并且能准确说出解题思路的学生列为第一类，积极性高但是解题思路说得不清晰的学生列为第二类，积极性不高但能准确说出解题思路的学生列为第三类，最后积极性不高并且不能准确说出解题思路的学生列为第四类。

2.再结合学生能力进行分组

将学生分成以上四类后，还要根据平时课上的综合表现对本班学生进行排序。结合学生的个性特征、学科基础、能力高低等因素，按照"个性互补、优困结合、干群搭配"的原则进行均衡分组。这样能够人为地避免组内能力差距悬殊，确保小组内成员在合作学习时有人引领、有人帮扶，"教"学相长，合作共赢。

（二）制定组内交流规则

组内交流是小组合作学习中至关重要的一环，甚至可以说，小组交流的质量决定着小组合作学习的效果。因此，为了确保小组交流的质量，就需要师生来制定小组合作交流规则。建立组内交流规则并在课堂上强化练习，能够帮助学生养成良好的交流习惯，让学生在高效的组内交流中探究策略、解决问题，进而提升数学素养。

在制定小组交流规则时，既要考虑到让每一位同学都参与到交流中来，还要考虑让小组的交流有序、有效。基于这样的考虑，可以制定如下的交流规则：一是由组长根据本组同学的情况来安排发言顺序。通常情况下组长可以选择先让能力强的成员发言，能力弱的组员在认真倾听之后再发表自己的观点；还可以先让组内水平稍弱的同学发言，水平高的同学则会根据前边同学的发言给予补充与完善，各小组可以根据实际情况选用不同的发言顺序，以确保每一位同学都能够有序地参与到小组合作交流中来。二是在小组交流过程中，每一位组员都要认真倾听，记录员要认真记录，只有认真倾听他人的发言，才能有效地避免交流内容或观点的重复。三是当交流出现状况时，要冷静处理，比如交流中断时，组长要给予提示与帮助；发言内容不完善时，其他组员要态度诚恳地给予补充；交流出现错误时，要让发言人把观点说完，然后再有针对性地予以纠正，并且一定不可以有冷嘲热讽的行为等。四是当组内交流出现意见不统一时，不可以争吵，记录员可以保留小组内不同成员的意见，在全班汇报展示环节，把本组不同的意见全部清晰、明了地表达出来，然后认真倾听其他小组或老师的评价等。

以上规则的制定不仅能够确保小组交流的顺利开展，还能够培养学生在小组交流中相互尊重、互相学习的好品质，提升学生参与小组交流的兴趣及交流效果。

（三）培养小组灵魂人物——小组长

学生在小组合作学习过程中，小组长起着至关重要的主导作用。小组长作用发挥得好，才能保障小组合作交流有序进行，由此看来，培养德才兼备的小组长就显得尤为重要。教师对小组长进行培训时，首先要让小组长明白小组合作的任务；其次，小组长要根据合作任务进行小组分工；最后，小组长要引领组员通过合作交流、深入探究完成合作任务。与此同时，还要着重培养小组长的组织能力、协调能力和管理能力，这样才能避免在交流中有组员不注意倾听以及不爱说就不说的现象发生。小组长还要经常提醒组内成员按照小组规则开展合作学习，强化学生遵守规则的意识，达到不用提醒大家也能自觉参与小组活动的目的。

三、数学课堂中开展小组合作学习的策略

规范的小组建设为有效开展小组合作学习提供了保障，在此基础上，教师要精心设计合作任务，并有效地规划，确保在数学课堂小组合作环节能够实现人人参与的状态。另外，在小组合作过程中教师要给予小组有效合作的指导，让小组合作学习有序、有效开展；还要及时对小组合作进行评价总结，以此激励学生向好发展，从而达到小组合作学习的目的。

（一）设计需要合作的任务

在开展小组合作学习之前，教师要充分解读教材，对每节课的内容进行备课，思考什么样的任务需要由学生小组合作来完成。比如，有些学习任务学生无法独立完成时，就可以让学生通过小组合作的方式来完成，从而突出小组合作学习的意义

和价值。

例如《周长的初步认识》一课中,其中的一项重点目标是学生能够动手测量不规则图形的周长,这就需要小组成员共同合作完成,从而让学生在小组合作的实践操作活动中体会化曲为直的数学思想。所以教师在设计测量任务时,出示的是能用直尺测量的数学书封面、需要小组合作才能测量出的钟面和扇面。学生在小组合作测量钟面和扇面时,组长指定一名成员拿着课前准备好的绳子去围,为了减小误差,需要小组内另外两名成员一起协助操作,让绳子围成的图形与钟面和扇面的边线完全重合,再用直尺测量围好的曲线的长度,记录员负责记录结果。教师要给予学生充分的小组合作时间,让小组内能够讨论出如何利用手中的工具测量曲线的长度,并让学生意识到在测量钟面和扇面的周长时,小组合作的重要性。

(二)给予有效合作的指导

学生在小组合作学习时,教师也要起到指导作用。教师在一堂课中只有适时指导学生小组合作学习,才能更好地控制小组讨论和教学活动的时间。学生在讨论的过程中,教师要走到每一个小组中倾听小组成员的发言,以便观察各小组同学的表现,了解他们各自的观点及研讨结果。当发现不爱说的学生或走神的学生时要及时给予提醒;当发现学生讨论偏离主题时,教师要及时给予引导,帮助学生顺利完成小组合作学习。

例如在教学《长度单位的复习》这一内容时,由于学生不能估测出生活中的物体长度,所以教师让学生以小组为单位,来到校园中测量大树的高度。由于同学们不会测量,所以给出的答案非常离谱。这时候教师询问学生们知不知道自己的身高是多少,学生们都能够说出来,接着教师又引导学生:可以利用自己的身高和大树进行比较,看一看大树大概相当于几个你的身高?在教师的提示下,小组成员开始进行分工合作,一个人背靠着大树站,另一个测量他的身高,紧接着记录员进行记录,组长则在远处估测大树相当于几个身高长,最终得到大树的高度。接下来教师又带领学生来到篮球场,测量篮球场的长和宽,这时小组成员们又遇到了问题:发现刚才测量身高的方法行不通了。教师及时引导学生可以把两臂伸直,测量篮球场有几个手臂的长度;还可以绕着篮球场走一圈,看走了多少步,再计算周长。小组内成员听了教师的引导,纷纷展开行动,还有的小组进行举一反三,利用手中的米尺进行测量,看篮球场的长和宽有几个米尺那么长,以便得到更加准确的结果。

由此可见,教师在小组合作学习中起到了很好的指导作用,学生在小组合作学习中遇到困难时,教师及时进行点拨或提供方法,帮助小组成员在教师引导下顺利开展合作与探究,实现了对所学内容的深入理解,提高了自主学习的能力。

（三）开展激励合作的评价

激励性评价是小学生最乐于接受的评价方式，对于小组合作学习也是一样，激励性评价能够让小组合作更加顺利，帮助学生获得成功的喜悦，甚至将这种成功感与获得感延续至学生整个的合作学习过程。教师可以开展灵活多样的评价活动，比如在小组合作交流时走到每一个小组中，给予学生充分的肯定。在小组汇报交流时，不论学生说的结果是否正确，只要学生敢于上台表达小组合作的成果，就要及时表扬学生，激发学生的表达欲望，之后再对存在问题的结果进行指导与点拨；对于提出质疑的学生，教师更要给予鼓励，培养学生的质疑精神等。

小组合作交流时，教师不仅要对学生个体进行表扬，同时还要对整个团队进行及时评价，给每一个小组建立评价表。评价表的内容可以包括小组自评、小组互评、教师评价等。根据不同小组在课堂上的表现开展总结表扬会，在会上教师不仅可以给予口头上的表扬，还可以给予小组物质上的奖励。为了发挥引领作用，还可以让表现好的小组说一说他们开展合作交流的过程，其他小组在倾听中对比发现自己小组的问题，再进行反思总结。对于那些表现不太突出的小组，教师要多发现其闪光点，同时鼓励他们勇敢表现自己，积极展示小组合作学习的成果。

综上所述，小组合作学习对促进学生数学学习有很大的帮助。学生在小组合作学习中，学会了倾听、表达、合作、质疑等。在今后的课堂教学中，教师要继续研究和探索，让每一个学生在小组合作的过程中慢慢积累一定的学习经验和基础，让每一位小组成员都积极参与到小组合作学习中去，形成新的认知或是激发学习的潜能，力争实现数学课堂的深度学习。

在德育活动中培养学生核心素养的实践研究

张春菊

《中国学生发展核心素养》以培养"全面发展的人"为核心，分为文化基础、自主发展、社会参与三个方面，综合表现为人文底蕴、科学精神、学会学习、健康生活、责任担当、实践创新六大素养，具体细化为国家认同等18个基本要点。学校德育活动作为培养学生核心素养的主要途径之一，要充分抓住"培养什么人"这个教育的首要问题和根本任务，大力开展理想信念、爱国主义教育、中华优秀传统文化、健康品格、道德素养、生态文明等活动，在相关活动中落实立德树人的根本任务，实现学生核心素养的提升。

一、聚焦问题，在思考中关注学生的核心素养

很多学校都会开展丰富多彩的德育活动，通过活动提升学生的核心素养。但是在活动开展过程中，我们发现有些活动并没有达成特别理想的效果，这说明我们的德育工作还没有真正落到学生的内心深处，没有触动到学生的心灵。比如学生对一些"守则"和"标准"耳熟能详，但却不能用相关规则来指导自己的日常行为表现等，这不能不引起我们的思考。经过研讨分析，我们发现之所以出现这样的现象，主要有以下三个原因：

（一）全员育人氛围还没有形成

在学校里，我们的班主任老师很注重通过日常管理、活动开展等，对学生进行德智体美劳全面教育；但是部分学科教师却只重视自己所教的学科，只要学生在课堂上能够顺利配合、完成学习任务即可，缺少对学生的习惯培养、品德形成、核心价值观养成等方面的关注。德育教育需要全员参与，只有全体教师拧成一股绳，团结协作，共同对孩子实施教育，才能产生教育效果，才能促进学生核心素养的提升。

（二）德育活动课程还没有建立

每学期初我们都会对学校德育活动进行周密的设计与规划，撰写详细的活动方案等，但是在实施过程中，往往会因为一些其他工作，导致活动开展的滞后、活动过程简单化，这就使得活动效果不明显。比如主题班会作为班级德育活动的一个重要渠道，学校进行了统一的安排，即每周五下午第一节课为各班主题班会时间。在实践过程中我们却发现，这节课经常被教师忽视或占用。

可见，教师对德育工作还没有特别重视，不能够把德育活动课程化，不能把其当成一个常规课程去重视。要实现德育活动课程化需要我们关注四个要素：一是关注德育活动中的"人"，二是关注德育活动的"时间"，三是关注德育活动的"地点"，四是关注德育活动的"事情"。我们只有把这四个要素结合起来，才能真正实现德育活动课程化，让学生在德育课程中获得发展，提升素养。

（三）德育活动内容还不够与时俱进

当今世界正处于百年之大变局，中国正处于实现中华民族伟大复兴的关键时期，让学生了解当前的国家发展形势，取得的重大成就及重大的历史事件，是对学生进行爱国主义和传统美德教育的活教材，是培养学生国家认同感的重要渠道。然而在学校开展的德育活动中，对这些"活教材"的运用还不够充分，对学生国家认同感的培养还不够深入。比如开展党史教育活动，还停留在从理论学习、书刊和影视作品中了解和认识历史的层面上，未能结合当今的时事开展活动；社会主义核心价值观作为每一位公民都应该践行的观念，我们在开展相关活动时也仅仅停留在背

诵层面等，不能与时代同步。

通过以上现象分析，我们认为核心素养是学生适应社会最基础也最重要的素养。为此我们结合学校办学理念，在"释放活力，完美个性，幸福成长"理念指导下，紧紧围绕培养"面向未来的优秀小公民"的育人目标，针对德育工作中存在的问题，重点就培养学生的家国情怀等核心素养开展了相关实践。

二、策略实施，在活动中提升学生的核心素养

学生核心素养的培养应落实在相应的学段中，从育人导向出发，找到学生成长路上每一个核心素养发展的关键节点，通过德育课程、实践体验活动，培养学生的必备品格和关键能力，以满足学生现实生活和未来发展的需要。

（一）营造文化氛围，培养家国情怀

"家国情怀"是中国优秀传统文化的基本内涵之一，是每个个体在中国传统文化影响下对价值共同体持有的一种高度认同，是促使认知共同体朝着积极、正面、良性的方向发展的一种思想和理念，是对自己国家的一种高度认同感和归属感、责任感和使命感。教师要引导学生从课本中体会中华传统文化的博大精深、祖国的繁荣发展；还可以从最基础的做起，比如从对班级的关爱到对学校的热爱，从对同学间的关爱到对父母的感恩，再到对家乡的热爱和祖国的热爱等，都是学生家国情怀的重要体现。

1.在升旗仪式中培养学生的爱国情怀

升旗仪式是对学生进行增强国家意识、强化国家认同、厚植爱国情怀等爱国主义教育的重要形式。为了确保升旗仪式教育功能的发挥，学校从强化仪式的规范入手，对升旗手、护旗手进行严格的升旗仪式培训，并以班级为单位成立国旗队。学校还邀请消防支队的武警官兵走进校园，从升旗手、护旗手的选定到学生的队形队列及站姿、仪式主持、国旗下讲话等各环节，对升旗仪式进行指导与规范。另外学校还要求各班通过主题班队会让学生了解国旗、国歌、国徽的含义；开展国旗知识竞赛、讲国旗故事，让学生意识到，在升旗仪式中对国旗的尊重就是对国家的尊重，从而助增国旗情结。

学校还利用"开学第一课"向学生讲授国歌背后的故事，深化学生对国歌的深厚感情等。这就保证了升旗仪式不再是简简单单的一种活动形式，仪式中的每个动作、每个环节和每样物品对学生都具有教育意义。

2.在班级文化中培养学生的集体荣誉感

现在的学生大多是独生子女，从小娇生惯养，被家长视为掌上明珠。很多学生由于被过分宠爱，就变得过于自我，以个人利益为中心，集体意识淡薄。在这种情

况下，就需要教师正确引导，让学生认识到个人是集体的一员，个人与集体的关系如同鱼与水的关系，从而帮助学生树立集体荣誉感。我们可以重点从以下两个方面对学生进行引导与帮助。

一是用显性文化熏陶学生的情感。学校组织每个班级开展环境创设活动，通过师生一起动手装点班级，让"面面墙壁会说话"。比如不同班级呈现出的"我们的荣誉""我们的收获""我们的作品"等文化墙，凸显了各班的精神风貌及团队意识。一面面流动红旗挂到教室门口、一张张奖状贴满墙壁，无形之中进一步增强了学生的集体荣誉感。

二是用隐性文化建设良好的班风。每学年年初，学校都会指导新组建的班级开展班名、班级奋斗目标、班徽、班规的制定。其他班级也可以根据过去一年的班级情况对相关文化进行微调。在该活动中，各班都是在教师引导下，通过全体同学的共同研讨，最后师生一起确定相关内容。另外，每班也都按照这样的操作办法制定出各班级管理制度，以引导、规范学生的文明行为。比如班干部（小组长）轮换制度、课堂评价制度、班委例会制度等。系列制度能够对班级管理产生积极的教育效果。在这些隐性文化形成过程中，每一位同学都参与其中，它们也会约束、引导每一位同学的行为，从而助力良好班风班貌的形成。

（二）多途径开展德育活动，助力核心素养提升

为了更好地在德育活动中提升学生的核心素养，我们可以从确定年级德育重点活动、设置班级小岗位、与其他德育渠道整合等多途径来设计德育活动，开展德育工作。

1.确定年级德育活动重点，逐步提升学生素养

学校以核心素养为依据，根据不同年级学生的年龄特征，为不同年级的学生确定了对应的德育活动重点，并规划了相关的课程。一年级以入学课程为主，重点对学生进行日常行为习惯的培养；二年级以入队课程为主，让学生通过加入少先队这一光荣组织，培养"心中有组织""我以少先队为荣"的情感；三年级以争章手册为目标，通过七星章培养学生"我是班级小主人、我为班级争光"的集体意识；四年级重在自律习惯的养成，学生通过学习《小学生守则》《小学生日常行为规范》和校规校训等，把相关要求落实到日常行为中，养成自律的习惯；五、六年级以责任担当为目标，培养学生为班级、为学校、为家庭承担相应责任的意识。对各年级德育重点活动的确定及相应活动的规划，有效地帮助学生逐步提升了素养，为健康成长打下了坚实基础。

2.设置班级小岗位，提升学生自主管理能力

魏书生曾说过，管理是集体的骨架。有良好的管理，事情就有头有绪，集体

就会像一架机器健康而有序地运转。学校提倡每一个班级都要建立"人人有事做，事事有人做"的管理思想。这就要求各班级实行"岗位责任承包制"，以此来实现"我的班级我管理"的目标。在这样的岗位承包制中，首先通过师生共同协商，把班级内每一项具体事务细化成小岗位；然后学生自主认领各自擅长的岗位；之后，就是根据需要承担各自的职责。在很多班级中我们都看到，每块墙壁、玻璃、门窗、作业、板报、两操等都实现了承包到人，形成了"人人有事做，事事有人做"的班级自主管理新面貌。

3.与道法课程结合，培养学生道德素养

道德与法治课程作为德育的载体之一，学校可以结合道法课程设计德育活动，以此培养学生的道德素养。比如，与道法学科中的《爱护公物，勤俭节约》教学内容相结合，学校开展了光盘行动主题教育活动。由于大部分学生中午都在校用午餐，学校就在午餐时间到各班进行"粒米虽小犹不易，莫把辛苦当儿戏""光盘行动，从我做起"等相关宣传。之后，还通过主题班会、演讲、手抄报等实践活动强化学生的光盘意识。与《遵规守纪，热爱劳动》教学内容相结合，学校开展了"自己的事情自己做""我是父母的好帮手"等主题实践活动。学校还以班级为单位划分清洁区，通过学生的双手来保持校园的整洁优美；鼓励学生积极参与周末大扫除、种植体验等实践活动，让劳动教育融入学生的日常生活等。与道法课程结合开展的德育活动，不仅有效地提升了学生的道德素养，还为学生的终身发展和人生幸福奠定了基础。

4.发挥综评手册育人功能，促学生全面发展

《小学生综合素质评价手册》内容非常全面，包括我的自画像、思想品德素质、学业成就、身体健康、心理健康、综合实践等不同版块，能够全面科学地记录学生的成长历程。可见，《小学生综合素质评价手册》指导大家要着眼于学生的全面发展。为了充分发挥综评手册的育人功能，学校建立了评价手册常规管理制度：每周五利用班会时间，各班结合学生一周表现，采取自评、同伴评、教师评等形式开展班级自主评价；每月末，学校对各班进行一次检查，并把检查中发现的问题及建议反馈给各班级。学校还在一些大型活动后，如科技节、大课堂实践活动等，引导学生及时撰写活动收获与感受等。除此之外，学校还鼓励教师将评价手册的填写与班级开展的日常评价活动有机结合，在评价手册中及时记录并呈现学生的成长轨迹。总之，在发挥综评手册育人功能的过程中，对学生德、智、体、美、劳全面发展关注的同时，也有效地促进了学生综合素养的提升。

核心素养作为学生学习、工作、生活所必需的素养，也是应对当前和未来技术变革和全球化挑战所需要的素养，通过德育活动培养学生的核心素养就显得尤为重

要。这就要求学校德育工作要将立德树人、五育并举与学生的核心素养培养有机融合,构建新型德育培养体系,以此提升学生的核心素养。

游戏在低中年级英语词汇教学中的运用

付京生　王硕(北京市第十三中学附属小学)

词汇是语言的基本单位,是语言的三大要素之一,离开词汇,语言就失去了实际意义。如果词汇贫乏、词义含混就会造成理解和表达的障碍。不学习语言规则、不掌握相当数量的词汇,英语应用能力就是空中楼阁。英国语言学家威尔金斯曾经说:"没有语法,人们表达的事物寥寥无几,而没有词汇,人们则无法表达任何事物。"由此可见,词汇是构成语言最基本的材料,扩大词汇量是提高学生听、说、读、写能力的前提。

词汇教学是英语教学中的重点,也是难点。如何让听觉型、视觉型、动觉型等不同学习类型的学生都能在短时间内记住单词,提高课堂的实效性,是英语教师的困惑。本文就游戏在低中年级英语词汇教学的运用进行探讨与研究。

一、游戏对创建词汇教学高效课堂的重要性

在学生学习英语的过程中,英语教师一直在探索如何将英语这门抽象、枯燥、难度较大的学科变得具体、生动、容易掌握。众所周知,"兴趣是最好的老师",它表现为人们对某件事物、某项活动的选择性态度和积极的情绪反应。兴趣在人的实践活动中具有重要的意义,可以使人集中注意,产生愉快紧张的心理状态。对于小学生来讲,爱玩是他们的天性,尤其是低中年级的学生,他们的注意力不够持久,在课堂上爱说爱动,有着强烈的活动需求。为了顺应小学生的天性,符合这个年龄段学生的身心发展规律,英语教师将游戏融入了英语课堂,起到了激发学生英语学习兴趣的神奇作用。在英语课堂的游戏活动中,学生作为学习的主体,在教师的引导下共同参与课堂,以简单有趣的形式将枯燥的英语化难为易,达到寓教于乐的目的。

二、游戏在低中年级英语词汇教学中的应用

基于游戏在英语词汇教学中的重要性,教师可以尝试运用游戏学习来提升低中年级英语词汇教学的实效性,让学生在游戏中学习单词发音、理解单词含义,直至运用词汇,实现在游戏中趣学、乐学、学会的学习目的。下面就以二年级"动物词

汇"教学为例，浅析游戏在英语词汇教学中的运用。

（一）在游戏中复习旧知

在呈现新授的动物类词汇前，教师可以通过Guessing game帮助回忆以前所学的动物类词汇。先出示一张PPT，PPT中可能是一种物品，如小鸟，也可能是一个单词。但是PPT被遮挡住，看不出到底是什么。点击图片，露出一角，此时教师可以提问："What's this? Can you guess?"学生可以根据露出的信息进行猜测"Maybe it's…."如果学生不能猜出，教师继续点击图片，露出更多的信息引导孩子，直到有人猜出正确答案。

这样的游戏需要学生仔细观察才能得到答案，保证了学生课堂的听讲情况，每一个学生都能积极思考，以头脑风暴的形式回顾记忆中的旧知识。

（二）在游戏中呈现新词

对于词汇教学来讲，呈现新词是极其重要的一个环节，如何让学生在第一时间记住单词的音、形、义，是教师一直探索并努力的方向。相比直接将新词呈现给学生，游戏则能带来更加事半功倍的奇效。

首先，教师利用多媒体在屏幕上呈现一幅美丽的森林画面。森林里已经出现了Guessing game环节出现过的动物，伴随着轻柔的音乐声，师生都仿如身临其境，营造了良好的教学情境。在学生都精力集中时，播放一段动物叫声的录音，如老虎的吼叫声，让学生通过声音猜测动物，同时呈现出老虎的图片与单词拼写，带读学生纠正发音。在呈现词汇的同时，可以让学生开动脑筋，自己将动物的叫声与单词结合编成chant，如"quack, quack, quack, duck, duck, duck"。

动物的叫声对于小学生来讲是个兴趣点，他们会在不经意间将注意力全部集中到分辨声音中去。声音与词汇的结合、图片与词汇的结合，能帮助学生巩固新词的词形与词义；在创编chant愉悦的氛围中，又能帮助学生对词汇读音进行练习，一举三得。通过此种呈现新词的方法，每一个孩子都会对学习新单词产生浓厚的兴趣。

（三）在游戏中操练词汇

通过词汇的练习环节，帮助优等生巩固练习的同时，也要帮助后进生尽可能多的掌握所学词汇。要想使每一个学生都保持继续学习的兴趣，游戏是必不可少的。在练习词汇的环节，有以下三种游戏可供参考，教师可以选择适合自己学生的游戏进行操练。

1.词汇Bingo

教师在课前发给每一个学生一张画好格的纸，横排4格，竖排4格，共16个方格（根据学生对词汇的掌握情况可以调整为3*3大小的格子）。在练习的环节，让学生在每个格子中写出一个关于动物的单词，如tiger、lion、panda、cat、fish、deer、sheep……一共写出16种动物（可以写本节课新学的动物词汇，也可以写以前学习过的词）。然后老师发给每一个学生16张小纸片，每张纸片大小刚好可以盖住一个方格。听老师读单词，如果老师读到lion，学生在自己的纸上找lion这个词，如果找到可以用小纸片盖住这个词，没有写lion这个词的学生就失去了一次盖小纸片的机会。按照老师读的顺序，自己纸上有这个词就可以盖住。当盖着纸片的4个格子连成一条直线时（可以是横着连、竖着连、斜着连），学生大声喊出"Bingo"即为获胜者，可以得到奖励。

Bingo游戏首先考察学生对一类词汇的掌握情况：通过写，考察词汇的拼写能力；通过老师读词、学生找词的环节，训练听和认读的能力。这个游戏带有运气的成分，每一个学生都迫切盼望老师读出的词正是自己格子里写过的词，集中精力参加游戏的过程能够增强对词汇听、说、读、写的认知。

2.你做我猜

小学生的想象力极其丰富，并且表现力很强。课堂教学中，教师要抓住学生这一特点，充分调动他们的积极性。在学习动物的过程中，可以让表现力极强的学生到前面来做动作，或是模仿动物的叫声，其他学生猜他到底模仿的是哪一种动物。反之，可以找同学说出动物单词，其他同学做出动作模仿对应的动物。

这个游戏适合低中年级的学生学习单词，需要注意的是，在模仿完动作后，需要由表演者找到自己表演的那个单词，呈现给其他同学，让学生对词形进行强化。

3.拯救小人

贴一个悬崖的图片，然后画出几条横线（教师准备让学生猜的单词有几个字母就画几条横线）。以leopard为例，学生只知道要猜的单词有7个字母，开始随意说，如果有人说出了字母l、e、o、p、a、r、d中的任意一个，教师就要在相应位置的横线上写出这个字母，如果有学生猜这5个字母以外的其他字母，老师开始在悬崖上画小人，每猜错一次，就画出小人身体的一部分。如果学生能在老师画出完整小人之前共同努力猜出单词的话，他们就赢了，救回了要掉下悬崖的小人；反之，没猜出单词即宣告拯救小人失败。

在学习过程中，培养学生的集体合作意识也是教师的关注点。此游戏在学习单词的基础上对集体合作也提出了要求，学生需要共同努力猜字母，在别人回答问题的同时要认真倾听，避免出现重复错误，学生可以在游戏中养成良好的倾听习惯。

（四）在游戏中运用词汇

学习单词的最终目的是要学会如何在生活中运用。学生能够在情境中有意义地表达，才是真正掌握的标志。"句子接龙"虽然难度较大，但是在教师的引导下，学生也可以完成得很好。老师给学生起个头"I like squirrel."接下来第二个人在重复第一个人句子的基础上再造一个句子"I like squirrel. It's cute."第三个人重复前两个人的句子并造句。句子会越来越长，越往后挑战越大，教师可以选择基础不太好的学生先说，帮助他们树立自信。同时，为了帮助游戏顺利进行，教师可以将每一个学生所造句子的关键词记录在黑板上，如I like squirrel. It's cute.教师可以将squirrel和cute写出来，减少因为学生记错信息而对玩游戏造成的影响。

"句子接龙"属于较难的游戏，但是如果教师引导到位，每一个学生都能参与其中。教师可以将可能用到的句式整理并呈现给学生，让学生在游戏中巩固单词和句式，达到一举两得的效果。

三、词汇教学游戏运用的注意事项

实践出真知，作为英语教师我们已经清楚地认识到游戏在日常课堂中的重要地位。游戏是帮助学生学好英语、提高学习兴趣的有效手段，但要想真正地做到寓教于乐，在设计游戏时需要注意以下四点：

（一）游戏要有针对性

不是所有的游戏都能成为辅助课堂教学的有效手段，游戏要有针对性。英语课堂上的游戏是为教学服务，目的是在游戏中更轻松地实现教学目标，让学生掌握新知识、巩固旧知识。因此在选择游戏、设计游戏时需要斟酌再三，考虑游戏是否有助于本节课教学目标的达成，如果完全脱离了所学内容，即使再精彩也是画蛇添足。因此设计的游戏一定要贴合本节课的教学难点和重点，对词汇和句型的训练要选择不同的游戏，对症下药。同时，在一节课不同的环节也要选择不同的游戏与之匹配，如果在呈现新词的环节运用"句子接龙"的游戏，也是不太合宜的。

（二）游戏难度要适中

开展游戏的目的是为了培养学生的学习兴趣，提高课堂的时效性，让每一个学生都能参与进来。如果一个游戏的难度超出了学生的承受范围，游戏不仅不能对教学产生正能量，反而成为了一种负担。我们要选择一些适合学生整体水平的游戏，甚至让后进生同样感受到学习英语的乐趣。英语游戏的设计，语言要符合学生的认知发展水平，口令简单，让孩子们单纯感受到游戏带来的快乐，而非负担。以文中提到的"句子接龙"游戏为例，如果大部分学生的句式表达都存在问题，教师可以将一些简单句呈现在黑板上，供学生选择使用。同样，此游戏适合中高年级，由于难度较大，低年级不太适合。游戏的目的是帮助学生提升兴趣巩固所学，而不是给他们制造困难。

（三）游戏种类要多样

千篇一律的游戏，时间久了便不能调动学生学习的积极性，学生对课堂游戏的兴趣点也逐渐降低。无论多好玩的游戏，几次过后都没有新鲜感了。为了能够一直调动学生的学习兴趣，教师也要不断创新，开发一些有助于课堂教学的新游戏。可以通过借鉴他人的游戏设计，改编出适合自己学生的英语游戏；也可以开拓创新，通过不断地实践创编设计，比如教师根据学习内容，依据学习目标，创编游戏；也可以由学生来自主设计游戏，尤其是高年级学生，可以选择日常生活中喜欢的游戏进行有意义创编，将更有助于学习目标的实现。

（四）游戏评价要跟进

游戏是为了激发学生的学习兴趣，目的不单单是快乐，更要学知识。如何知道学生在游戏过程中学有所获，需要依靠评价体系。教师可以通过多种多样的方式对学生的参与度、活跃度、知识运用情况进行评价。评价的方式也是多种多样的，可以通过小组评价、个人评价等方式穿插进行（"词汇bingo"是个人评比，而"你做我猜"可以使用小组评价，看哪组猜对的单词最多）；可以在游戏的每个环节进行评价；也可以在游戏终结时进行评价。

英语教师营造寓教于乐的英语课堂，是当今小学英语教学的发展趋势，更是创建高效课堂的有效途径之一。灵活多变的课堂小游戏，正适合小学生的认知发展，能够实现让学生在玩中学习、乐中进步的目标。我们要通过反复的设计、探索与实践，找到适合自己学生发展的英语游戏来辅助教学，从而达到事半功倍的教学效果。

参考文献

[1] 赵治.游戏在英语词汇教学中的运用[J].山东教育，2010（8）.
[2] 窦佳.游戏让英语单词教学更精彩[J].学苑教育，2012（10）.

小学英语常态课堂教学改进研究

张迎

2021年7月，中共中央办公厅、国务院办公厅印发的《关于进一步减轻义务教育阶段学生作业负担和校外培训负担的意见》（简称"双减"）文件指出，教育部门要指导学校健全教学管理规程，优化教学方式，强化教学管理，提升学生在校学习效率。随着"双减"政策的落地,在大家都积极探索减轻学生作业负担的同时,提升在校学习效率也成为了教师重点关注的问题。常态课作为学生学习最重要和最主要的场所,通过提升学生常态课上的学习效果来提升学生在校的学习效率,在"双减"背景下就显得更为迫切和重要。

在日常教学中我们能够发现,很多老师对于各级研究课、视导课都比较重视,会精心地进行教学设计,但是常态课就显得有些随意。事实上,学生的主要学习渠道还是常态课,要想更好地改进常态课教学,首先需要我们认识到常态课教学中存在的问题,然后再基于存在的真实问题有针对性地开展教学改进,从而提升常态课的教学效果。

一、英语常态课堂教学存在的问题

(一)学生学习兴趣待激发

小学生有着较强的好奇心和求知欲,他们乐于表达自己,乐于参加有兴趣的活动,也乐于学习新知识。但是,小学生也存在着注意力持续时间短、兴趣点容易被干扰的特点。在这种情况下,传统的一些教学方法就不再适合小学生,比如在一些英语常态课上经常看到教师设计的学习活动过于单一,仍然以讲授为主,学生处于被动学习状态,对于英语学习教师更强调死记硬背等现象。这样的课堂就使学生对英语学习失去了兴趣,很难积极主动地参与到学习中来,久而久之,就会形成完全被动听讲的状态。

(二)学生思维训练待提升

通过提问引发学生思考,提升学生思维能力是我们常用的教学方法。在英语常态课堂教学中,教师也会通过提问增加与学生的互动。但是,由于教师的提问缺少思维含量,比如经常会指着课文主题图问,这里面都有谁呀?从小学一年级到六年级的教材中,就这么几个主人公,学生都比较熟悉,所以根本没有难度;再有对话学习中,教师经常会问:"What does...say? How does...answer?"这样的问题,这些问题学生也基本不用思考就能直接从原文中找到答案。每节对话课上,这样的问题都会出现很多,学生虽然能够对答如流,但这样的问题由于不需要思考即可回答,因此,对学生思维的发展几乎没有帮助,更不可能引发学生的深度学习。

(三)学生语言能力待培养

语言能力的提升作为英语学科核心素养之一,是英语教学的重要目标。但是在我们的日常教学中,有些教师只注重课文内容、重点词句的讲授,关注点常常放在学生是否理解语句的意思、单词如何拼写等语言知识上,忽略了能够正确运用语言才是语言学习的最终目的。由于教师把大部分时间都花在了逐词逐句翻译、单词拼写的死记硬背等活动上，这就使学生很少有在真实语境中运用语言的机会。这也导致很多学生认读单词、做题目还行，但语言交际能力却比较弱。

二、小学英语常态课堂教学改进

基于英语常态课堂中存在的以上问题，要想提升常态课堂的教学质量，我们就需要通过课堂活动来调动学生学习的积极性，通过设计有思维含量的问题及创设真实的学习情境，促进学生的思维发展及语言能力的提升。

（一）创设单元整体情境，引发求知欲

情境教学是英语教学中常用的教学手段，在情境中开展教学，能够让学生身临其境，通过情境引发学生积极主动地参与到教学活动中去。随着单元整体教学理念已经深入中小学英语课堂教学，通过创设单元整体情境来激发学生学习英语的兴趣，也成为了英语教师思考的一个问题。所谓单元整体情境，是创设一个学习情境，使之贯穿整个单元的学习过程，也就是说整个单元的学习内容都在一个大情境中进行呈现和学习，这样的设计既能够吸引学生的注意力，还能够引发学生在同一个情境中继续探究的欲望。从而实现在单元整体情境中学习、理解、内化语言，以及在情境中迁移运用语言的学习目的。

教师在设计单元整体情境时，要充分考虑到单元主题，同时还要结合各课时的具体内容进行统筹考虑。最后，还要根据所教学生的年龄特征、学习基础及生活经验等因素，创设恰当有效的单元整体学习情境。在具体教学过程中，我们可以把每个单元各课时出现的主情境图根据一定的顺序进行重新编排，然后用语言或者故事主线把其串连成一个整体；还可以根据单元主题创设一个大情境，在这样的大情境中把整个单元的教学内容串起来等。

比如，在学习北京版英语二年级上册"Unit5 I can sing"这一单元时，教师结合本单元三个课时的学习内容将各课时中出现的情境进行整合，最后呈现出森林公园这一单元整体情境。在第一课时学习中，教师出示森林公园这一大情境，然后用动画的形式呈现Guoguo、Maomao等小伙伴来到公园玩耍的过程，在玩耍过程中，他们用"I can..."句型互相交流各自擅长做的事情，很好地把本课中的对话句型及词汇进行了呈现；第二课时，教师继续出示该情境，并呈现Lingling和Yangyang来到公园的运动区发生的事情；第三课时则延续前两课时的对话情境，继续呈现本课时的主人公及相关语言并开展学习。最后一节复习课，教师再次呈现这一单元整体情境，并将前三课时中的人物统一地置于森林公园内的不同场所，让学生选择角色进行扮演。可见，整个单元的学习过程都围绕森林公园这一大情境开展，不仅激发了学生继续学习的欲望，还在单元整体情境中实现了新知识的学习和语言的运用。

（二）设计问题链，启发思维

苏格拉底曾经说过，问题是接生婆，它能帮助新思想的诞生。所以，在课堂教学中，有效的问题不仅能够激发学生参与学习和探究的兴趣，还能够引发学生的深度思考，促进学生思维的发展。

在英语常态课教学中，我们可以通过问题链的设计来启发学生的思维。所谓"问题链"，是教师根据讲授内容和学生已有知识和经验，结合知识重难点和学生可能会在学习过程中产生的困惑，设计一连串的问题，这些问题之间有递进顺序又能独立解决不同的知识点，最终通过这一连串问题达成教学目标，促进学生思考。由此可见，"问题链"中的问题组成是有一定逻辑关系的，并不是一个个单独问题的叠加，学生通过问题链不仅能够实现理解课文内容这样的学习目标，还能够通过问题链的解决过程突破学习的重难点，在积极思考、主动学习中提升分析问题、解决问题的能力及发展思维能力。

日常教学中的问题链设计，要求教师应从学习内容出发，基于课程标准、核心素养及学生情况进行设计；教师在设计问题时，还要摒弃传统的"What does... say? How does ...answer?"这类只需要浅层思考即可解决的问题。教师要根据需要设计有针对性的问题，能够助力学生深度思考的问题，需要学生合作探究才能解决的问题，指向学生核心素养提升的问题等。之后，教师再根据教学内容把不同的问题串成线，形成问题链，让学生在对一连串问题思考的过程中，达成学习目标，发展思维能力，提升核心素养。

以北京版英语四年级上册"Unit 5 Which kind would you like? Lesson16"一课为例，课文主要讲述了Guoguo和妈妈去买鞋子的过程。教师首先从课文内容出发，提炼出该购物过程的几个步骤：挑选、试穿、寻价、购买。基于这样的购物流程，教师设计了如下的问题链："Which shoes does Guoguo want? What should Guoguo do next? How much are the shoes? Will Guoguo buy the shoes?"

对这一问题链进行探究的过程，能够帮助学生理解课文内容，学生还能够通过对问题链的探究梳理出购物过程。另外，小组交流及师生问答的过程，还能够帮助学生实现对本课核心语言的理解与内化。而在该活动中，学生小组交流、问题探究的过程更是思维能力发展的过程。

（三）开展实践活动，促语言运用

语言运用能力作为英语教学的最重要目标之一，在实践活动中提升学生的语言运用能力，是英语教学中的一个非常重要的路径。我们可以在常态课中通过设计不同种类的语言实践活动，实现学生对所学语言的迁移运用。

1.单元复习课中的实践活动

单元复习课与新授课不同,新授课可以重在课文的理解、语言的输入,而复习课则要重在对本单元所学语言进行综合运用,即重在语言的输出。因此,教师可以在单元复习课中设计实践活动,让学生在实践活动中运用语言做事情。这样的实践活动不仅能够有效地激发学生学习和使用语言的热情,还能够在完成任务的过程中实现语言的运用。

因此,在每单元的复习课中,我们都可以根据单元学习主题及内容设计适合的英语实践活动,比如设计让学生用本单元所学语言创编对话并表演的活动等。学生以小组为单位完成实践任务,之后再进行全班展示与分享。这样的语言运用活动既能够提升学生迁移运用语言的能力,还能够发展学生的创新思维,增加学生的表演热情,从而更加喜欢学习英语。

例如,在四年级上册"Unit6 May I take your order?"单元复习课中,教师结合本单元前三个课时的内容,创设到中餐厅、西餐厅、快餐厅就餐的场景,学生以小组为单元选择其中一个情境开展实践活动。在这样的实践活动中,学生不仅很好地对本单元涉及到的点餐、上餐、结账等语言进行了复习和运用,还很好地呈现了中西餐就餐文化及就餐礼仪等内容。

2.主题类实践活动

除了单元复习课实践活动之外,在日常的英语教学中,教师还可以通过设计主题类实践活动提升学生的语言运用能力。教师可以根据教学内容,结合学生的生活实际设计生活类主题实践活动,以实现学生对所学语言的综合运用。例如在四年级学习完购物话题之后,教师组织全年级学生开展了英文跳蚤市场活动。教师先引导学生对购物话题的相关语言进行综合复现,并在课堂上开展购物模拟练习。之后,教师与学生把"练习"搬到了真实情境中。活动当天,学生将自己想要变卖的物品带到学校,在跳蚤市场上全程用英文进行叫卖和购买。这样与学生生活联系比较紧密的实践活动,为学生提供了综合运用该话题相关语言的真实情境,学生在实践活动中不仅很好地提升了语言表达能力,还增进了学语言、用语言的热情与乐趣。

教师还可以基于教材中节日文化相关内容设计节日类主题实践活动。北京版三至六年级英语教材中,均有节日主题的学习内容,既包括中国的中秋节、端午节、春节,也涉及到了西方的复活节、感恩节、圣诞节等节日。教师可以围绕某一个节日设计主题实践活动,让学生在活动中运用与该节日相关的语言,更深入地了解该节日的习俗、特色食物、节日活动等文化。也可以以节日为主题开展"Festival party"的实践活动,让学生在实践活动中综合运用相关语言的同时,更详细地了解和体验中西方节日文化的异同等。

综上所述，为了更好地落实"双减"政策，提升学生在校英语学习效率，教师可以通过不同的方式方法优化常态课教学，让学生在常态课学习中"大胆地表达、认真地思考、积极地参与"，从而促进学生学习质量的提高和学科核心素养的提升。

"双减"背景下的英语作业设计与实施策略

秦继兰

《关于进一步减轻义务教育阶段学生作业负担和校外培训负担的意见》指出，要通过"健全作业管理机制、完善作业管理办法、分类明确作业总量、提高作业设计质量、加强作业完成指导"等方法，让作业布置更加科学合理，从而有效地减轻学生过重作业负担。为了有效地落实"双减"政策，通过作业设计与实施实现减负提质增效，笔者对英语作业的设计与实施策略进行了探索，本文将以北京版英语六年级上册Unit3 How did you go to Hangzhou?为例，就小学英语作业设计与实施的策略进行说明。

本单元主题是"旅行和出行方式"，属于主题语境"人与自我"中的"生活与学习"主题群。通过本单元的学习，学生应该能够在谈论Mike及个人旅行经历的过程中，学会描述旅行时间、地点、出行方式等，同时了解交通工具的发展对于出行的作用。本单元共分为四个课时，即三节新授课Lesson9、Lesson10、Lesson11和一节复习课Lesson12。本单元的作业目标包括能够正确朗读对话内容，能够在思维导图的帮助下介绍Mike的旅行经历，能够描述个人的旅行经历并撰写旅行日志，能够谈论古今出行方式及其特点等。在对教学内容及作业目标详细分析的基础上，教师从留、做、批、评、改等环节对本单元的作业进行了设计与实践。

一、精心"留"作业

这里的"留"作业包括作业的设计与布置两个环节。作业设计的质量直接决定着作业的效果，而清晰布置作业也是学生高效完成作业的前提。

（一）围绕单元主题精心设计作业

教师在进行作业设计时，要围绕单元学习主题对各课时的作业进行整体设计与布置，各课时的作业要体现主题保持一致、内容相互关联、素养点梯度呈现、形式比较多样、难度体现分层、时长适当等原则。比如本单元的作业中，正确朗读课文为最基本的目标，教师在每课时的基础作业中都进行了体现；再比如能够谈论

Mike的旅行经历作为本单元的核心目标之一,该作业任务在Lesson9表现为根据思维导图简单介绍、Lesson10表现为根据思维导图完整介绍;再到学生联系实际输出个人的旅行经历作为本单元学习内容的迁移创新目标,Lesson9以表格形式简单说明,Lesson10制作个人旅行经历导图,Lesson11借助思维导图口头描述,Lesson12则采用自己喜欢的形式进行写作。这些都体现了单元主题下的各课时作业的连续性、递进性,以及形式多样性等特点。

(二)围绕目标要求清晰布置作业

教师在布置作业时要围绕目标要求清晰布置、呈现作业,让学生看到作业就知道需要从哪些方面进行思考、用什么方法完成等。教师可以从这样四个方面清晰布置作业。

1.作业步骤清晰

即针对每一项作业,教师要把清晰的完成步骤告诉学生,这样他们才能够更符合要求地完成作业。比如基础类的听读作业,教师在学期初可以提出具体的操作步骤,包括听音并模仿跟读一遍;听音并同声跟读一遍;先朗读一遍,再听一遍,进行对比、纠音;给课文趣配音等。通过这样清晰的作业步骤,引导学生通过积极模仿跟读,形成正确的语音语调。

2.作业提示详细

有些作业学生一看就能非常明白,但有些实践性作业学生拿到题目之后可能会无从下手,为了避免这种情况,教师在布置一些实践类作业时就需要给予特别详细的作业提示,让学生能够非常清楚作业的完成方法。以Lesson11的作业为例:请以"交通工具"为主题,创编对话,内容要涵盖选择何种交通工具出行及其原因。考虑到部分学生在完成本作业时可能会有困难,教师就给予了如下的作业提示:

同学们可以参考以下情境选择其一,可以自创,也可以在作业单中完成书面表达,还可以选择录制视频、课上表演展示等方式完成。

情境一:You are going to watch a movie The battle at Lake Changjin(长津湖)with your parents. There are a few cinemas nearby. Which cinema would you like to go? How will you go there? Why?

情境二:You want to go skiing with your friends in Qiao Bo indoor ski resort(乔波室内滑雪场). How will you go there? Why?

这样的提示为很多同学提供了完成本作业的思路与方向,通过实践发现,有些同学选择了情境一或情境二,也有同学完全自创对话情境,整体来看,作业比较符合要求,质量也相对较高,这与教师详细的作业提示有着不可分割的作用。

3.作业内容可选

在教学过程中，我们能够看到很多老师都是布置统一的作业，这样做对老师来说确实相对简单，布置作业简单、批改作业也简单。但是统一的作业内容，一是不能够满足于所有学生的学习需求，二是作业内容过于单调也不易引发学生的兴趣。基于此，本单元的作业设计中，教师除了设计基础类作业外，在每课时还都设计了内容可选的"作业超市"。每课时的"作业超市"中都包括至少三种不同类型的作业供学生自由选择，他们可以根据自己的兴趣特点，或者是英语水平选择不同的作业内容完成。在实践过程中，我们还发现有些同学基于兴趣自发地选择两项甚至更多的作业去完成。

4.完成方法自主

有些作业需要教师提示作业完成步骤及方法，但有些作业对于部分学生，教师则可以放手让他们去自主选择完成方法。以Lesson12"介绍自己的一次旅行经历"这一作业为例，教师没有固定某一种方法，而是让学生用他们喜欢的方式来介绍。学生可以用演讲的方式，也可以把自己的旅行经历自编自画成英文绘本，还可以用旅行日志、旅行手帐的形式等等。这种让学生自主选择完成作业的做法，为学生创新思维的发挥提供了平台，有助于发展学生的个性，很受学生欢迎。

二、专心"做"作业

"做"作业即学生完成作业的过程。在教学过程中，教师布置作业之后，重点要关注学生完成作业的行为。如果学生不能够专心完成作业，对待作业的态度马马虎虎，那作业效果必然会大打折扣。要想让作业保质保量地完成，就需要引导学生专心"做"作业。

（一）保质完成作业

高质量地完成作业是作业要求之一。因此，教师在引导学生完成作业时，首先要让学生保证作业的质量。以本单元的作业为例，学生如果有兴趣、有精力、有时间可以完成更多"作业超市"里的内容，但是如果学生英语水平不高，在课堂上对于正确朗读课文的基础目标还尚未达成，他们则可以只完成基础作业，通过听读、跟读等方法实现最基础的作业目标，以保证作业的质量。

（二）按时完成作业

这里的按时是指在确保作业质量的基础上，学生要尽可能地在最短时间内完成作业。有些学生在完成作业时拖拖拉拉，虽然作业保质保量完成了，但却用时非常多，与我们的"减负"理念不相符。这就要求教师帮助学生养成良好的作业习惯，要专心致志地在有限时间内把作业完成。本单元的所有作业，教师都预估作业用时并进行标注,给予学生以提示。教师还要求学生把每次真实完成作业的时长记录下来,这样能够很好地提醒和督促学生争取在适当的时间内完成作业。

(三)科学完成作业

即指导学生用合理、有效的方法完成作业。教师可以鼓励学生积极分享他们完成作业的有效、高效的方法,以实现学习方法的相互学习与借鉴。例如在分享自己旅行经历的思维导图时,有的学生分享了模仿Mike的旅行思维导图设计制作自己旅行导图的方法,有的同学分享了自己在网络上看到的旅行手账的记录方法等。

三、细心"批"作业

学生完成作业之后,教师要"批"作业,即对作业进行批阅。教师批阅作业一要做到及时;二要做到全面,即所有的作业都要批阅,有留就有批。在作业批阅过程中,教师要用细心和耐心来保障作业批阅的效果。

(一)多种工具助力批阅效果

教师可以借助一些作业批阅工具使批阅效果更清晰,比如在批阅学生写的作业时,教师可以用圈画符号、补充内容符号、删减语言符号等符号工具;为了对学生的作业质量进行评价,教师在批阅作业时常常使用等级评价形式,有的教师用A、B、C等级,有的老师用super、great、good等语言等级,也有老师使用小印章、小星星等评价工具。评语也是很多教师用到的批阅工具,教师在作业本上撰写表扬、激励的评价语来夸赞、鼓励学生的作业表现,能够极大地鼓舞学生完成作业的热情。

另外,记录表也是教师"批阅"作业的工具之一。比如听读作业,有些同学会把朗读过程录成视频发给老师,很多同学则是在记录表中对自己的作业完成情况进行记录。就每课的课文口语作业来说,学生会把自己能够正确、流利、有感情地朗读或者背诵复述的结果如实地填写在记录表中。在自评的基础上,还会有组评、师评等不同的"批阅"方式,以考查学生读背课文的能力。

(二)面批形式提升作业质量

教师批阅作业通常的方式是:提交—批阅—反馈,很多作业教师都是在办公室批阅,之后再抱回教室反馈给学生。但是随着课后服务工作的开展,英语教师成为了课后服务答疑辅导的主力军,这也为英语教师提供了面批作业的机会。面批作业能够非常及时地把问题反馈给学生,无形之中就提升了学生的作业质量。教师面批作业尤其是当发现学生的作业有问题时,应先返给学生进行自查,如果学生能够自查出问题并进行修改,则不会影响作业的等级;如果学生自查不出来,教师会帮助学生指出错误,然后再让学生进行修改。这时也会出现部分学生不会修改的现象,教师就可以让课代表、小组长为其讲解，通过帮扶学习实现作业的正确完成。教师也会随时为作业出现问题的学生进行答疑解惑。可见，这种面批作业的方式能够很好地提升作业的效果及学生的英语学习质量。

四、贴心"评"作业

批阅作业之后，"评"作业即作业讲评环节也非常重要。该环节不仅能够帮助学生改正作业中出现的错误，还能通过作业讲评让学生学习到更多完成作业的思路与方法。

（一）多主体"评"作业

作业讲评不一定非得由教师来完成，学生、同伴、教师都可以作为"评"作业的主体。教师可以让学生拿到反馈的作业之后先进行自"评"，如果能自己发现问题并改正，该同学即通过自评完成了"评"作业；如果通过自评解决不了问题，可以开展小组"评"，即由小组内的同伴为作业出现错误的同学进行讲评，通过同伴"评"找到作业错误的原因及改正办法；如果同伴也解决不了，则由教师"评"。教师在讲评作业的过程中，注意不要面面俱到，因为很多简单的问题在自"评"及小组"评"环节应该已经得到解决。这时候的教师"评"，要突出典型，可以是典型的错误，也可以是典型的思考或做法。通过对典型错误的深入分析能够让学生从中吸取教训，以避免出现类似错误；对典型思考或做法的讲评，则能够为其他学生提供新思考或方法，助力学生更好地开展学习。讲评环节，教师还要关注学生完成作业的用时情况，尤其是对于一些用时过长的学生要给予指导及帮助。同时也要根据大部分学生完成作业的时长来决定是否需要调整作业量。

（二）多维度"评"作业

在"评"作业环节，教师除了多主体"评"作业外，还要多维度"评"作业。针对每一项作业从多个维度开展评价。以本单元"借助思维导图描述Mike一家的旅行经历"这一作业内容为例，教师可以从语言、内容及表达三个方面，就发音正确、用词准确、语句丰富、观点无误、信息完整、表达流利及符合逻辑等多个维度开展评价。

再比如"借助思维导图口头描述自己的一次旅行经历"这一作业，教师在前一作业评价维度的基础上，根据作业内容增加或修改了包括观点新颖、信息丰富、图文并茂等有针对性的评价维度。

在教师结合多个维度对学生的作品进行评价时，最好先从学生的优势表现评起，比如有同学口头描述所用语言没那么丰富，但思维导图却制作的特别精美，那么教师就先对学生制作出的精美导图进行评价，给予表扬与鼓励的同时，再提出一些语言表达方面的建议；再如有同学思维导图制作的较简单，甚至条理不够清晰，但是却擅长口语表达，能够把自己的旅行经历用丰富的语言描述出来，这时候教师就先重点"评"他的口语表达，在该同学描述之后，先让其他同学回忆他的旅行经历，对其描述进行评价并说明原因等，以实现同学之间的互相学习，最后再针对思维导图的制作提出鼓励性的建议。可见，我们的评价主体既有学生自评、同伴互评，也要有教师评价。这样多维度地"评"作业，并且是先评优点再提建议的评价方法，不仅能够让学生全面了解该项作业的要求，还能够保护学生学习的积极主动性，通过重点"评"优势来提升他们的自信心。

总之，教师就是希望通过多主体及多维度地"评"作业，来实现以评促学的目的。

五、用心"改"作业

作业出现错误很正常，问题就在于学生能否通过用心"改"作业，来实现作业的功能与价值。这里的"改"作业，包括上文中提到的面批作业，学生现场对错误进行修改与订正，还包括教师不能面批面改的作业出现的问题。

对于作业中出现问题的学生，教师要从这样三个方面引导他们用心"改"作业。一是及时订正。教师要提醒作业出现错误的学生及时订正作业。能够自主订正错误最好，如果不能自主订正，也要在教师讲评之后，至少在下次作业提交之前完成修改。教师还要帮助学生明确订正方法，比如拼写错误的单词可以在教师批阅后面的空白处订正两遍等。二是随时记录。"改"作业不能只停留在订正环节，还要对日常作业中出现的错误随时进行记录，最好备有一个"英语记录本"，专门用来记录在作业、练习过程中出现的错误。记录的同时还要注重对自己的错误进行归纳与梳理，把同类型的错误放到一起，比如单词拼写错误、语法不当现象等。三是深刻反思。反思才能进步，出现错误并不可怕，怕的是不思考、不能从错误中汲取教训。有人说，错误也是一种资源，学生如果能够对产生错误的原因进行深入分析，将能够加强理解与记忆，从而提升学习效果。

"双减"背景下的作业设计与实施，除了上文中提到的"精心留、专心做、细心批、贴心评、用心改"的"五心"优化策略外，教师还需要充分考虑学生的年龄特点、学习特点，有时候还要结合家庭环境等外在因素去设计个性化的作业内容，以适合不同水平的学生，让所有学生都能够通过作业对课堂学习进行有效的复习、巩固与提升；同时通过形式多样的作业激发学生的学习兴趣，进一步提高作业在学生健康成长中的作用等，以切实达成通过优化作业设计与实施减轻学生作业负担的目的。

第三章　深度学习教学设计

> 开展单元学习是实现深度学习的必要条件。有了单元设计才能更好地在课堂上实践单元学习，因此，课题组教师在教学实践中非常注重单元整体设计，从选择单元学习主题、确定单元学习目标、设计单元学习活动、实施单元学习评价等方面开展单元整体教学设计的研究与实践。教师根据学科特点，分别从单元指导思想与理论依据、单元教学内容分析、单元教学目标、单元教学流程等方面展开单元分析，之后再结合教学内容进行各课时的教学设计。

小马过河（第二课时）

张枫

指导思想与理论依据

《义务教育语文课程标准（2011年版）》强调"语文课程应致力于学生语文素养的形成与发展""各个学段的阅读教学都要注重朗读"。基于童话体裁特点，本单元教学尤其重视学生在进入人物角色演一演的同时积累语言、感悟哲理；注重在活动情境中对学生朗读等基本技能的训练，学习用恰当的语气、语调朗读，让学生在朗读中品味语言，体会作者及其作品中的情感态度，表达自己的简单看法。

单元教学内容及要素分析

统编版语文二年级下册第五单元围绕"办法"这个主题，编排了三篇课文。《寓言二则》通过《亡羊补牢》《揠苗助长》这两则古代寓言故事，揭示了深刻的道理，给人启发与教育；《画杨桃》讲的是美术课上，"我"把杨桃画成五角星的样子，同学们笑话我，老师却通过这件事，教育同学们看问题或做事情的时候，要从不同的角度多站在别人的立场去思考；《小马过河》讲的是小马在过河时遇到困难，三次寻求帮助，最终通过自己的尝试平安过了河，这件事告诉我们：凡事要动脑思考，亲自尝试。三篇课文体裁各异，引发学生多角度思考，继而形成自己在看待事物、解决问题时的正确态度和做法。除此之外，本单元还编排了口语交际图书借阅公约和语文园地五，综合训练学生口语表达能力、字词句运用能力。

本单元的语文要素是"根据课文内容，谈谈简单看法"，这一要素是继二年级上册"阅读课文，能说出自己的感受和想法"的延伸和发展。二年级上册主要关注学生对课文的主观感受和想法，到了二年级下册，则要求学生客观地比较、评价故事中人物的做法。

横向梳理教材发现，本单元各版块内容在落实语文要素和人文主题方面各有侧重：

课文内容	对语文要素的落实	对人文主题的感受
《寓言二则》	按事情发展的顺序，讲清起因、经过、结果	能借助故事中人物的话，说说他们的想法是怎么改变的
《画杨桃》	从故事的不同侧面谈看法，联系实际谈生活中类似的事例，辨是非	结合课后第二题，以示意图形式梳理老师和同学们想法有什么不同，感受同学们前后看法的变化
《小马过河》	利用表格提炼关键信息，梳理主要内容	说一说小马为过河寻求了哪些帮助，最后为什么成功过河了
口语交际：图书借阅公约	主动发表意见	做到等别人说完再发表意见
语文园地五	积累	通过演一演的形式，加深对动作、心情等词语意思的理解

依据以上分析，教师在教学《寓言二则》时要引导学生联系生活实际，发现思维的两面性；教学《画杨桃》时要引导学生借助插图，感受人物形象，发现思维的转变；而在教学最后一篇课文《小马过河》时，需引导学生在理解前两篇课文的基础上，再去根据提示语，抓住人物说话时的动作、神态，体会人物心情，感受人物形象，进而发现思维的辩证性。

由于本单元课文中人物对话较多，因此朗读训练也是其中一项重要教学任务。教学时要加强朗读方法的指导，引导学生借助提示语、人物语言、标点符号、课文插图等，深入角色，体验内心，读好对话，在真实具体的情境中进行言语实践活动，为讲好故事、落实课后习题奠定良好的基础。

单元（或主题）教学目标

1.能认识51个生字，读准2个多音字，正确读写"窟窿""焦急""磨坊"等26个词语。能联系上下文理解"审""肃""诲"以及"筋疲力尽""和颜悦色"等词语意思。

2.朗读课文，能根据不同人物的角色特点以及不同的情境场景体会其心理变化，通过变换语音语调等方法，读出恰当的语气。

3.能说出"亡羊补牢""揠苗助长"两个成语的意思；能用自己的话说出看到"我"画的杨桃，老师和同学们的做法有什么不同；能用上提供的词语，复述《小马过河》的故事。

4.了解故事内容，懂得其中蕴含的道理；能根据故事大意简单谈谈自己的看法，多角度联系生活，用具体事例形成辩证思想。

5.在口语交际中，能主动发表自己的意见和看法；交流时，能做到等别人说完再发表自己的意见。

14 《小马过河》第二课时教学设计

一、课时教学内容分析

《小马过河》是一篇家喻户晓的童话故事。讲述了小马在帮妈妈驮半口袋麦子到磨坊去的途中遇到一条小河，小马询问老牛和小松鼠后，仍不知是深是浅，最后在马妈妈的指引下蹚水过河的故事。故事以"过河"为线索，语言简洁生动，情节富有悬念，顺应了儿童的心理。

本文通过对小马与老牛、小松鼠、马妈妈的对话、神态、动作的描写，充分体现出各个人物角色的不同心理。文中呈现的三幅插图，有助于学生对文本的理解，教师要引导其在朗读与体验的过程中认真细致地观察，感受老牛与小松鼠答案截然不同的原因，进而过渡到"别人的话不一定适合自己，遇事动脑筋，实践出真知"的理解。所以，本课将"分角色朗读体验、理解词语并利用词语串联故事"作为教学的重点内容。

二、学情分析

故事用对话的形式推动情节发展，生动有趣。大部分学生都能理解课文内容，懂得其中道理，有浓厚的学习兴趣。但二年级下学期的学生，分角色朗读仍有一定的困难，对于文中各角色当时的心情、语气等，需要教师及时点拨，引导学生在情境中进入角色、体会角色。

三、课时教学目标

1.能认识13个生字，读准多音字，学会"愿意""麦子"等词语，会写"刻""该""掉""伯"4个生字。

2.朗读课文，能根据不同人物的角色特点以及不同的情境场景体会其心理变化，通过变换语音语调等方法，读出恰当的语气；能用上给定的词语，完整、清楚地讲（演）故事。

3.了解并根据课文内容，说出自己的简单看法。

教学重点：朗读课文，能根据不同人物的角色特点以及不同的情境场景体会其心理变化，通过变换语音语调等方法，读出恰当的语气。

教学难点：根据课文内容，说出自己的简单看法。

四、学习评价设计

评价内容	评价方式	★★★	★★
书写能力	自我评价 该 该	1.书写正确 2.书写整洁 3.书写端正	1.书写正确 2.书写整洁
朗读能力	教师评价 分角色朗读课文第4至7自然段 集体评价 小组展示，分角色朗读课文第4至8自然段	正确、流利、有感情	正确、流利
知识运用	集体评价	完整地说出、找出信息	说出其中的几项信息

从书写能力、朗读能力及知识运用这三个方面，紧扣本课时学习目标，采用自评、同伴互评、师评等多元评价方式，关注学生课堂表现及学习效果，体现过程性评价与形成性评价相结合的特点，突出评价激励、导向、诊断等功能。

五、教学活动设计

（一）复习回顾，明确目标

1.朗读词语，回顾内容

同学们，今天我们继续学习第14课，齐读课题《小马过河》。

> 马棚　磨坊　挡住　叹气
> 愿意　麦子　立刻　应该　突然
> 连蹦带跳　难为情　动脑筋

【**设计意图**：分别从认读、会写生字、角色表现三个角度分组呈现词语，巩固读音同时渗透故事的地点、人物、结果等信息。】

2.运用表格，梳理关系

回忆：小马过河一共出发了几次？它分别遇到了谁？

先由老师带领完成第一次出发内容。接下来同桌间口答完成整个表格。

主要人物	给出的建议
第一次出发：老牛	"水很浅，刚没小腿，能蹚过去。"
第二次出发：小松鼠	"小马！别过河，别过河，你会被淹死的！"
第三次出发：马妈妈	"光听别人说自己不动脑筋，不去试试，是不行的。河水到底是深是浅，你去试一试，就知道了。"

3.插图再现，明确目标

导语：这个长长的故事，其实还可以用三幅画来表现（出示三幅插图）。

设疑：可是，现在这些图画是静止的，让人感受不到故事的生动有趣。如果想让画面"活"起来，你有什么好办法吗？

预设：我们可以进行角色扮演，读一读它们的对话，再演一演动作。

（二）朗读感悟，角色体验

1.示范读好磨坊内对话，体验马妈妈和小马的角色特点

导语：我们先来看看故事的起因。磨坊里，马妈妈和小马正在说话呢——

（1）自由朗读第2自然段，思考：小马和马妈妈说的话，应该怎样读？

（2）结合"连蹦带跳"，体会小马的心情，理解"愿意"。

（3）练习分角色朗读。

可先两人一组，选择自己喜欢的角色朗读；再由老师朗读马妈妈的话，学生读小马的话，师生合作朗读；指名进行生生之间朗读展示，其他同学进行评价，提出建议。请评价者再次进行朗读。

2.尝试读小河边的对话，体验牛伯伯和小松鼠的角色特点

（1）尝试练读。

（2）指导1：想想生活中你的伯伯的特点，从他的年龄、语气等角度思考、体验"牛伯伯"的话，该怎样读？

指导2：联系河水的深浅，再想想该怎样读？（读出老牛语气中的轻松、不当回事。）

（3）同桌之间互读，比比能否做到读谁像谁。

（4）进入角色，练习读好小河边小松鼠与小马的对话。

小马听了牛伯伯的话，刚刚抬起前蹄，突然小松鼠出现在眼前——

指名读后，请同学联系小松鼠的特点、体会小松鼠的心情进行评价：他读得像不像？

3.小组合作朗读，再现图画场景

（1）四人一组挑选最喜欢的角色进行小组合作朗读。

（2）展示读：带头饰展示朗读，同学之间互相评价。

【设计意图：本环节旨在通过"示范—尝试—练习—展示"实践活动，让学生进入情境体验角色特点、揣摩人物内心，分角色读好人物语言。】

（三）运用词语，串联故事

1.激趣导入，任务驱动

导语：能读好故事，我们的图画就活起来一半了。我们怎样能把故事讲得有趣，还记得我们以前学过的讲故事的方法吗？

2.明确要点，尝试练习

今天，我们要学习一个新方法：运用词语讲故事。

过渡：要一口气讲好故事确实有些难度，老师给大家搬来了4个智慧宝箱，运用上这些词语我们一定能把故事讲好。

3.初步尝试，用第一个宝箱的词语讲好"磨坊内的故事"

（1）借词语，回想内容：这些词让你联想到了故事的哪些内容？

出示：马棚、愿意、磨坊

（2）指名学生自由说一说。

（3）由最后一名学生将这三个词语串联在一起，讲出故事内容，教师进行指导补充。同学之间互评，再讲。

（4）学生分析运用词语串联故事的方法是：先回想故事内容，再连起来。

过渡：带着这两个好方法，老师相信你们一定能将整个故事讲好！

4.小组合作，运用宝箱内的词语讲好"小马过河"的故事

（1）小组合作完整讲述故事：四人为一小组，尝试运用刚才的方法，把你自己心中的小马过河的故事讲一讲。请同伴提出意见。

（2）汇报展示，小组合作分角色讲（演）故事。

指名学生进行台上故事展示，同学之间互评，再讲。

【设计意图：学生重复练习，从敢讲故事到会讲故事，最终能讲好故事，提升语言表达能力。】

（四）辨析思维，区分对错

1.采访小马，体会心情，懂得"同一事物，不同人答案不同"的道理。

（1）表演后留下小马采访：小马，你安全地过了河，请问你现在心情怎样？

那你一定觉得老牛和小松鼠撒谎了吧？（出示）说说你的看法。

◇ 河水既不像老牛说的那样浅，也不像小松鼠说的那样深，所以老牛和小松鼠对小马撒谎了。

（2）思考，为什么面对同一条河水，老牛和小松鼠答案截然不同？

（3）可结合板书中的图片或联系生活实际进行分析。

2.读懂马妈妈的话，联系结果懂得"实践出真知""不盲从"等道理。

过渡：小马长大了，他懂得了妈妈的话——

（1）指名读马妈妈的话，试着用自己的话说一说马妈妈要告诉小马什么。

（2）创设情境，发表看法：那你怎么理解另外这句话的？能说说你的理由吗？

出示：

◇ 别人的经验不一定可靠，得自己去尝试。

◇ 什么事都要自己尝试，别人的话不可信。

（3）讨论"别人的经验不一定可靠，得自己去尝试"这一道理的原因。

（4）讨论第四种说法，询问是否所有事情都可以自己尝试？相机联系生活进行安全教育。

3.总结全文，"我来评小马"。

你觉得这是一匹怎样的小马？相机引入"小马向很多人请教，是对的"这一观点，并发表看法。

【设计意图】：在本环节中，主要落实辨析观点，在讨论中引导学生结合日常经验分析生活道理，将课文与生活互相联系。】

（五）再现生字，夯实基础

1.齐读生字，观察结构

PPT出示"刻""该""伯""掉"，引导关注左右结构生字的特点，并发现"刻""该"的联系与区别。

2.学生分享，教师指导

指名学生（小老师）通过"一看结构，二看占笔，三看关键笔"等方法进行整体观察"刻"与"该"；然后提示这两个生字在书写时的特点，找到重点笔画的占位。老师相机提示：联系字义识记"刻"，对比方法巧区分等方法。

3.教师范写，学生描红

教师范写过程中，学生食指书空。跟随教师进行书写，明确笔顺并再次关注关键笔画的位置。

【设计意图】：本环节中，通过生生之间的互助，以更加吸引学生注意力的方式达到"变教为学"的教学目的。】

六、作业设计

基础作业：继续完成"该""刻"的书写。

171

拓展作业：把《小马过河》的故事讲给家人听，有兴趣的同学，也可以和家人一起分角色演一演。

七、教学设计特色

（一）版块推进，逐步落实分角色朗读

遵循情节的发展按照版块推进。在分清角色、进入角色、体验角色、强化角色的过程中，逐步落实了分角色朗读的目标。为理解课文内容、感悟故事寓意奠定基础。

（二）不断发现，自然习得语文要素

立足文体，在师生共同进入童话世界的体验中，让学生不断地发现，水到渠成地了解故事要素。再由词语串联出故事内容，在实践中掌握如何讲故事，学习有用的语文。

（三）思辨推动，有效提升核心素养

围绕核心，首尾联系，有序呈现，在相关处联系。由初步的整体感知到建立信息之间的关联，形成深入一步的感悟，发展了语言与思维，提升了核心素养。

青蛙卖泥塘（第二课时）

张璐

单元（或主题）指导思想与理论依据

《义务教育语文课程标准（2011年版）》中指出：低年级作为小学初始阶段，要能向往美好的情境，关心自然和生命，对感兴趣的人物和事件有自己的感受和想法，并能完整地讲述小故事，简要讲述自己感兴趣的见闻。本单元教学基于童话情境，要引导学生联系生活实际，利用分角色表演构建复述故事的语言支架，运用情境教学引导学生走进文本，深入学习借助提示讲故事的方法，在有趣的活动中体会改变带来的美好，获得初步情感体验。

单元（或主题）教学内容及要素分析

统编版语文二年级下册第七单元以"改变"为主题，编排了四篇文章：《大象的耳朵》描写了一只耷拉着耳朵的大象因为别人的言论而撑起耳朵，最后醒悟做自己，意识到"别人是别人，我是我"的道理；《蜘蛛开店》讲述的是蜘蛛无聊想开编织店，却因害怕困难选择逃避，开了三次店最终以失败告终；《青蛙卖泥塘》一课描写的是青蛙在卖泥塘的过程中，听取动物们的建议，将烂泥塘改造成美好、舒适的住所，并决定不再卖泥塘；《小毛虫》则讲述了一只小昆虫不懈奋斗，完成蜕变，化身成为美丽的蝴蝶。这几篇童话故事内容生动有趣，情节引人入胜，极富思维价值，具有因为不断改变而变得越来越美好的意义导向。此外，本单元还编排了《语文园地七》，综合考查学生实际运用能力。

　　本单元的语文要素是"借助提示讲故事"。在纵向梳理教材时发现这一语文要素在各个年级段都有所体现：低年级段要求借助对话、图画、关键词句等试讲故事或讲故事片段；中年级段要求借助示意图、文字提示，简要复述课文；高年级段要求学生结合理解、发挥想象，创造性复述故事。文本阅读由段到篇、由易到难、由短到长；学生言语表达能力要求从讲部分情节到讲整个故事，从借助图画、关键语句讲故事到详细复述课文，最终达到结合思考感悟创编故事。本单元要重点落实讲故事的基础能力训练，在教学中让学生习得方法，提升言语实践能力。

　　从横向进阶上看，每篇课文在落实语文要素时的训练重点有所不同：

篇目	《大象的耳朵》	《蜘蛛开店》	《青蛙卖泥塘》	《小毛虫》
训练重点	借助大象的话，讲讲大象想法的改变	借助示意图讲故事	在了解课文内容的基础上，分角色演一演故事	借助相关词句讲故事

　　在教学时，教师要根据每篇课文的要求，重点指导学生掌握方法，将故事讲清楚、讲完整，并尝试着体会文中角色的情感变化，在落实课后习题的同时，关注学生思维的延伸训练和自我表达。

单元（或主题）教学目标

　　1.认识"耷""店""卖"等61个生字，读准"似""扇"等5个多音字，会写"扇""决""蛙"等33个生字以及"耳朵""商店""毛虫"等38个词语。

　　2.正确、流利地朗读课文，读好问句，学习分角色朗读。能读出语气的变化，感受人物的心情。

　　3.借助示意图和文字提示讲《蜘蛛开店》和《小毛虫》的故事，能分角色演一演《青蛙卖泥塘》，学习续编故事。

　　4.在阅读中了解课文内容，感受动物们的变化，并结合生活实际理解"人家是人家，我是我""每个人都有自己该做的事情""万事万物都有自己的规律"这三句话的含义。

　　5.结合"变"这一主题，学习并背诵《二十四节气歌》，自主阅读《月亮姑娘做衣裳》。

21 《青蛙卖泥塘》第二课时教学设计

一、课时教学内容分析

本课讲述的是青蛙在卖泥塘的过程中，听取小动物们的建议，用自己的双手把泥塘改变成为一个美好、舒适的住所，并最终决定不再卖泥塘。故事过程线索清晰，情节反复。通过动物之间的多组对话，自然展现了提建议的表达方法。在教学时，可以按照"多组对话提建议"这一教学思路展开，创设多个语言训练点，引导学生抓住语言特点，读出语气，学习复述，落实教学重点。通过分角色表演构建复述故事的语言支架，引导学生感悟"改变"的价值与意义，落实教学难点。

二、学情分析

本篇课文内容生动，富有趣味，学生容易产生浓厚的学习兴趣。对于"借助提示讲故事"的训练重点，学生在二年级上学期时已有借助插图、关键词讲故事的经验，因此在落实的时候不会有太大的问题。但由于二年级的学生认知能力有限，生活经验欠缺，讲故事时易出现讲不清楚、讲不完整的现象，对于本单元主题思想"改变"的理解也会存在困难。因此，教师应当引导学生入情入境地朗读，在角色体验的过程中加深对内容的理解，同时，结合生活实际形成对"改变"的个人理解和感悟。

三、课时教学目标

1.归类识字，能在田字格中正确、规范、整洁地书写"搬""破""倒""籽"这4个生字。

2.有语气地朗读课文，说出青蛙为卖泥塘做了哪些事；学习分角色表演，说一说"当时小动物们是怎样说的"。

3.联系课文内容，通过角色表演、换名字等实践活动，认识环境的重要，树立环保意识，感悟到美好的环境需要勤劳的双手去创造。

教学重点：正确、流利地朗读课文，能说出青蛙为卖泥塘做了哪些事。学习分角色表演，习得表达方法。

教学难点：联系课文内容，认识环境的重要，感悟到美好的环境需要勤劳的双手去创造。

四、学习评价设计

评价要素	主要指标	评价标准描述	优秀√√√ 良好√√ 一般√		
学习过程	准备阶段	1.熟读课文，准备认读生字词。 2.认真完成课前小测。	自评	互评	师评
	交流阶段	1.积极参与小组交流活动，分角色朗读，参与态度端正、认真。 2.认真倾听其他同学发言，并能表述自己的见解或评价。 3.课堂中积极举手发言，站姿得体、声音洪亮、表达清晰。			
学习效果	成果展示	写字学习单，按照正确、整洁、规范的标准评价。			
			共（　　）√		

借助学习评价单，采取自评、互评、师评的多元评价方式，体现过程性评价和形成性评价相结合的特点，从学习过程和学习效果两个方面对学生进行评价，实现"以评促教"。

五、教学活动设计

（一）复习生词，导入新课

1.朗读词语，回顾内容

同学们，今天我们来继续学习第21课，齐读课题。

故事的主人公小青蛙，躲在了一片片词语荷叶下，只要你能准确地读出它们，就能找到小青蛙啦。（开火车，读词语。）

青蛙	牌子	吆喝	草籽
应该	竹子	泉水	野鸭
花丛	尽情	道路	

【设计意图：生词复习由认读字词、会写生字、故事发展三个方面组成，采用开火车带读形式，巩固读音，渗透故事的人物、事件等信息。】

2.借助插图，梳理脉络

你们还记得青蛙卖了几次泥塘？每次都吸引来了谁吗？谁能完整地说一说。

预设：第一次卖泥塘老牛来了，第二次卖泥塘野鸭来了，第三次卖泥塘许多小动物都来了，第四次时青蛙不想再卖了。

【设计意图：通过词语复习，巩固所学生词，进行认读，梳理故事情节，回顾

故事发展流程。】

（二）朗读感悟，角色体验。

1.朗读指导，读出语气

导语：在青蛙卖泥塘的过程中发生了许多有意思的事呢，你想去看一看吗？让我们跟着小青蛙一起去卖泥塘吧！

（1）读自学提示，明确自学要求。

> 理解感悟第3至5自然段，体会老牛提建议的方式。
> 学习提示：自由朗读第3至5自然段，用"———"画出青蛙说的话，用"～～～"画出老牛说的话，想想泥塘为什么没有卖出去。

①点拨指导，进入情境

点拨1："吆喝"是什么样子呢？

教师范读或者听有关"吆喝"的音频。学生练读、师生评读。

点拨2：老牛说话应该是怎样的语气呀？

关注"不过"一词，体会老牛提建议时的委婉。

②自由练习朗读，读出语气；生生互评

③进入角色，理解课文

点拨1：老牛为什么不买泥塘？

点拨2：青蛙听了老牛的话，想了什么又做了什么呢？

青蛙听了老牛的话，在泥塘边播撒了些草籽，到了春天，长出了绿茵茵的小草。

过渡：瞧，泥塘边长满了绿茵茵的小草，青蛙赶紧又进行了第二次吆喝，又吸引来了哪位顾客呢？

（2）读学习提示，明确自学要求。

> 学习提示：默读第6至8自然段，画出野鸭说的话，想想泥塘为什么没有卖出去。

①结合学习提示，自主练习朗读野鸭的话

指导：关注关键词"就是"，体会其帮助语气转变的作用。

②小组内分角色朗读，读出人物特点

③班内展示，深入角色

采访"野鸭"/"观众"：野鸭的话为什么要这样读呢？

采访"小青蛙"：听了野鸭的话，会怎么想怎么做呢？为什么？

【**设计意图**：语文学习，就是语言积累、学会表达的过程，通过发现句式的规

律，练习模仿说话。通过概括青蛙为卖泥塘做的事，培养学生提取信息的能力，为今后的学习奠定基础。】

2.对比观察，发现特点

（1）引导观察：老牛和野鸭来到泥塘前都向青蛙提出了建议，请你对比观察，有什么发现吗？

> 老牛："这个水坑坑嘛，在里边打打滚倒挺舒服。不过，要是周围有些草就更好了。"
>
> 野鸭："这地方好是好，就是塘里的水太少了。"

预设：它们都是先说优点，再说缺点。它们都把自己的话说得很具体，很委婉让人容易接受。还用了一个词（要是，就是）让它们的建议变得更加含蓄了。

（2）积累拓展，思考：还有哪些类似的词语？试着和同桌读一读。

3.迁移学法，合作学习第10自然段

（1）师生合作读第10自然段，想一想：每个小动物提了什么样的建议？

选择一种你喜欢的小动物，试着和同桌说一说，注意尽量说具体。

（2）发挥想象，角色扮演：指名分角色表演，教师适时引导，读出语气，读好对话。

（3）采访"小演员"：小青蛙，你为什么愣住了？

（4）看了同学们的表演，你能按照小动物们提建议的方式，给我们的小演员们评一评吗？

（5）指名学生说一说青蛙为了泥塘做了哪几件事。

预设：引了水，栽了树，养了花，种了草，修了路，还盖了所房子。

【设计意图：语文学习离不开学生的创造力和想象力，通过小组分角色演读，激起学生的学习兴趣。学生发挥想象力投入课文中与青蛙沟通交流，不仅锻炼了口语表达能力，还提高了创造力，使语文学习变得生动、有趣。】

4.旧文换新名

同学们，既然青蛙不再卖泥塘了，那请你给这个故事改编一个新的名字，你有什么想法呢？说说理由。

预设：青蛙改泥塘，青蛙住泥塘，青蛙修泥塘，青蛙建泥塘，青蛙变泥塘。

【设计意图：在"换题目"活动中实现个性化理解，在交流感悟中实现听说能力和思辨能力的训练。】

（三）书写指导，夯实基础

导语：青蛙没有搬家，却胜似搬家，我们送给青蛙一个"搬"字吧！它还带来了几个生字朋友，你认识他们吗？

1.认读生字，整体观察

观察"搬""倒""籽""破"这4个生字的结构、占格、重点笔画。在两种结构的字中各挑一个，看看如何把生字写得正确、规范、整洁。

2.学生交流，教师指导

（1）"搬"和"籽"在书写时需要注意的重点笔画。

点拨1："搬"字竖撇压在竖中线上；"舟"中的提，右侧不出头；注意横折弯没有钩。

点拨2："籽"字"米"变成偏旁，注意穿插避让，捺变成点，"子"有3画。

（2）指一名"小老师"按照"一看结构、二看占格、三看重点笔画"的顺序，观察"搬"和"籽"的字形结构，提示重点笔画，教师相机指导强调。

3.教师范写，学生练写

这两个字，教师范写，学生书空，在写字学习单上描一个，写一个。

4.班内展评，学生修改

按照正确、规范、整洁的三星标准评字，指出优点以及需要改进的地方。

5.自主练习，生生互评

结合刚才学习生字的经验，自主观察另外两个生字，在任务单上练习书写后，生生互评，按照三星标准提出优点和缺点，复写修改。

【设计意图：引导学生观察字形结构，注意同样结构的生字的不同点，注意重要笔画所在的位置，这些观察和指导对学生的书写至关重要。写后及时评价反馈，指出优缺点，切实提高书写能力。】

（四）总结全文，延伸拓展

同学们，通过本课的学习，我们了解到青蛙为了不住在烂泥塘里不断地吆喝着，每次都吸引来了不同的小动物，它们也提出了不同的建议，小青蛙听了它们的话就觉得有道理，于是用自己勤劳的双手不断地改变泥塘，最后使得泥塘的环境变得优美舒适，成为宜居之家。老师也希望在以后的生活中，你们能像小青蛙一样凭借双手去改变环境。

【设计意图：巩固生字的书写，强化对课文主旨的理解。让学生迁移运用，感受这样说话的好处。】

六、作业设计

基础作业：继续完成"倒"和"破"的书写。

提高作业：和家人讲一讲这个故事。

拓展作业：请你模仿青蛙最后吆喝的方式，向同学推荐一样东西，如一本书、一种文具，你会说些什么？

七、教学设计特色

（一）深挖文本，设计有意义的语言实践点

关注教材中出现的语言训练点，有目的、有梯度地进行训练。引导学生在反复朗读中体会角色语言的特点，并引导学生想象和小兔、蝴蝶、小鸟和小狐狸等小动物交流时可能说的话，迁移运用，感受这样说话的好处。

（二）创设情境，让低年级段课堂教学充满童趣

低年级段的语文教学要给学生创设一个大的情境，让课堂教学更富有童趣。让学生体会是青蛙的劳动创造了美。通过不断朗读、感悟、提炼信息，让学生理解"青蛙不再卖泥塘"的原因，并通过分角色表演读，让教学充满童趣，力求教学不止关注故事本身，还关注人与人的交际。

（三）换名游戏，在讨论中渗透故事的主旨

设计"旧文换新名"活动，让学生根据自己的理解，想一想可以给这篇故事改编一个怎样的新名字，引导学生发现"卖"的好处，借助这样的一个活动，更深入地传递课文内容的主旨价值。

手指（第二课时）

许菲菲

单元（或主题）指导思想与理论依据

《义务教育语文课程标准（2011年版）》指出："语文教学要注重语言的积累、感悟和运用，注重基本技能的训练，给学生打下扎实的语文基础。"《高中语文课程标准》也指出，语文学科核心素养其中之一是语言的建构与运用。对于语文学习，学习语言、积累语言、学会运用语言是学生感悟语言规律和语言形式的关键。

因此，本单元教学以感知、理解、鉴赏高品质的语言为总体目标，通过关联阅

读，感受风趣和幽默的语言，体会人物的智慧及言语的思维力，发展学生鉴赏高品质言语的能力，优化学生言语经验系统。

单元（或主题）教学内容及要素分析

统编版教材五年级下册第八单元的人文主题是"幽默和风趣是智慧的体现"。围绕这一主题，编排了三篇课文，意在让学生体会极具趣味性的语言，激发学生学习语言的热情和兴趣，进一步提升学生的语言品鉴能力。《杨氏之子》是一篇文言文，描写了主客双方围绕姓氏展开的一场巧妙对话；《手指》一文，用拟人化的手法和趣味盎然的语言，把五个性格各异的手指形象写得活灵活现；《童年的发现》则是以儿童视角描述"我"九岁时发现胚胎发育规律的有趣过程，俏皮的语言和幽默的自我调侃令人忍俊不禁。本单元还设置了习作《漫画的启示》《口语交际：我们都来讲笑话》《语文园地》，训练重点是将语言在实践中进行表达运用。

本单元的语文阅读要素是"感受课文风趣的语言"。立足整体，从各学段语文要素的纵向进阶来分析，二年级上册第五单元要求学生"感受和体会课文语言表达的多样性，学习表达"；三年级上册第一单元和第七单元分别要求学生"关注有新鲜感的词语和句子""感受课文生动的语言"；而到了五年级下册第八单元，则要求学生"感受课文风趣的语言"，由此可见，教材对于发展和培养学生言语能力的要求是在不同文本阅读中循序渐进地逐步提升的。

从横向进阶来看，本单元的版块内容在整体教学中发挥的功能各有侧重：《杨氏之子》引导学生通过主客双方对话的内容，感受杨氏之子的机智；《手指》引导学生通过丰富的语句，体会作者语言的风趣；《童年的发现》引导学生体会课文的趣味，交流感受。"交流平台"引导学生对三篇课文内容和语言表达特点做梳理和总结。"词句段运用"让学生体会语句的表达特点并进行仿写，学以致用。

本单元指向表达的语文要素是"看漫画，写出自己的想法"。此能力训练点是将漫画的无声语言转换成"有声"语言的过程，对学生的思辨能力提出了更高的要求，是语言输出的实践体验。除此，本单元还安排了《口语交际：我们都来讲笑话》，与课文阅读、习作的语言训练目标是一致的。《语文园地八》是围绕整理和巩固读写训练要素的学习安排的，可以灵活地与课文阅读、练笔等结合，进行整体性的学习活动设计。

结合单元整体架构和单元纵横联系，不难发现，激活学生多样的思维经验，才能更好地理解风趣、幽默的语言所产生的言语力量，也能在以"思维"为抓手的教学过程中形成结构化的教学系统，丰富学生的言语经验系统。

单元（或主题）教学目标

1.认识26个生字，会写18个生字，会写9个词语，能联系上下文掌握重点词语的意思。

2.正确、流利、有感情地朗读课文。背诵《杨氏之子》。

3.运用关联阅读，了解课文内容，感受文中语言的风趣，并结合生活实际，说出自己的阅读感受。

4.能体会段落表达特点，并能照样子仿写一段话。

5.能讲述两、三个收集到的笑话，避免不良的口语习惯；能用心倾听别人讲笑话，做一个好的听众。

6.通过观察漫画，体会画家的用意，学会从不同角度联系生活实际表达自己的想法和看法，初步掌握漫画作文的写法。

22 《手指》第二课时教学设计

一、课时教学内容分析

《手指》是统编版教材五年级下册第八单元的一篇精读课文，作者是著名的画家、散文家丰子恺先生，课文写了五根手指不同的姿态和性格，揭示了团结力量大的道理。文章结构清晰严谨，拟人、排比等表达手法的运用，让各具特色的五根手指形象跃然纸上。尤其是风趣幽默的语言，读来令人忍俊不禁。这一语言特点也决定了本课是落实单元语文要素的核心篇目。

二、学情分析

学生在中年级段有过感受语言的认知基础，对于作者的语言特点在四年级时也有初步的了解，再加上《手指》一文读起来朗朗上口，因此学生对于文章内容及鲜明的人物形象充满着阅读兴趣。但由于本文意蕴丰富，学生阅读实践的经验较少，品味风趣幽默的语言特点、感受人物形象仍然是学习的难点，在教学时可以采用关联阅读的方法，将文中的五根手指与古典名著《西游记》中的人物形象建立联系，教师加以点拨启发，从而深入感受语言的魅力，体会五根手指鲜明的性格及外形特点，理解文章意蕴。

三、课时教学目标

1.深入品读文本，并和《西游记》中的人物进行关联阅读，了解五根手指的姿态和作用，进而感受课文语言的风趣。

2.能从课文中的大拇指和食指联想到生活中类似的人，懂得团结才有力量的道理。

3.能仿照课文的表达特点，从人的五官中选一个，写一段话。

教学重点：深入品读文本，并和《西游记》中的人物进行关联阅读，了解五根手指的姿态和作用，进而感受课文语言的风趣。

教学难点：感受课文语言的风趣；能仿照课文的表达特点，从人的五官中选一个，写一段话。

四、学习评价设计

评价对象		评价方式	评价标准			
知识技能	提取信息	课堂交流评价	是否能准确找到描写五根手指姿态的语句，是否能准确找到描写五根手指作用的语句。			
	整理信息	课堂交流评价	是否能由五根手指联想到《西游记》中的人物。			
过程方法	品味语言	课堂交流评价	有感情地朗读，体会风趣语言。			
	转化语言	学生自评 小组互评 教师评价	仿照课文的表达特点，从人的五官中选一个，写一段话。	自我评价	小组评价	教师评价
			有姿态有作用、有事例，语言风趣。	☆☆☆	☆☆☆	☆☆☆
情感态度	主动参与	学生自评 小组互评 教师评价		自我评价	小组评价	教师评价
			认真思考，参与小组讨论，积极举手发言。	☆☆☆	☆☆☆	☆☆☆

五、教学活动设计

同学们，这节课我们继续学习22课，请大家齐读课题《手指》。

（一）复习词语，回顾课文内容

1.听写生字词语

拇指 附庸 ——写手指

搔痒 轧伤 拧螺丝 解纽扣 ——写作用（做事情）

团结 ——写合作

2.回顾主要内容

导语：请结合上面这几个词语，概括地说说课文的主要内容。

【设计意图：整体把握文章内容，关注作者表达的顺序，梳理文章脉络，为深入理解课文做好铺垫。】

（二）自主学习，初感语言特色

导语：我们在之前的阅读中，发现《西游记》这本书里的人物形象鲜明，当我们读到《手指》这篇文章，你能联想起《西游记》中的哪些人物？这节课我们来进行深入地学习。

出示自学提示，学生自主学习。

> 学习提示：
> 默读课文第2至5自然段
> （1）用"———"画出描写五根手指姿态的语句，用"～～～"画出描写作用的语句。
> （2）思考：从这五根手指你能联想到《西游记》中的哪个人物？结合相关语句说说理由。

【设计意图：利用学习提示实现学生自主个性化阅读，与《西游记》人物初步建立联系，初步感受文中语言特色。】

（三）交流链接，体会语言风格

导语：下面我们就按课文中描写的顺序进行交流学习。

版块一：了解大拇指的姿态与作用，关联中感受写法

1.品悟大拇指语句，感受姿态有趣、作用大

姿态：形状不美，矮而胖、大而肥、构造简单

作用：最肯吃苦，不讨巧

2.感情朗读，体会风趣幽默语言

（1）感情朗读，感受大拇指的作用

重点关注六个"要……叫他……"体会大拇指吃苦耐劳的形象。同时关注"死力""拼命""用劲"这三个词语，来读出他最肯吃苦的特点。

（2）品味语言，体会人格化写法

交流点拨：丰子恺在写大拇指时，把他当作什么来写？（人）这就是人格化的写法，让我们读起来觉得那么有趣。风趣幽默，正是丰子恺的语言风格。我们再看这一单元的语文要素：感受幽默风趣的语言。运用风趣的语言，介绍事物，是一种好方法。

3.结合课文，关联《西游记》，体会语言特色

预设：学生由大拇指的姿态"矮而胖，大而肥"，可能会联想到《西游记》中

的猪八戒，但结合大拇指最肯吃苦这一特点，否定猪八戒，最终认为大拇指更像沙僧。

版块二：了解食指的姿态与作用，关联中感受写法特点

1.交流食指，感受姿态、作用

姿态：不窈窕，直直落落的线条

作用：工作复杂，机敏

2.感情朗读，体会写法特点

重点关注"全靠他""都要他""最多"这几个词，感受食指真的是做了不少的工作。

点拨：作者赋予了食指人类的行为，这个写法也是人格化的写法。

3.结合课文，关联《西游记》，感受语言特色

预计学生能够结合文中的关键语句联想到《西游记》中的孙悟空，并能结合相关事例进行说明。例如"遇到危险的事，都要他去试探或冒险"，三探莲花洞、黄袍怪施计、观音寺遇祸等，无论多么危险困难的事都要孙悟空去做……

总结提升：读着丰子恺的《手指》，感受他幽默风趣的语言，不由得想起吴承恩笔下《西游记》的人物形象。希望你们在以后的学习中，也能像今天这样关联式地阅读。

版块三：了解中指姿态与作用，关联中感受写法特点

1.品悟中指，感受姿态、作用

姿态：相貌堂皇，养尊处优

作用：不出力，扶衬

2.感情朗读，体会风趣的语言

引导交流：对于"他永远不受外物冲撞，所以曲线优美，处处显示着养尊处优的幸福。"这句话你们是怎么理解的呢？

（1）理解"养尊处优"：指生活在有人伺候、条件优裕的环境中。在文中是形容中指处在众手指簇拥呵护下的优裕环境中。

导语：从这句话，能感受到作者把中指当成了人，也采用了人格化的写法。

（2）感受人格化写法

导语：再找找课文中还有没有类似的语句，并积累下来。

3.结合课文，关联《西游记》人物，链接体会语言特色

导语：由此你们想到了《西游记》中的谁？

预计学生能关注语句"地位最优、相貌最堂皇"联想到唐僧。"每逢做事，名义上他是参加的，实际并不出力"等语句想到唐僧每次遇到妖怪，他都是退在一

旁，让徒弟们去打妖怪。

版块四：了解无名指、小指的姿态与作用，再次感受写法特点（以读代讲）

1.朗读无名指、小指，感受姿态、作用

姿态：体态秀丽，样子可爱

作用：能力薄弱；附庸

能读读他们都做了什么事吗？

2.结合课文，关联《西游记》，感受风趣幽默语言

预计学生能结合文中"体态秀丽""除了这等享乐的风光事以外，遇到工作，他们只是其他手指的附庸。"等语句联想到白龙马，谈出白龙马除了驮着唐僧这等风光事之外，作用很渺小。

【设计意图】：以阅读散文为纽带，与名著《西游记》链接，体会不同时代、不同作家的语言特点，既发展学生深度思维，又激发学生的阅读兴趣。】

（四）联系生活，深化理解表达

导语：通过阅读和联想，同学们了解了五根手指的姿态及作用，感受到了幽默风趣的语言。文中的大拇指和食指让你联想到生活中的哪些人呢？

预设：从大拇指不太美的姿态和吃苦耐劳、默默奉献的特点，联想到快递员；由食指勤奋卖力、敢于冒险、不怕牺牲的精神，联想到救死扶伤的医护人员……

【设计意图】：由此及彼联系生活中的人物，深化对课文的理解，进一步促进个性化阅读与生活的对接。】

（五）整合梳理，体会人生哲理

导语：这五根手指确实像第一自然段写的那样，各有所长，各有所短。在作者笔下，无名指、小指的作用好像不太大，是不是可以去掉？为什么？

相机出示最后一段：

> 手指的全体，同人群的全体一样，五根手指如果能一致团结，成为一个拳头，那就根根有用，根根有力量，不再有什么强弱、美丑之分了。

预设：不可以。虽然作者对无名指和小指描写不多，但五根手指各有各的作用，缺一不可。

小结：五根手指虽然姿态不同，作用不同，但是只要团结起来，就会有更大的作用。其实在生活中也是这样，每一个人都有自己的特点，人人都有用，大家只有团结才有力量，才能把生活中的事情做好。

【设计意图】：回归整体，联系全文进一步理解文本所阐明的道理。】

（六）总结写法，练习语言表达

导语：丰子恺用风趣的语言向我们介绍了五根手指的不同特点与作用，其实我们的五官也有它们各自的特点。

1.仿写：下面请仿照课文的表达特点，从人的五官中选一个，写一段话。

2.展示、点评：指名展示仿写作品，师生针对五官姿态、作用的描写以及语言形式的特点进行点评。

3.推荐阅读：课下读一读《小钞票历险记》《缘缘堂随笔》这两本书。

【设计意图：落实课后仿写小练笔，既加深了学生对于幽默化语言的理解，又可以检验学生的"获得"，促进语言、思维发展和情感的抒发。】

六、作业设计

1.基础作业：修改完善自己的小练笔。

2.综合作业：由大拇指和食指还能让你联想到生活中的哪些人呢？试着再和同学或家人说一说。

3.拓展作业：推荐阅读《小钞票历险记》《缘缘堂随笔》。

七、教学设计特色

（一）关注文体特点，理解感受语言内涵

学习语言、积累语言、学会运用语言是学生感悟语言规律和语言形式的关键。因此，本课把握散文文体的实质，采用以读促学的方式让学生体会语言特色。

（二）关注名著链接，体会名家语言风趣

《手指》和《西游记》均有鲜明的形象，教学时将两者关联着阅读，学生在关联中感知五根手指形象，进而感受作者丰子恺幽默风趣的语言风格，落实单元语文要素。

（三）关注文本写法，选择对象练习表达

本节课通过生活联想与仿写练习两次语言实践活动，读写结合，加深学生对于幽默化语言的理解，并创设真实的表达情境，增强学生对语言的建构与运用。

口语交际　安慰

何颖

单元（或主题）指导思想和理论依据

《义务教育语文课程标准（2011版）》指出"语文课程是实践性课程，应着重培养学生的语文实践能力，而培养这种能力的主要途径也应是语文实践。"本单元设计主要围绕"童年美好的回忆"这一主题，在教学时创设"童年生活"情境，聚焦学生现实生活的童真童趣，捕捉学生的真实经历，发挥文本的引领作用，激发学生内心的情感体验，产生交流的欲望。在具体的交际环境中，锻炼学生的口语交际能力，形成关爱他人、和谐沟通的文明素养。

单元（或主题）教学内容及要素分析

统编教材四年级上册第六单元以"童年生活"为主题，编排了三篇精读课文、一次口语交际、习作以及《语文园地六》。《牛和鹅》记叙了"我"对待牛和鹅态度的变化，《一只窝囊的大老虎》记叙了扮演老虎给"我"带来的困惑，《陀螺》一文讲述了"我"玩陀螺的烦恼与快乐。口语交际《安慰》，是让学生选择合适的方式，设身处地地为别人着想，并能借助语调、手势等恰当地表达自己的情感。习作部分，是记一次游戏，锻炼学生关注事件过程，并能够清楚地记录下来。《语文园地六》梳理、总结了批注的方法和作用，综合考查学生实际运用能力。

本单元需要落实的语文要素有三个：一是"学习用批注的方法阅读"，二是"通过人物的动作、语言、神态体会人物的心情"，三是"记一次游戏，把游戏过程写清楚"。三个语文要素之间相互关联，层层递进。学习用批注的方法阅读，重点可以在"人物的动作、语言、神态"等主要段落或语句上进行学法的落实。同时，一边阅读一边批注还能够深入地体会人物的心情。前两个语文要素的落实互相融合，相得益彰。本单元的"记一次游戏"要求在写清楚游戏的同时，还要把自己的想法和感受也写出来。这个要求在一定程度上其实是对第二个语文要素的运用，具体方法可以在批注的基础上串联起自己的感受，整篇文章的写作思路可归结为"边自己写文章，边为自己进行批注"，从而逐步落实第三个语文要素。

从各语文要素的纵向进阶来看，可以更加明确本单元在能力训练上的提升点，我们重点分析阅读要素。

(1)学习用批注的方法阅读

在本单元中,教材首次提出"批注"的概念,但从教材的编排来看,学生并非毫无基础。统编教材三年级上册第七单元的交流平台对本单元的语文要素做了总结:"摘抄时,遇到写得生动的语句,我会在旁边写写感受,特别喜欢的我还会背下来。"其中,"写写感受"指的就是做批注。统编教材四年级上册第二单元教授"提问"策略时,编者也有意引导师生运用"批注"的方法学习。因此教师在本单元的教学中要重点指导批注的方法,提高批注的规范性和质量,同时帮助学生养成"不动笔墨不读书"的阅读习惯。

(2)通过人物的动作、语言、神态体会人物的心情

这个语文要素指向的是语言积累和表达,相关的语文要素在统编教材的分布如下:

册数	单元	阅读训练要素
四上	第六单元	通过人物的动作、语言、神态体会人物的心情
四下	第七单元	从人物的语言、动作等描写中感受人物的品质
五下	第四单元	通过动作、语言、神态的描写,体会人物的内心
六下	第四单元	关注神态、言行的描写,体会人物品质。查阅相关资料,加深对课文的理解

可以看出,聚焦言行、神态等来体会人物是从本单元开始的,因此在教学时一定要打好基础,引领学生从阅读走向表达。

单元(或主题)教学目标

1.认识28个生字,读准7个多音字,会写43个生字及47个词语,理解并积累"挑衅""溃败""哄堂大笑""无缘无故"等词语。

2.正确、流利、有感情地朗读课文;理解课文内容,感受童年生活的美好。

3.在学习课文的过程中,学习用批注的方法阅读;并能结合人物的语言、动作、神态等体会人物心情,理解关键句的意思。

4.能按顺序把游戏写清楚,写出想法和感受,并能自己修改习作誊写清楚。

5.能设身处地想被安慰者的心情,选择合适的方式进行安慰,并能借助语调、手势等恰当地表达自己的情感。

第六单元 口语交际 《安慰》教学设计

一、课时教学内容分析

《安慰》属于交互型口语交际。统编教材第一部分简要交代安慰的意义，激发学生交际欲望。接下来创设三种与学生生活密切相关的情境，并以泡泡的形式交代不顺心的原因，帮助学生打开思路。此编排将课堂学习生活化，不仅唤起学生储备的经验，还关注了学生的心理健康，体现人文性与工具性的统一。统编教材第二部分提出本次口语交际的任务，不仅提示了如何进行安慰的方法，还鼓励学生模拟情境，进行交际实践。小贴士提示了本次口语交际的学习重点，一是"选择合适的方式进行安慰"；二是"借助语调、手势等恰当的表达自己的情感"。教学时要进行适时地点拨、引导，以求让学生掌握安慰的方法，达到最佳的安慰效果。

二、学生情况分析

四年级学生已有口语交际的经验，能够初步懂得口语交际的礼仪。对于交互型的口语交际，学生在经历了一年级下册的《请你帮个忙》、二年级下册的《商量》、三年级下册的《劝说》的学习后，大多都能通过情境交流看法和想法，找到解决问题的途径，达到良好的效果。本次口语交际，侧重点在于学习和掌握安慰的技巧，教学时要结合学生已有的认知经验，联系学生的生活实际，设身处地去想他人的心情。在此基础上，进一步创设情境，引导学生更好地体察别人的感受，学会安慰他人、关爱他人。

三、教学目标

1.学会倾听，能设身处地去感受他人的心情，能用恰当的语言表达对他人的安慰。

2.模拟生活场景，面对不同的对象，能借助不同的语气、语调和眼神，以及拥抱手势等合适的方式进行安慰。

3.联系生活实际，能在生活中具有主动安慰他人的意识，体会关爱他人、感受安慰他人的快乐。

教学重点： 学会倾听，能设身处地地感受他人的心情，能用恰当的语言表达对他人的安慰。

教学难点： 模拟生活场景，面对不同的对象，能借助不同的语气、语调和眼神，以及拥抱手势等合适的方式进行安慰。

四、学习评价设计

1.评价方式：自我评价、小组评价、全班评价。

2.评价量规：不同情境的安慰评价表

评价内容	评价标准	自评	小组互评	全班评价
设身处地体会和感受对方心情	能站在他人的角度			
根据不同的情境选择恰当的安慰方式	语气自然、语言诚恳 安慰方式合理、合适			
能用合适的语言、自然的语气、手势等安慰对方。	动作、手势使用恰当			

五、教学活动设计

（一）回顾所学，引出"安慰"话题

导语：冰心说："童年的回忆总是充满欢笑与泪水，时而欢喜，时而忧愁。"正如这一单元学习的这三个小故事（出示《牛与鹅》《一只窝囊的大老虎》《陀螺》主题图，回顾人物的心情。）

其实，在我们自己的生活中，也会经历情绪低落、伤心、紧张、害怕……这些时候，我们最渴望得到别人的——安慰。（板书课题）

【设计意图：由本单元三篇精读课文的核心事件引入，回顾故事中"我"的心情变化和原因，引出"安慰"主题。**】**

师：接下来，我们来看看这三位同学，了解他们遇到的事情，想想该怎样安慰他们。

（二）融入情境，探究"安慰"方法

1.创设情景，感受心情

出示课本中的情景一：

"在运动会4×100米接力赛中，小峰摔倒了，他的班级在这个项目上没有取得名次。"

　　小峰（　　）地说："都怪我，我要是没摔倒就好了。"

出示课本中的情景二：

"小丽的家要搬到另外一个城市，她马上就要离开自己的好朋友了。"

　　小丽（　　）地说："我不想搬走，不想离开好朋友。"

出示课本中的情景三：

> "出去玩的时候，小冰把手表弄丢了。这块手表是妈妈送给他的生日礼物。"
> 小冰（　　）地说："我特别喜欢这块表，丢了好心疼啊！"

指名学生读三个情境并提问：现在的小峰、小丽、小冰他们三个人，心情是怎样的？

预设：小峰现在应该是难过和自责，小丽心中充满了不舍和难过，小冰这时应该是很伤心的、心情很低落。此时，他们最希望得到别人的安慰。

2.设身处地，体会心情

师：他们三个人现在的心情都很难过，但是难过的原因却有所不同，我们来尝试安慰一下他们。第一个情境中，小峰因为摔倒，班级没有得到名次，这时他需要怎样的安慰，才能不那么自责呢？

预设：当学生初试安慰的时候，如果体会小峰难过的根本原因有难度，则回归当时的场景，引导学生设身处地地体会人物的心情。

点拨："假如你是小峰，在运动场上，因为摔倒了而没有让班级拿到名次，你的心情是怎样的？你会想些什么？"

预设："我"要是没摔倒该多好啊，我们班就能得到运动会的名次了。

下次运动会我还能有参赛的资格吗？老师和同学们该怎样看我啊？

……

引导：小峰此刻最需要的是什么呢？

预设：小峰现在需要的应该是鼓励和理解，希望不要有指责，也需要下一次再加油……

【设计意图】借助思维支架，帮助学生借助已有经历、经验来想象情境中人物的内心状态，换位思考，设身处地地体会人物的心情。】

过渡：我们再来看后两个情境中的小丽和小冰，她们此刻是怎样的心情呢？

预设：小丽要搬家了，她也没有办法留下来，无法改变这个现实，她不想离开同学……

小冰的手表是生日礼物，有很特殊的意义，她特别舍不得也很内疚。她想找到那块表……

小结：在有相似经历的同时，如果有人安慰我们一下，我们的心情也会好一些。小峰、小丽、小冰三个人的心情都很难过，他们有的自责、有的对朋友恋恋不舍，还有的丢失了生日礼物而心疼难过，如果你是他们的好朋友，你会用什么样的方式去安慰他呢？

【设计意图：通过分析、比较、思考，引导学生根据不同的情况寻找适合的安慰方式，以求实现安慰的最佳效果。】

3.恰当方式，模拟安慰

出示本次口语交际的小贴士：

①选择合适的方式进行安慰。
②借助语调、手势等恰当地表达自己的情感。

师：同桌为一组，根据小贴士，选择情境一，进行模拟安慰。一人是小峰，此时正在难过自责，你作为小峰的朋友，去试着安慰他。然后同桌互换角色模拟安慰。

组织交流：在模拟后，让小峰说说通过对方的安慰，自己的心情怎样了？对安慰你的朋友有哪些建议？安慰小峰的朋友，说说你还有哪些地方可以做得更好？

指名小组进行全班展示，生生评价并说明理由。

预设：xx组安慰得好，他能体会小峰的心情，能给小峰鼓励和支持，他让小峰不要因为一次的失败而自暴自弃……

板书：鼓励、建议

师：小丽和小冰也同样需要咱们的安慰。请同桌继续合作，选择情境二或情境三。试着用刚才学过的安慰方法安慰小丽和小冰。

预设：无论哪种情形，学生都能设身处地与对方"共情"，用合适的方式和语言转移对方的注意力，安慰对方，使心情变好。

指名小组汇报安慰情况。全班评议好在哪里，哪些地方需要改进。教师依据学生发言的顺序板书。

【设计意图：在角色互换的模拟过程中，体会人物的内心情感和心理变化，发现合适的安慰方式；在小组汇报的过程中，感受不同的安慰方式带来的效果；在生生评价的过程中，梳理和总结安慰的方法和技巧，根据不同原因将多种安慰的方式关联起来，使安慰的语言更加有效，是解决问题中高阶思维的体现。】

4.互动评议，梳理方法

提问：在同学们的安慰中，你们最喜欢哪一种安慰的方式呢？为什么？

小结：在安慰别人的过程中，我们用语言安慰时，可以说一些表示同情、鼓励的话，也可以适当地提出一些合理的建议，要表达出自己的真情实意。同时，还可以借助轻柔的语调、手势或动作等恰当地表达自己的情感。如"一个拥抱""一个你很棒的手势"。

（三）角色体验，尝试"安慰"实践

出示情境：在生活中，每个人都难免会遇到不顺心的事：生病的家人伙伴需要安慰，孤独的老人需要陪伴，遭受灾难的人们更需要温暖……

1.联系生活，指名交流

同学们，在我们的生活中，还有哪些人，哪些事需要安慰呢？

预设：和同学吵架、被冤枉、家人生病……

2.回归生活，再试安慰

> 2020年新冠肺炎疫情暴发，很多孩子的爸爸妈妈身为医护人员，接到任务后，奔赴一线，连夜出发前往武汉，抗击疫情。播放视频，感受视频中的小朋友的心情，再来尝试安慰。

【设计意图：链接生活的真实案例，学生在用适当的方式安慰别人的同时，也实现了对自我的安慰，丰富了学生的安慰经验。】

过渡：在生活中，每个人都难免会遇到不顺心的事。如果我们安慰一个人用了很多办法都不能使他心情好转怎么办？

预设学生可能说：陪伴、让他自己安安静静休息一下等。

这些无声的"安慰"也能让对方心里很舒服，也是我们表达感情的一种方式，也能让对方感受到温暖。

（四）总结提升，布置作业

生活中，我们会遇到这样那样的很多事情，有开心也有不顺心的时候，希望大家通过今天学习的内容，去安慰身边的人，让我们的生活更加和谐、美好。

六、作业设计

利用所学到的安慰方法，安慰身边需要安慰的同学、朋友、亲人。

七、教学设计特色

（一）回顾所学，引出"安慰"话题

从本单元三篇精读课文的核心事件引入，回顾故事中"我"的心情变化和原因，引发学生与新课建立联系，激起学生同情他人之心、生发出安慰他人的意识，顺理成章引出"安慰"主题。

（二）搭设支架，探究"安慰"方法

搭设思维支架，帮助学生借助已有经历、经验来想象情境中人物的内心状态，换位思考，设身处地地体会人物的心情，从而真正走进人物内心，寻求安慰方法。

（三）情境创设，尝试"安慰"实践

链接生活的真实案例，将学生思维打开，让学生明白不止教材中的三个事例需要安慰，安慰应用在生活中的方方面面，鼓励学生学以致用。

两位数减两位数

闫旭

单元（或主题）指导思想与理论依据

《数学课程标准》中明确指出：在数学课程中，应当注重发展学生的运算能力。同时在《课标解读》中也强调"应当淡化对运算的熟练程度的要求，选择正确的计算方法，准确地得到运算结果，比运算的熟练程度更重要。应当重视学生是否理解了运算的道理，是否能准确地得出运算的结果，而不是单纯地看运算的速度。"这一目标的提出就要求教师在数的运算教学中，不能仅仅关注于学生运算技能的掌握，更要注重学生理解算理、掌握算法的学习过程，也就是在教学中要注重将算理与算法有机地结合在一起，从而发展学生的运算能力。

小学数学深度学习突出以数学核心内容为线索的学习主题的关键与重点，为学生提供多元的、综合的学习素材，打通知识到核心素养的通道。因此，教学中可以结合学生的年龄特点，借助生活情境、直观模型、学生已有的认知基础和生活经验，处理好运算教学中算理与算法的关系。

单元（或主题）教学内容分析

"100以内的加法和减法（二）"是北京版教材一年级下册第四单元的内容，是在学生已经掌握了两位数加、减整十数和两位数加、减一位数口算的基础上进行的。也是学生今后学习万以内数加法和减法的基础，在计算的学习中具有重要作用。

本单元包括两部分主要内容，即：第一部分，两位数加、减两位数；第二部分，两位数加、减两位数混合运算。最后安排了整理与复习。主要例题情境都取自学生的课外生活，让学生从实际情境中抽象出数学问题。在解决生活实际问题的过程中，让学生学习两位数加、减两位数的方法，并让学生根据情境提出能用加、减法解决的实际问题。

横向分析教材内容发现，在单元知识体系中，"100以内的加法和减法（二）"

各版块教学内容之间关联密切，呈现了由具体到抽象的编排思路。在人教版、北师大版以及北京版教材中，首先都是通过学生熟悉的课外生活，引发学生思考；其次借助多元表征建立数学模型；最后沟通模型之间的联系，体会计数单位的一致性。这样的设计让学生很自然地提出一个又一个数学问题，在问题解决中进一步理解算理，巩固算法，提升计算能力和提出问题的能力。

纵向梳理教材体系，可以看出本单元既是对已经学过的两位数加、减一位数和整十数的巩固和应用，又是学习多位数加、减的基础，具有承上启下的作用。因此这部分内容在整个笔算加减法的体系中具有非常重要的意义和地位，需要我们精心设计教学活动，让学生切实掌握好本单元的内容，使其对学生今后计算的正确性和速度产生正面的影响。

学情分析

一年级的学生思维正处于前运算阶段向具体运算阶段过渡的时期，思维的特点是从以具体形象思维为主要形式，逐步过渡到以抽象逻辑思维为主要形式。但这种抽象逻辑思维在很大程度上，仍然是直接与感性经验相联系的，具有很大成分的具体形象性。学生对不进位与不退位的计算比较熟悉，但是进位加法和退位减法学生总是丢了进位与退位，所以学生是否理解其中的过程，是否将算理与算法融合在一起，就需要借助"直观"来帮助孩子理解其中的意义。

单元（或主题）教学目标

1.能借助操作小棒、计数器、小珠子、小正方体等学具及画图等方式，探索并掌握两位数加、减两位数口算和笔算的方法，并能正确计算。对于进位和退位的两位数加、减两位数，只要求用竖式计算。

2.用加法和减法解决简单的实际问题。

3.建立数学与生活相联系的意识。

《两位数减两位数》第一课时教学设计

一、课时教学内容分析

"两位数减两位数"隶属于"数与代数"领域中的"数的运算"范畴，是学生今后学习万以内数加法和减法的基础，也是学生学习两位数乘法的基础，在计算的学习中具有重要作用。

本课是在学生已经学习了两位数加两位数（不进位和进位）以及两位数减一位

数的基础上进行教学的。让学生掌握两位数减两位数（不退位和退位）减法的笔算方法与口算的联系，本课的学习又为以后学习多位数的退位减法打下了基础，为这一类内容的建构提供了方法上的指导，在知识结构上起了一个承上启下的作用。

二、学情分析

学生已经学过了两位数的加法（不进位和进位），对口算以及竖式计算已有了一定的知识储备。但通过课前的调查，学生对运算之间的联系缺少理解，不能透彻地理解算理，以及对方法的选择也比较单一。

三、课时教学目标

1.掌握两位数减两位数（不退位和退位）的方法，并能够正确地列竖式计算。

2.在解决问题的过程中，探索两位数减两位数的方法，体验解决问题方法的多样性。

3.经历知识的生成过程，提高计算能力、解决问题的能力以及合作交流的能力。

教学重点：理解两位数减两位数的算理（不退位和退位），掌握竖式的计算方法，体会计数单位的一致性。

教学难点：找出算法间的内在联系都是几个十减几个十，几个一减几个一。

四、学习评价设计

评价内容	评价标准	评价方式
（一）78-30= 65-60= 57-9=	计算准确	口算 生生互查
（二）76-28你都想到了什么？请你说一说、画一画、圈一圈，或者写一写。	1.正确计算 2.理解算理 3.方法合理，优化运算思维	课堂练习 自评、生评、师评

五、教学活动设计

（一）情境导入，提出问题

同学们，这是运动会时咱们比赛跳绳时的照片（出示图片），经过一次次的练习，你们跳得越来越棒了。老师为你们点赞！跳绳不仅能强身健体，还能帮助我们学习数学呢。看，这是明明三次跳绳的个数，你能提出关于减法的数学问题吗？

第一次	第二次	第三次
42下	49下	63下

预设：

第二次比第一次多跳多少下？

第二次比第三次少跳多少下？

第三次和第一次相差多少下？

……

第二次比第一次多跳多少下？你们会算吗？

【**设计意图**：深度学习情境的创设要体现数学学科本质，要让学生在情境中有问题可以思考，要与学生的生活世界相联系。从学生熟悉的班级生活引入，激发学生学习兴趣，激起学生求知的欲望，为学习新知识做铺垫。】

（二）探究算法，合作交流

任务一：第二次比第一次多跳多少下？

1.用你喜欢的方式摆一摆、画一画、圈一圈，或者写一写。

2.小组探究与交流。

63-42

预设：

（1）摆小棒。我先摆出6捆小棒表示6个十，再摆3根小棒表示3个一，从6捆小棒里拿走4捆小棒，再从3根小棒里拿走2根小棒，还剩下2捆小棒和1根小棒，所以63-42=21。

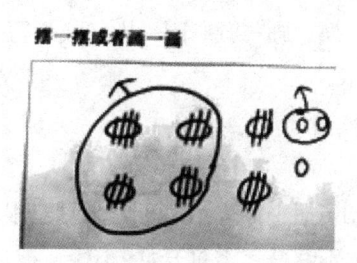

（2）正方体图。

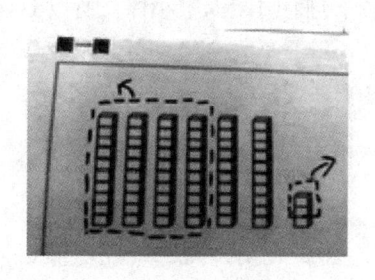

（3）数位表。我在十位上画出6个圆片表示6个十，在个位上画出3个圆片表示3个一，从十位上划去4个圆片还剩2个圆片表示2个十，个位上划去2个圆片还剩1个圆片表示1个一，所以63-42=21。

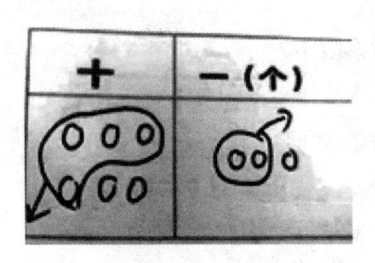

（4）竖式。

$$\begin{array}{r} 6\ 3 \\ -\ 4\ 2 \\ \hline 2\ 1 \end{array}$$

同学们，这几种方法有什么共同之处？

小结：

都是几个十减去几个十，几个一减去几个一。

【设计意图：通过自主探究与学伴合作，引导学生从实际认知特点出发，利用多种方式理解算式的意义与法则，拓展思维，提升解决实际问题的能力。】

第二个问题想挑战一下吗？

任务二：

第二次比第三次少跳多少下？

1.用你喜欢的方式摆一摆、画一画、圈一圈，或者写一写。

2.小组探究与交流。

63-49

预设：

（1）摆小棒。我先摆出6捆小棒表示6个十，再摆3根小棒表示3个一，从6捆小棒里拿走4捆小棒后，个位不够减还需打开1捆小棒，把1个十变成10个一，从13根小棒里拿走9根小棒，还剩下1捆小棒和4根小棒，所以63-49=14。

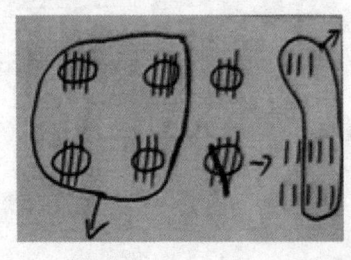

198

（2）正方体图。

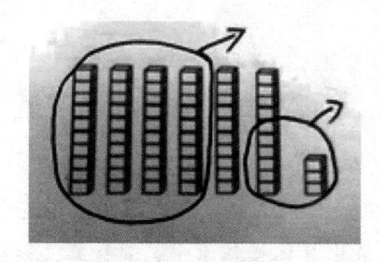

（3）数位表。我在十位上画出6个圆片表示6个十，在个位上画出3个圆片表示3个一，从十位上划去4个圆片还剩2个圆片表示2个十，个位不够减，还需要把十位的1个圆片放到个位变成10个一，从个位的13个圆片划去9个圆片还剩4个圆片。所以63-49=14。

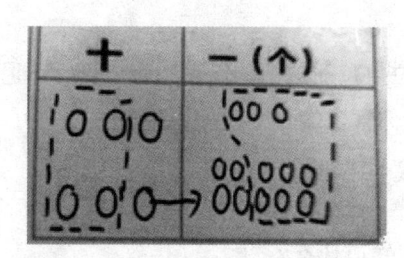

追问：你是如何想到这种方法的？

预设：我们之前学习两位数减一位数的退位减法时，用过这种方法。

（4）竖式

$$\begin{array}{r} 63 \\ -\ 49 \\ \hline 24 \end{array}$$

质疑：应该是14，借走的1个十没有减去，应该有借位点。

$$\begin{array}{r} \overset{\bullet}{6}3 \\ -49 \\ \hline 14 \end{array}$$

这是我们今天学习的两位数减两位数减法，需要注意什么？

预设：要注意借位，当个位不够减时需要向前借一，退一当十。

（三）体会算理，回顾反思

对比63-42和63-49的不同之处？

预设：63-42不用借位，从哪位先减都可以；63-49用借位（从个位减起），借位后要减去借位的1个十。

又有什么相同之处？

小结：都是用几个十减去几个十，几个一减去几个一。个位虽然不够减，但是把1个十换成10个一，也还是几个一减去几个一。

【设计意图】：从不退位减法和退位减法的异同点角度引发学生深度思考，再次加深学生对算理的理解，跳出具体操作水平，对计算法则进行概括和提炼，关注算式的意义，更加突出计算的应用性。】

同学们不仅解决了问题，还找出了联系。第三个问题，第三次和第一次相差多少？（口算）

预设：49-42=7，9个一减去2个一还剩7个一，4个十减去4个十还有0个十，所以就是7。

今天我们学习了两位数减两位数的运算，有口算、不退位计算和退位计算。最后有3个问题，请你选择你喜欢的一个说一说想法。

1.听了这节课你学会了什么？

2.听了这节课你知道了什么方法？

3.听了这节课你还想知道什么？

学生小结：

预设：

（1）我学会了计算两位数减两位数不退位竖式计算与退位竖式计算，都是在用几个十减几个十，几个一减几个一来计算。

（2）我知道了可以借助小棒、数位表和正方体图来帮助我们计算，不够减的时候可以用退一还十的方法。

（3）我还想知道以后学习三位数减三位数是不是也能用这些方法来帮助我们计算。

总结：同学们的收获是非常丰富的，也希望同学们在以后的学习中能有自己的感悟和思考。

【设计意图】：深度学习虽然表现为一个个的教学活动，但这些活动并不是孤立的，一个个的活动存在于有结构的教学系统中。通过课后的三个问题让学生把所学的知识有意识的总结与串联起来，渗透迁移，触类旁通，纲举目张，实现数学学科的真正价值。】

六、作业设计

基础作业：计算 53-27= 　　　　84-26=

提升作业：思考74-25与74-23有什么不同之处？有什么相同之处？

拓展作业：你能想一个属于你自己的两位数减两位数的数学故事吗？并用你喜欢的方式算一算。

【设计意图：丰富习题类型，分层设计。学生将所学知识自主重构，丰富情境，将画图、算式、文字相互转化，再次巩固减法模型。】

七、教学设计特色

（一）借助多元表征，深度理解算理

在小组探究解决问题的方法时，通过摆小棒、圈正方体块、摆数位表这些具体化的学具，有效发展学生对抽象算式的表象认识，强化在计算教学中的思维策略，找出算法间的内在联系都是几个十与几个十相减，几个一与几个一相减。在不同表征形式的转换中，抽象的数学概念和数量关系在学生的认知中越来越具体而清晰，学生的理解也越来越趋近数学的本质，最终走向深度理解和有意义建构。

（二）感悟核心概念，发展运算能力

整数加减法运算以核心概念"数位""计数单位""进率"为核心，通过计数单位个数相加减（累加和递减）的运作过程，帮助学生理解数的内部结构，进而理解运算的意义。

借助学具加强操作过程，与抽象的竖式对比，引导学生发现彼此间的相同点，将算理与算法有效融合在一起；再通过对比不退位减法和退位减法的不同之处，加深理解，跳出具体操作水平，对计算法则进行概括和提炼，关注算式的意义，更突出计算的应用性，在追问中引导学生及时归纳，进一步明确了数的运算的核心本质是计数单位的统一，在归纳的过程中培养学生的运算能力。

倍的认识（第一课时）

苏雪琦

单元（或主题）指导思想与理论依据

《义务教育数学课程标准（2011年版）》指出：重要的数学概念与思想要体现螺旋上升的原则。数学中有一些重要内容、方法、思想是需要学生经历一定的认识

过程，逐步理解和掌握的。认知心理学认为，概念的形成需要从完整表象上升为抽象概念，然后才是抽象概念在思维过程中的具体再现。

因此在本单元教学中，首先引导学生利用图示表征进行充分的表达，从而建构"倍"的概念表象，在实物操作与抽象思维之间搭建桥梁。再引导学生从实物的比较过渡到数之间的比较，着眼于事物的量性特征，最终能够利用"倍"的知识建构解决问题的数学模型，层层递进，使学生对"倍"概念的理解经历从"模糊"到"清晰"的过程。

单元（或主题）教学内容及要素分析

北京版义务教育教科书二年级上册第五单元安排了"倍的认识"相关学习内容。教学内容包括："倍"的初步认识，"求一个数是另一个数的几倍"和"求一个数的几倍是多少"的实际问题。

纵向分析本单元知识体系，"倍的认识"是学生比较两个数量关系的第四个阶段。在学习"倍"之前，学生已经学过"比多比少"的知识，但主要建构的是加法结构，熟悉的是数量的合并与多少的比较。在学习乘法的初步认识时，也是通过加法的累加这一特殊角度来认识乘法的，本质上也是加法结构的运用。想要更好地解决两个量或多个量之间的比率关系问题，需要在学生头脑中建构起"乘法结构"，才能真正理解。而"倍"的学习正是加法结构向乘法结构的转变，也是建构乘法结构的开始，为后续学习分数、小数和百分数等相关知识做好孕伏。因此本单元在比较两个数量关系的知识链中有着承上启下的重要作用。

横向分析本单元内容，"标准"与"比较"贯穿整个单元学习的始终，是单元学习内容的核心。在各课时的学习中，学生不断经历数量的比较，在比较中感悟量与量之间的关系，感悟标准的重要，深入体会"倍"的含义，建立知识之间的联系，对"倍"的本质概念进行有效建构。

单元（或主题）教学目标

1.在操作活动中，获得"倍"概念的直观体验，结合具体情境理解"几个几"与"几倍"的联系，建立"倍"概念。

2.通过自主设计"2倍""多倍"的倍数关系等具有挑战的活动，在比较和分析中感悟"标准量"、"比较量"和"倍数"之间的关系，深入理解"倍"的本质。

3.能够利用示意图或线段图分析实际问题中的倍数关系，解决"求一个数是另一个数的几倍""一个数的几倍是多少"的实际问题，逐渐抽象出数学模型。

4.在解决问题的过程中，渗透数形结合思想，提升分析问题和语言表达的能力，感受数学和生活实际的紧密联系。

《倍的认识》第一课时教学设计

一、课时教学内容分析

"倍"在小学数学里是一个重要概念，是学生第一次接触"整数倍"的概念，也是学生后续学习小数倍、分数、百分数、比的内容的基础。本课通过三个教学活动引发学生的探究与思考，在不断地交流与比较中，感受"标准"的重要，体会由于"标准量""比较量"的变化而引起的倍数关系的变化。

二、学情分析

二年级学生的思维特点以具体形象思维为主。学生已有的知识基础是乘法意义中"几个几"和除法中"份"的概念，部分学生有"倍"的感性认识，甚至能举例表示具体的倍数关系，但学生对"倍"的理解层次不一，缺乏对"倍"这样一种特殊关系本质的理解。

教学时要通过创设一定的教学情境，引导学生主动地获取知识，在圈一圈、画一画、摆一摆等操作活动中，通过数形结合的方式，使学生经历"倍"概念的形成过程，体会由于"标准量""比较量"的变化而引起的倍数关系的变化，培养学生的观察能力和动手能力。

三、课时教学目标

1.在摆一摆、画一画等活动中，沟通"几个几"与"几倍"的联系，建立"倍"的概念。

2.经历观察、比较、变化、交流的过程，能够通过画一画、圈一圈、摆一摆、说一说等方式自主创造更多的倍数关系，逐步形成抽象概括和语言表达能力。

3.通过积极参与数学活动，初步体会事物之间的关系，激发数学学习的兴趣。

教学重点：沟通"几个几"与"几倍"的联系，建立"倍"概念。

教学难点：在"标准"和"倍数"的变化中，进一步理解"倍"的含义，在变化中抓住不变。

四、学习评价设计

学习的评价应放眼学生学习的全过程，在成果展示中提升和发展学生的迁移运用，融合生评、互评和师评等方式，构建多元立体评价模式，激发学生学习、展示

和表现的成就感。借助成果展示、及时反馈和持续评价，促进教师教学反思和策略调整，同时也促进学生的深度学习。（见下表）

评价目标	评价任务	评价标准	评价方式
观察实物图，说出标准量和比较量之间的数量关系，并说出理由，初步理解"倍"的概念	1.观察情境图，找出"2倍"中的"2"在哪 2.说出"2倍"的意思	1.不能表达出因为有2个3，所以是"2倍"。 2.能理解并准确说出"2倍"的意思	课堂观察，学习单圈画，小组合作交流，展示，学生互评
通过设计与"2倍"和"多倍"有关的故事，理解标准量、比较量与倍数三者之间的联系	自主创设与"2倍"和"多倍"有关的故事	1.不能通过设计故事情境表示出事物的倍数关系 2.能自主设计"2倍"和"多倍"的故事情境，表达准确	1.课堂观察，学习单画图，小组交流展示，学生互评 2.教师总结性评价

五、教学活动设计

（一）情境导入，认识"倍"

1.情境导入

金色的秋天，果实累累，是个丰收的季节，大森林里结了许多果实，小动物纷纷出来摘果子，我们一起来看看，他们都收获了什么。

2.通过找"2"，初步认识"倍"

学习活动一：

（1）提出问题，引发思考

这是小兔子的收获，它收获了什么？比一比，你发现了什么？

预设1：小兔子收获了3个胡萝卜，6个白萝卜。

预设2：白萝卜的个数比胡萝卜多3个。

提问：能利用我们前面学过的比多少的知识，看出它们之间的数量关系。请你再观察，它们之间还有其他的数量关系吗？你还能看出什么呢？

预设1：胡萝卜的个数是白萝卜的一半

预设2：白萝卜的个数是胡萝卜的2倍。

【设计意图：这里勾连学生学习过的"差比关系"的知识，引出数量间的比较，为学生学习"倍数关系"的知识做铺垫，并在追问中不断激发学生从新的角度思考问题，激起思考的欲望。】

（2）自主探究，汇报交流

提问："2倍"是什么意思？我们能在图中看到3，还能看到6，但是"2"在哪呢？你能找一找吗？

预设1：能够借助实物图片把白萝卜按3个一堆分2堆。

预设2：能够把3个白萝卜圈一圈。

预设3：把上边3个胡萝卜圈起来，再把下边白萝卜3个一组圈起来，圈2组。

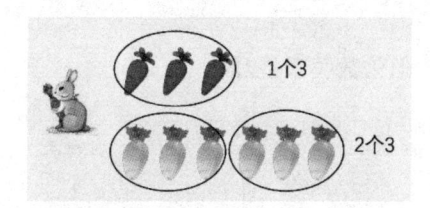

这几位同学帮我们找到了藏起来的2，他们还用圈一圈的方式让我们看得更清楚。在他们的启发下，你能再说一说"2倍"的意思吗？

预设1：胡萝卜有3个，白萝卜有6个，有2个3。

预设2：胡萝卜有3个，是1个3，白萝卜有6个，是2个3，所以白萝卜的个数是胡萝卜的2倍。

追问：意思说得特别清楚，但是老师有疑问了，他们为什么都是3个圈一圈，老师想把2个圈一圈行不行？

预设1：不行，因为胡萝卜有3个。

预设2：因为胡萝卜的个数是1个3，白萝卜有2个3，这样才是2倍，要是把2个白萝卜圈在一起就不对应了。

总结：原来我们一直在与胡萝卜的个数比较，把这1个3看成了1份，而白萝卜有这样的2份，所以才是2倍，你们在观察和比较中，用新的眼光有了新的发现，其实你们刚才思考的、发现的就是我们今天要学习的新知识，是一种新的数量关系，叫做倍数关系。

【设计意图：通过找"2"的活动，使学生在圈一圈的过程中初识"倍"的概念，初步形成"2倍"的表象。在这里通过追问"2个圈一圈行不行？"来引发学生的深入思考，从而感受到标准的用处，并在接下来的学习中有使用标准的意识。】

（二）自主设计，深入理解"2倍"关系

标准量变化，比较量同步变化。

学习活动二：

还有很多小动物的收获中也蕴含着"2倍"的关系呢，你能来设计一个和"2倍"有关的小故事吗？可以摆一摆或者画一画。

预设1：辨错，不构成2倍关系。

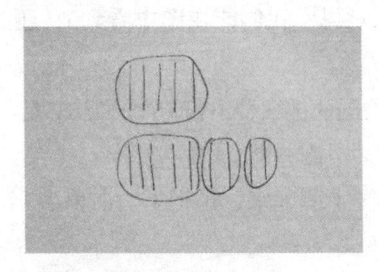

预设2：对得不齐，但倍数关系是2倍。

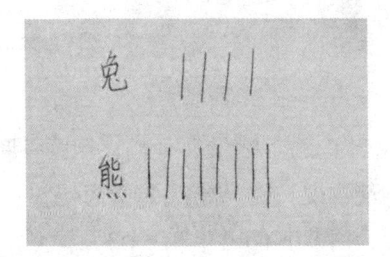

预设3：标准结构，能圈一圈，并标注出几个几。

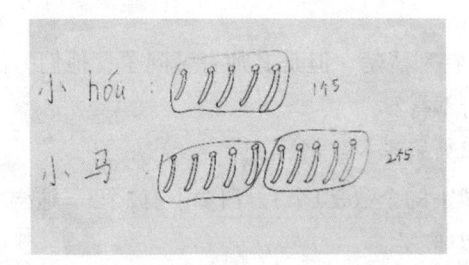

预设4：标准量在下。

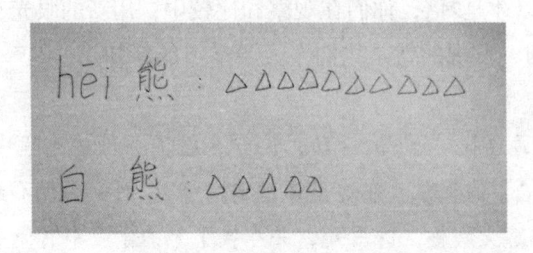

在他们的小故事里，每一种水果的数量都不一样，为什么都可以说是2倍的数量关系呢？

预设：它们的数都不一样，但是其中一排都是另一排的2倍。

总结：我们把不同的数作为"一份"，和这些不同的"一份"去比较，但是有这样的几份却没有发生变化，所以倍数关系也没有改变。

【设计意图：由学生自己设计"2倍"的数量关系，借助表达，清晰呈现学习轨迹，逐层深入，逐步搭建起"2倍"的数学模型。进一步引导学生深度探究，发掘并理解不同数量背后隐藏着的相同点，异中求同，使学生在比较中自己揭开"倍"的本质。】

（三）多元表征，从"2倍"拓展到"多倍"

标准量不变，比较量变化。

学习活动三：

我们分享了这么多和"2倍"有关的收获，在他们的收获中有没有可能出现"3倍""4倍""5倍"……很多倍的情况呢？你能试着设计一个"多倍"的小故事吗？

预设：摆出3倍关系、接着摆出4倍关系

提问：请你再次仔细观察，有什么新的发现吗？

预设：第一只小猴子摘了5根香蕉，第二只小猴子摘了这样的2个5根，是第一只小猴子摘的2倍；第三只小猴子摘了3个5根，是第一只小猴子摘的3倍；第四只小猴子摘了4个5根，是第一只小猴子摘的4倍。

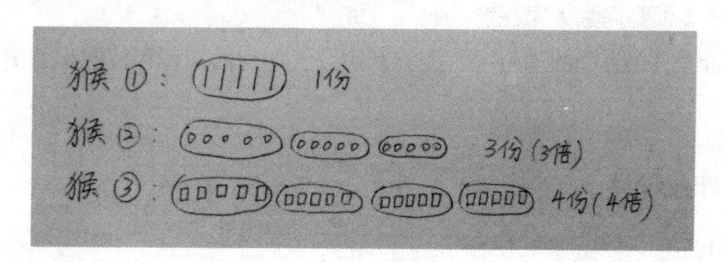

总结：和这些"一份"的数量相比，有这样的几份，就是有几倍。

【设计意图：当把一个量看成标准量时，另一个量里有这样的几份，也就是几个标准量，那么另一个量就是标准量的几倍。通过学生自主创造的学习材料，进行深入探究，不仅让学生对知识本质更加清晰，同时也很好地培养了学生的思维力。】

（四）水到渠成理解"1"倍

在摘桃子的时候，小猴子贝贝和利利也想知道它们摘的桃子有什么倍数关系？你们能帮帮它们吗？

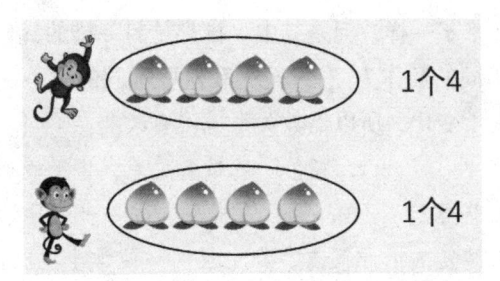

预设1：它们摘得一样多。

预设2：贝贝摘4个，利利也摘4个。

预设3：贝贝摘1个4，利利也摘1个4

预设4：1个4是一份，贝贝有这样的1份，利利也有这样的1份，利利摘的是贝贝的1倍。

你能来设计一个和1倍有关的小故事吗？

总结：原来当倍数关系是1倍的时候，两个数量都是相同的。

【设计意图：在此基础上引导学生认识较难理解的"1倍"，学生的理解自然水到渠成。这一环节，学生在操作与思考中再一次突出"倍"的概念的本质。】

（五）归纳提升

这节课，你学会了哪些知识？有哪些作品你觉得完成得很好，想分享给大家？你有什么想要提醒大家注意的吗？

希望同学们在后续的学习中，能够利用今天学到的知识和技能来解决新的数学问题。

六、作业设计

基础作业：

画○，使○的个数是△的3倍。

△△△

——————————————

提升作业：

说一说图中哪些小动物的数量有倍数关系？你能提出什么问题？

拓展作业：

想一想，生活中"倍"还可以用在哪儿，试着讲一个有关"倍"的数学小故事。

七、教学设计特色

（一）设计问题链，促进学生深度探究

在本课中，我通过设计多层次的教学问题，以循序渐进、螺旋上升的方式引导学生逐步深度探究。（见下图）

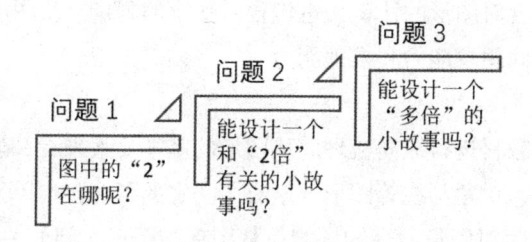

问题 1 图中的"2"在哪呢？

问题 2 能设计一个和"2倍"有关的小故事吗？

问题 3 能设计一个"多倍"的小故事吗？

在此过程中，学生由直观的图形逐渐转化为对"几个几""几倍"的抽象概念的理解，以有效的问题作为教学活动的主要出发点，然后引导、指导学生更好地面对问题、解决问题，从而促进学生深入的思考与探究。

（二）找到"倍"的生长点，建构"倍"的模型

为了让学生真正理解"倍"的含义，教学中首先让学生找"2倍"中的"2"，从"2"入手，搭建"2倍"数学模型，理解"倍"的概念。

在理解倍数关系的过程中，学生最容易出现的问题就是对标准的概念不清，忽略倍数关系也是两个数量的比较，因此寻找"2倍"的环节也在引导学生发现标准量，意识到标准的重要。同时学生通过不断地辨析，感悟正是在两个或多个数量的比较中，得到了它们的倍数关系。

认识三角形（第一课时）

王海波

单元（主题）指导思想与理论依据

《义务教育数学课程标准（2011年版）》指出：有效的数学活动不能单纯地依

赖模仿和记忆，动手实践、自主探索与合作交流是学生学习数学的重要方式。在学习《三角形》这一部分内容时，教师要设计有意义的数学学习活动，让学生通过观察、操作、推理、交流等一系列实践方法探索三角形的相关知识。除此之外，要让学生能够对活动的过程和结果进行判断分析、推理思考和抽象概括，从而进一步发展学生的空间观念。

单元（主题）教学内容分析

《三角形》属于北京出版社义务教育教科书数学五年级上册第三单元的内容，包括三角形的认识、三角形的三边关系、三角形的分类、三角形的内角和、三角形的面积。这里既包含对图形的认识、也包含对图形的测量，从图形的认识和测量两个维度培养学生空间想象能力和推理能力。

1.纵向教材梳理

从两个维度对教材进行纵向梳理。从图形的基本要素来看，学生在一年级时已初步认识了三角形，对角与线等图形要素有了一定的了解，本单元对于三角形的学习将进一步拓宽学生对图形的认知领域。从图形与图形之间的关系来看，在前期，学生认识了长方形、正方形、平行四边形、梯形，这为学习三角形打下了基础。教学这部分内容时要继续引导学生在综合分析、抽象概括、归类梳理的数学活动经验中培养学生的空间想象能力、抽象推理能力，同时为后续学习长方体、正方体、圆、圆柱、圆锥等图形做好铺垫。纵观整个小学阶段，学生对图形的认知经历了从直观认识到要素认识，再到特征认识的过程，形成了一个有机的结构整体。这样的认识过程，符合学生的认知规律，不仅学习了知识，还习得了各种能力，发展和培养了空间观念。

2.横向教材分析

对比人教版、北师大版、北京版三个版本的教材发现，对于三角形这部分内容，首先三个版本教材的安排都是从认识三角形概念、各部分名称及稳定性等显性特征出发，经历逐级抽象，认识三角形的三边关系、分类、内角和等隐性特征；其次通过学生熟悉的生活情境，引发学生对新知识的思考；最后三个版本教材都提示，教师应该通过操作、实验、猜想、验证等活动帮助学生认识三角形自身特征、各要素之间的关系及与其他图形的关系。这样的安排可以让学生从已有的生活经验出发，经历从具体到抽象的过程，在认识三角形的过程中建构起关于图形的整体结构，除此之外，学生将学会用更加科学的探究方法认识三角形，学生的推理能力和想象能力将得到进一步发展。

单元（主题）教学目标

1.在不同的生活情境中，了解三角形的特性，感受三角形在生活中的应用。通过分类、操作活动认识锐角三角形、直角三角形、钝角三角形、等腰三角形、等边三角形，知道这些三角形的特点，并能辨认和识别。

2.通过画、量、折、分等操作性活动，验证三角形的内角和是180°；利用方格纸割补、拼摆开展探究活动，探索并掌握三角形的面积的计算方法。

3.学生在探索图形特征、图形变换的活动中，逐步发展空间观念；在观察、操作、实验等活动中，提高观察能力及动手操作的能力。

《认识三角形》第一课时教学设计

一、课时教学内容分析

三角形作为平面几何中基本的图形之一，是图形与几何领域的重要内容，其内涵非常丰富，知识点很多，在培养学生空间观念方面具有重要作用。

本课是三角形这部分内容的起始课、概念课，包括理解三角形的概念、认识各部分名称及了解其特性，属于对三角形的显性特征的认识，在知识结构上起到承上启下的作用，为后期学生对三角形隐性特征的学习打下良好的基础。教学中要通过操作与观察、对比分析、抽象概括了解三角形的概念及三角形的特性，同时感受三角形在生活中的广泛应用。

二、学情分析

五年级学生的思维已经由具体思维向抽象思维过渡，空间思维也有了初步的发展，具备一定的综合分析、抽象概括、归类梳理的数学活动经验。前期，学生通过对《认识图形》《角的度量》等内容的学习，已经对三角形有了初步的了解，但对三角形的概念、各部分名称及特征并没有深入地理解。在教学过程中，要通过实践性数学活动，让学生在操作、观察等活动中进行想象、推理、描述，从而探索三角形的概念及特征，丰富数学活动经历及体验。

三、课时教学目标

1.通过动手操作和观察比较进一步了解三角形的各部分名称，形成三角形的概念。

2.在拉一拉、摆一摆的实验中，知道三角形具有稳定性的特点。

3.在动手操作、主动探索的学习活动中，感受三角形在生活中的应用，体会数学学习的价值。

教学重点：形成三角形的概念，知道三角形具有稳定性的特点。

教学难点：体会三角形具有稳定性这一特点。

四、学习评价设计

评价内容	评价标准	评价方式
请你规范地画一个三角形，并写出你画三角形的方法	学生能够规范地画出三角形，并能够用语言清晰地写出画三角形的方法	自评、同伴互评
请你在画完三角形后标出三角形各部分名称	学生能够明确地在三角形对应位置标出各部分名称	自评、同伴互评
举例说一说三角形在生活中有哪些应用	学生能够结合生活实际举出恰当的例子	师评

五、教学活动设计

（一）观察抽象，感受三角形在生活中的应用

猜一猜图中的图形是什么图形？

预设：长方形、正方形、直角梯形。

预设：三角形。

你在生活中见过三角形吗？老师给大家带来了几组图片，我们一起寻找图片中三角形的影子。

预设：金字塔外形是三角形，天安门城楼的屋顶设计、塔吊、高压线上都可以看到三角形。

你还在哪见过三角形？

预设：三角板。

小结：生活中到处都有三角形，今天我们就来一起认识三角形。

【设计意图：从具体的生活情境出发，引导学生在具体实物中辨认出三角形。选取生活中空心及实心的实物，通过不同三角形实物的展示，丰富素材，引导学生更好地抽象出三角形，同时感受数学与生活的联系。】

（二）操作交流，认识三角形

1.认识三角形各部分名称

活动一：请你通过画一画、剪一剪、拼一拼或折一折等自己喜欢的方式，制作一个或几个三角形，并向大家介绍你是如何制作的。

预设：

（1）利用其他平面图形制作出三角形，如在梯形中画出三角形、在长方形中剪出三角形、利用正方形折出三角形。

小结：看来任何平面图形都可以剪或折出三角形。

（2）通过小棒摆三角形

（3）选择铅笔画

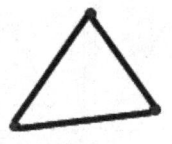

点拨：你是怎么画的？除此之外，还可以怎么画三角形呢？

预设：先点三个点，然后将三个点依次用直线连接；画出一条线段和线段外一点，再分别连接。

引导：你们能想到通过动手折、小棒摆、铅笔画等多种方法制作出一个或几个三角形。请你们想想我们刚才制作出各种各样的三角形，这些三角形有哪些共同特点呢？

预设1：三条边、三个角。

预设2：三个顶点。

小结：从边和角这两个角度可以发现三角形的特点，三角形有三条边、三个角、三个顶点。

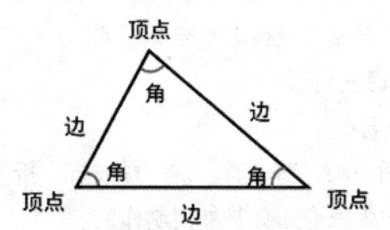

【设计意图：创造三角形的过程学生经历了选择学具、想象三角形的样子、实践操作、用语言描述的过程。从这个过程中学生进一步理解了三角形的各部分名称及三角形的概念。】

2.形成三角形的概念

（1）理解三角形的定义

活动二：通过刚才制作三角形的过程，同学们心目中一定已经有了三角形的样子。什么样的图形是三角形？请同伴两个人之间互相交流。

预设1：由三条边、三个角组成的图形就是三角形。

点拨：那也就是三角形是由三条边、三个角和三个顶点组成，这是三角形的各部分。其他同学是如何给三角形下定义的呢？

预设2：三条线段连接起来组成的封闭图形就是三角形。

点拨：三条线段怎样连接呢？谁能正确、完整地概括什么是三角形？

预设3：由三条线段顺次首尾相接组成的图形叫做三角形。

（2）巩固练习：下图中，哪些是三角形？并说明理由。

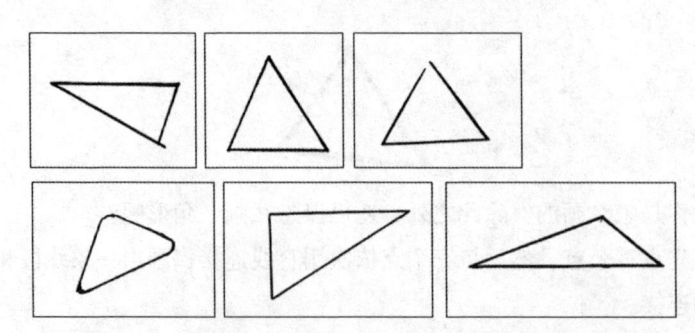

214

【**设计意图**：学生虽然知道三角形的特征，但是对于三角形的概念学生还是处于浅层、表面的理解。要让学生经历理解、操作概括的过程，所以通过展示学生错误作品及交流正确作品画法到动手再次画三角形的过程，在不断的操作中概括提炼出三角形的概念。重点是对"围成"的理解，即三条线段顺次首尾相接组成。】

（三）对比观察，了解三角形的特性

1.对比感受三角形具有稳定性

（1）观察思考：自行车、人字梯上都有三角形，为什么这样设计？如果换成我们以前学过的平行四边形可不可以？

预设：不可以，平行四边形容易变形、三角形不易变形。

引导：教师拉动平行四边形和三角形框架，让学生观察、对比，进一步感受平行四边形易变形，三角形稳固的特点。

（2）深入探究：为什么平行四边形容易变形，三角形不易变形？

活动三：请同学们用长度5cm、7cm的小棒各两根围四边形，用剩下的三根小棒围三角形。

思考：平行四边形容易变形，三角形不易变形的原因。

学生交流：

预设1：通过拉一拉发现，四边形容易变形，三角形通过拉、压、拽都不变形。所以三角形稳定。

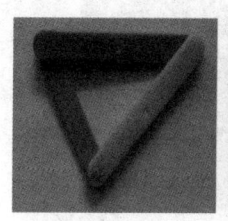

预设2：三角形，无论怎么围，只是摆放的方向不一样，但是通过旋转发现都是同一个三角形。

点拨：利用多媒体动画演示，通过几个三角形完全重合，感受唯一性。

预设3：三角形三条边长度确定了，角的大小确定了，那么三角形的形状和大小也就确定了。

215

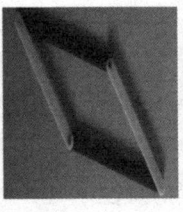

预设4：四边形可以围成不同形状的。

预设5：四边形虽然长度不变，但是角的大小变了，那么四边形的大小和形状也就跟着改变了。

（3）总结提升：观察这几组同学的分享，你发现了什么？

预设：四边形边长虽然固定，但是角度可以任意变化，而三角形边长固定了，形状大小也就固定了。

总结：通过观察我们发现四边形边长固定时，角度可变，所以四边形容易变形，而三角形无论怎么围都是同样的三角形。所以，三角形不容易变形，具有稳定性。

2.了解三角形稳定性在生活中的应用

（1）自主思考：生活中有哪些地方利用了"三角形稳定性"来为人们服务的？

预设1：自行车车架。

预设2：房梁。

（2）拓展延伸：三角形的这一特性在生活中应用非常广泛，比如空调支架、摄像机支架等。除此之外，地震救命三角区也是利用了三角形具有稳定性的特点，当发生地震时，我们一定要躲到坚固的物体下面，这样当房梁塌下来时，与该物体构成了三角形，人躲在里面，就可以活命。

【设计意图】：摆三角形的过程，就是将三角形稳定性明确定位于"只要三角形的边长确定，则大小、形状唯一"，科学地指向了三角形稳定性的本质，避免了学生以后学习和理解上产生歧义；通过三角形与平行四边形的对比，沟通了图形与图形之间的区别和联系；通过拉一拉的活动，帮助学生感悟三角形的稳定性；最后，展示生活中的三角形，让学生深刻感受三角形的稳定性在生活中的应用，体会数

学在生活中的价值】

（四）回顾反思，总结提升

通过今天的学习你们有哪些收获？你还想知道什么？

预设1：我们通过折一折、画一画、摆一摆等方法知道了三角形的概念和特征。

预设2：三角形具有稳定性。

预设3：数学在生活中用处可真大！

预设4：是任意的三条线段都能围成三角形吗？

……

总结：在今天的学习中，大家通过操作、观察和比较的方法，发现了这么多数学奥秘，看来这些都是我们在学习数学时特别好的研究方法。数学与我们的生活紧密联系着，只要我们留心观察，就会发现生活中到处都有数学的影子。

【设计意图：通过让学生畅谈这一节课的收获，对整节课进行回顾与反思，把这节课的知识以及应用的方法进行再次勾连和总结，利于学生从整体上对知识进行建构，也利于学生对本节课所渗透的思想方法进行迁移和应用。】

六、作业设计

基础作业：

1.画一个三角形，并向你的家人或朋友介绍什么是三角形。

2.生活中，还有哪些地方有三角形的影子呢？请你找一找。

拓展作业：

由三条线段顺次首尾相接组成的图形叫做三角形，是任意的三条线段都能围成三角形吗？请你利用手中的小棒试一试。

七、教学设计特色

（一）细化操作过程，发展空间观念

在认识三角形时，通过让学生制作一个或几个三角形，帮助学生建立丰富的表象，在提取三角形共同特征过程中，初步形成三角形的概念。为了帮助学生理解三角形概念、发展观念，教学中为学生提供了操作的机会，使学生经历了折、拼、画等活动，在观察、想象、操作、辨析中理解三角形的概念及特征，从而逐步发展了学生的空间观念。

（二）抓住图形特征，建立图形之间的联系

通过动手制作三角形、四边形，不仅让学生直观感受到三角形与四边形的区别，同时学生通过制作不同的四边形后发现：三角形三条边确定了，三角形的形状

和大小也就确定了,这是三角形具有稳定性的本质所在。在对比观察中,学生感受到了图形与图形之间的区别与联系。

（三）融入实例，感受数学与生活的联系

数学来源于生活,又被应用于生活,数学与生活是紧密联系的。在教学中,通过观察生活中的实例,感受三角形在生活中的影子以及三角形在生活中的广泛应用,激发学生学习兴趣,让学生感受到了数学并不是孤立存在的,生活中离不开数学。

圆的认识（第一课时）
李琪

单元（或主题）指导思想与理论依据

《义务教育数学课程标准（2011年版）》指出：空间观念是指根据物体特征抽象出几何图形，根据几何图形想象出所描述的实际物体；想象出物体的方位和相互之间的位置关系；描述图形的运动和变化；依据语言的描述画出图形等。

这是一个包括观察、想象、比较、综合、抽象、分析，不断由低到高向前发展的认识客观事物的过程，是建立在对周围环境直接感知基础上的对空间与平面相互关系的理解和把握。所以，小学生的空间观念的形成是具有过程性特点的。

这就需要我们在教学中关注学生的生活经验，让学生在已有认知经验中感知空间观念；在观察的过程中展开想象，形成空间观念；让学生在动手操作中，发展空间观念；在交流合作中，强化空间观念。

单元（或主题）教学内容及要素分析

北京义务教育教科书六年级上册第五单元属于图形与几何领域"图形的认识""图形的测量"这两个版块的内容，主要包括圆的认识、圆的周长、圆的面积、认识扇形。

通过对教材横向对比分析，发现人教版教材在北京版基础上新增了"用圆设计图案"和"圆与方"两个内容，其中"用圆设计图案"实际上就是对画圆的应用；"圆与方"则是把圆和正方形、三角形这些平面图形勾连起来，建立图形间、知识间的联系，也是对圆周长和圆面积探究方法的梳理总结。北师大版教材比北京版教材多了一个"欣赏与设计"，与人教版"用圆设计图案"承担的作用一样，都是在巩固画圆这个知识点。基于对几本教材同一知识点的分析，画圆、圆周长、圆面积是本单元的重要知识点，可依据重点重组教学内容。

纵向梳理整个教材体系，本单元教学内容起着承上启下的作用。低年级时教材编排了认识简单的平面图形和立体图形的内容，旨在于培养空间想象能力、发现和提出问题能力、评价和反思能力，初步培养空间观念。中年级时编排了探究平面图形的特征，推导平面图形的周长和面积公式等内容，重点培养空间想象能力和推理能力，渗透转化思想，进一步培养空间观念。本学期教材编排了认识圆这个内容，是学生在小学阶段所学习的最后一个平面图形。在教学时要在梳理、总结、运用已有认知和经验的基础上，使学生的空间想象能力、抽象推理能力、运用转化思想解决问题的能力得到全面提升，同时为六年级下学期学习圆柱和圆锥等立体图形的相关知识打下坚实的基础。

单元（或主题）教学目标

1.联系生活实际，观察实物、模型、操作和画圆等实践活动，从具体实物到抽象图形，从而认识圆、掌握圆的特征。

2.在"猜想——验证——归纳、概括"的学习过程中，认识圆的周长，理解圆周率的意义；利用已有的知识和经验，在推导圆的周长和面积公式的过程中，发展初步的空间观念，并能正确灵活地应用计算公式解决简单的实际问题。

3.体验探究问题的乐趣，增强应用意识；通过圆周率等数学史资料，培养爱国主义，感受科学精神。

4.借助生活中的实物，了解扇形的相关知识。

《圆的认识》第一课时教学设计

一、课时教学内容分析

本节课的教学内容是北京版数学第十一册第五单元"圆"的第一节内容。《圆的认识》主要内容有：用圆规画圆、了解圆各部分名称、掌握圆的特征等，它是在学生掌握了直线图形的周长和面积计算，并且对圆已有初步认识的基础上进行教学的。从学习直线图形到学习曲线图形，不论是内容本身，还是研究问题的方法，都有所变化，教材通过对圆的研究，使学生初步认识研究曲线图形的基本方法，同时也渗透了曲线图形与直线图形的内在联系。

二、学情分析

学生对于圆的外形并不陌生，但对于圆的特征、圆的周长、圆的面积的求法还

是一知半解。为了更多地了解学生对圆的基础认知,我对班级35名学生进行了学习前测:

前测试题1:请你画圆并标注出画法(可以画多个圆)。

班里有71%的学生会用圆规画圆,45%的学生想到借用杯底、笔帽等圆形物体画圆,10%的学生运用专业的绘画技巧画圆。从中可以看出大部分学生可以用圆规画出圆,因此这个环节可以让学生进行讲解。

前测试题2:你对圆有哪些了解。

班里有90%的学生仅限于知道半径、直径、圆心的名称和这三者的形状,20%的学生在知道前者的基础上还知道圆有周长和面积,10%的学生仅限于知道$\pi \approx 3.1415926$。从中可以看出,学生对圆的认识仅停留在表层,需要教师引导学生进行探究。

通过前期测试,了解到大部分学生对圆有初步的了解,知道圆各部分的名称,也会运用工具画圆,但是学生画圆的方法并不规范,对圆的认识仅停留在表层。

所以在学生初步认识圆时,可以把主动权教给学生,让学生去介绍圆,去交流画圆的方法,在生生交流中总结出用圆规画圆的方法。在学生学习圆周长、圆面积等知识时,教师可以设计探究性的活动,让学生去动手操作,并在操作中理解π的含义,理解圆周长、圆面积与π的关系,做到知其然更知其所以然。

三、课时教学目标

1.认识圆各部分的名称掌握圆的特征,理解和掌握在同一圆(相等圆)内直径与半径的关系,能用圆规画圆。

2.在做钟表的过程中,培养动手操作能力;在小组讨论中,培养合作交流能力,实践探究能力。

3.感受数学与生活的密切联系,体验探究数学问题的乐趣。

教学重点:在动手操作的过程中,认识圆,并掌握圆的特征。

教学难点:在动手操作的过程中,认识圆,并掌握圆的特征。

四、学习评价设计

序号	评价目标	评价任务	评价标准	评价方式
1	会用圆规规范画圆	请你用圆规画一个半径为4厘米的圆,并写出操作步骤	学生能用自己的语言,准确具体地描述出画圆的步骤	学习单、课堂展示

续表

序号	评价目标	评价任务	评价标准	评价方式
2	认识半径、直径	请用红笔描出下图中圆的半径和直径	学生能准确找到每个圆的半径和直径	学习单、课堂展示
3	理解半径与直径的关系	（1）一个圆的直径10厘米，半径是（　）厘米 （2）一个圆的半径扩大了2倍，那么它的直径扩大了几倍？	能灵活运用半径与直径的关系解决问题	课堂提问、学习单

五、教学活动设计

（一）创设情境，激趣导入

1.导语：生活中你们在哪里见到过圆？

学生讲述生活中的圆。

2.课件播放图片：说说你从中感受到了什么？

小结：圆就在我们身边，创造了不同的美，今天我们一起探究了与圆有关的知识。

【设计意图：情景的设计是从学生已有的生活经验、知识基础和认知水平出发，吸收与现代生活密切相关的数学信息，让学生感受身边各种圆形图案带来的美的享受，体会到生活与数学密切联系，自然而然地引出课题，激发学生主动探索圆的欲望。】

（二）探究感悟，掌握特征

导入：（出示钟表图片）钟表在我们日常生活中非常的常见，课前老师让同学们自己制作了一个简易的钟表模型，以及一份制作说明书。请大家把它们拿出来。

1.出示探究问题

(1)制作钟表的步骤是什么?

(2)每一步你都是如何操作的?

(3)在制作钟表过程中,你发现了哪些圆?

2.小组讨论后全班交流

(1)做表盘——初步学习画法,认识圆心

①画圆

学生介绍画圆的方法。(用杯底儿画、用碗边扣着画、用圆规画……)

学生解释圆规画圆法,其他学生补充注意事项。

教师示范画,学生尝试画圆。

【设计意图:学生学习要经历动手探究、解决问题的过程,学生在探究制作表盘的过程中,根据实际需要,去选择工具,去自主探究用圆规画圆的方法。通过学生自主探究,大部分学生在课前已经可以用圆规画圆了,但不规范。通过交流,规范用圆规画圆的方法。】

②认识圆心

有目的地选取学生作品展示。

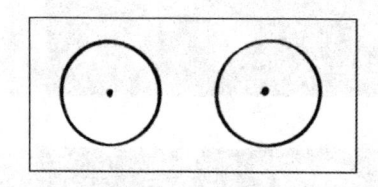

追问:为什么这两个圆的位置不一样?圆的位置是由什么决定的?

预设:确定的点的位置不一样。

教师小结:我们管这个点就叫做"圆心",通常用字母"O"表示,它决定了圆的位置。

教师提问:用圆规画圆可以找到圆心,那用盘子或者碗画圆如何找到圆心呢?

预设:用折纸法或测量法确定圆心。

【设计意图:在画圆中认识圆心,会用多种方法找圆心。】

(2)标记刻度

教师问:如何标记刻度呢?在这个过程中你发现圆了吗?

预设1:用折纸法先确定12点、6点、3点、9点的位置,再根据以前学过钟表上两个相邻刻度之间的夹角是30°这个知识,用量角器量出30°,并且进行标记。

预设2：也可以把2个量角器拼在一起，让0刻度线重合，每30°点一个刻度点，这样刻度就标记出来了。

预设3：我发现有一些钟表这一圈刻度也组成了一个圆。

小结：在学习时，我们要善于运用以前学过的知识来解决新问题。

过渡语：第三步我们就该做指针了，该怎么做呢？在做的过程中你发现圆了吗？

（3）做指针——认识半径

学生汇报

预设1：指针的长度不能超出表盘的范围。

预设2：把指针放在圆心处。

预设3：指针的运动轨迹是圆形的。

预设4：指针扫过的面也是圆形的。

教师动画演示。

提问：你能画出指针的运动轨迹吗？

①画指针的运动轨迹。

预设：把指针变成一条线段。圆规两个脚的距离与线段的长短一样。

教师示范画

教师引导：请你们观察这条线段，它有什么特点？你还能再画出几条吗？

学生汇报

教师小结：半径特点及字母表示方式。

教师追问：还有没有其他画出指针轨迹的方法？

②教师出示直尺画圆图。

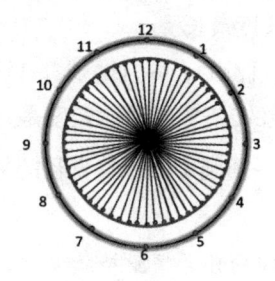

学生阐述想法。

教师追问：还能不能继续画？如果继续画，这个图就会变成什么样？

预设：继续画点。就连成了一条线。

教师小结：在这里我们把指针变成了线段，在这个圆里，半径有无数条且长度都相等，并且只有一个圆心，也就是"圆，一中同长也"。这是我国著名的思想家、教育家墨子在2400多年前写的一句话。短短的几个字就把圆的特点和画圆的原理，描述得明明白白。

③半径的作用

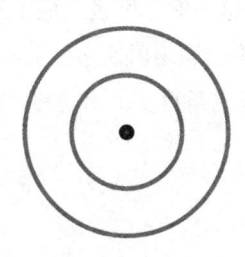

（此时黑板上出现了同心圆）这两个圆的圆心一样，可是它们的大小却不一样，这是为什么？

学生回答。

教师小结：半径决定了圆的大小。

（4）认识直径

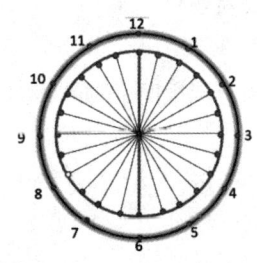

教师提问：你还能看出什么？

预设1：2个半径就是一个直径。

预设2：对称轴。

预设3：穿过圆心的线段长度最长。

师生共同小结：我们管通过圆心，并且两端都在圆上的线段叫做直径。在同圆或等圆中，直径的长度是半径的2倍，半径的长度是直径的二分之一。用字母表示为：$d=2r$ 或 $r=\frac{1}{2}d$。根据同一个圆中半径与直径的关系，我们也可说直径同样决定圆的大小。

【设计意图】：让学生与真实的任务情景持续互动，在制作钟表中，经历动手操作的过程，初步感知画圆的方法。在观察交流中从钟表里抽象出圆，认识圆的各部分名称，发现圆的基本特征。理解和掌握同一个圆中直径与半径之间的关系，体验自主感悟新知识的过程。在这个过程中，使学生对知识进行深度思考，使深度学习得以发生。】

3.小结

通过大家的探究，我们认识并了解了圆。利用圆的知识，还可以解决生活中的很多问题。

（三）拓展延伸

1.思考：生活中的车轮为什么是圆形的？其他形状的车轮行不行？

2.学生汇报。

3.播放其他形状车轮运动视频。

教师总结：车轮是圆形的车子在平地上行驶会更平稳舒适一些，但是并不适用于所有的地形，还需要具体情况具体分析。

【设计意图：让学生在真实的生活情景中体会"一中同长"的现实意义，引发学生对知识的深入思考，感受数学的应用价值，以及数学来源于生活又服务于生活。】

六、作业设计

基础作业：按要求画圆。

1.画出半径是3厘米的圆。

2.画出直径是3厘米的圆。

3.在下图的圆中画出两个大小不同的圆，使画出的两个圆的直径之和等于已知圆的直径。

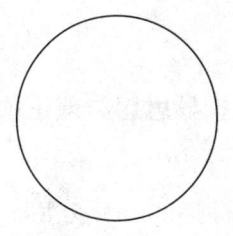

提高作业：下图中，三个圆的圆心在同一条直线上。长方形的周长和面积各是多少？（图中单位：厘米）

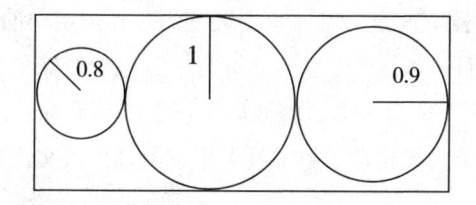

拓展作业：思考井盖为什么是圆形的？

七、教学设计特色

（一）把数学知识与实践活动相结合

数学知识来源于生活实践，又应用于生活实践。把数学经验生活化，运用数学知识解决生活问题是数学学习的出发点和归宿点。学生在制作钟表这个实践活动中引发学生对知识的深入思考，认识圆的特征，并与生活产生联系，理解知识的价值。

（二）学生自主探究，培养创新精神

在本节课中给学生提供自主探索的机会，引导学生开展合作性的探究性活动，让学生在观察、讨论、交流、合作学习中，理解新知识，使每一个学生都能够获得成功感，树立自信心。

（三）设计核心活动，促进深度学习

本节课的核心活动是"分享制作钟表的方法"，在这个活动里设计了一个核心问题"你是如何制作钟表的？"，在这个核心问题的背景下，学生围绕"制作表盘""确定指针位置"两个活动进行探究分享。使学生在这个活动中对圆的特征这部分知识进行深度学习、深度思考。进一步训练学生学习图形的方法。

Unit 6 It's Christmas Day Lesson 23

王茜

单元指导思想与理论依据

《普通高中英语课程标准》（2017年版）中指出："所有的语言学习活动都应该在一定主题语境下进行"，本单元属于人与社会主题下的文学、艺术与体育主题群。《义务教育英语课程标准（2011年版）》指出："教学活动的内容和形式要贴近学生的生活实际，符合学生的认知水平和生活经验；英语教学还应有利于学生理解外国文化，教师应当结合教学内容，引导学生关注语言和语用中的文化因素。"本单元主要通过创设庆祝生日、圣诞节、新年（元旦）这三个特殊日子的情境，帮助学生从"说什么""做什么"两个方面了解如何庆祝生日和节日，在真实情境中学习和运用语言；初步感知节日文化，了解节日习俗，提升个人文化素养。

单元教学内容分析

本单元的学习内容为北京版英语二年级上册第六单元，主要学习特殊日子

（生日、圣诞节、新年）的问候语和应答语。在实际情境中运用所学语言，在他人过生日的时候表示祝贺以及回应他人的祝贺，询问和回答年龄，会用感叹句赞美事物，会用"Let's ..."表达自己建议。第一课时学习祝贺他人生日和询问回答年龄的语言；第二课时学习圣诞节的节日问候语和赞美事物的语言；第三课时学习庆祝新年的活动类短语和用"Let's ..."表达建议；第四课时通过听、说、读、写四个方面复习本单元知识，同时学习字母组合"ou""ow"的发音。基于上述内容分析，教师将本单元的主题定为"Let's celebrate the special days"。基于内容分析及学习需要，教师对本单元的课时内容做如下调整：前两课时的韵文提前到导入环节；第三课时的韵文放在第四课时的导入环节；增加第五课时，学习内容为教师自制绘本 *Chinese New Year*。

单元学情分析

二年级学生活泼好动，喜欢节日类的话题；他们处于形象思维阶段，需要借助图片等教具学习词汇；他们有效学习时间不长，需要趣味性的学习活动来调动学习的积极性。大部分学生有和家人及朋友过生日、庆祝圣诞节和新年的经验，会使用本单元三个特殊日子的交际用语，并且也学习过关于这几个特殊日子的歌曲。

在知识储备方面，二年级的学生通过以前的学习，已经掌握了数字1—20的英文表达，因此回答他人年龄的相关语言不是他们的学习难点。但是赞美事物的感叹句型在本单元中初次出现，预设会是学生学习的难点。

单元教学目标

1.能够理解并熟练朗读本单元课文。
2.能够在情境中正确运用关于生日、圣诞节和新年这些特殊日子的交际用语。
3.能够理解、区分New Year's Day和Chinese New Year。
4.能够感知节日文化，了解节日习俗，提升个人文化素养。

Let's celebrate New Year's Day 教学设计

一、课时教学内容分析

本节课的话题是如何庆祝新年（元旦），是与学生联系比较紧密的话题。本课主要有三个版块，Listen and say版块呈现的是Baobao和Lingling在新年当天，站在挂着灯笼的大门口互相问候，随后与Guoguo和Kate一起堆雪人并拍照的情境。涉及到了新年的节日问候语"Happy New Year.""The same to you."；以及描述物品特征的语言"It has ..."。Let's act版块呈现了本课主要交际用语"Let's ..."以及表示活动的动词短语make a card、sing and dance、watch the fireworks等。Let's chant版块是和本课内容相关的韵文，因为本课时使用了《新年快乐》歌，因此教师把此部分调整到了第四课时的导入环节。

二、课时学情分析

学生在一年级学习过New Year's Day的节日问候语以及单词sing、dance、card，因此本课中的新年节日问候语以及上述单词对学生来说没有太大难度。他们在二年级前几个单元学习过身体部位词的英文表达，以及描述物品特征的语句，因此大部分学生已经具备了初步描述物品特征的能力。学生在一年级还接触过"Let's..."句型，对该句型基本能够认读和理解，但是还不能够在情境中进行灵活运用。

三、课时教学目标

1.能够理解并正确朗读本课对话，在教师的引导下借助思维导图复述课文内容。

2.能够听懂、会说表示庆祝活动类的短语：make a snowman、make a card、sing and dance、watch the fireworks等。

3.能够模仿对话，在情境中正确使用节日交际用语；运用"Let's ..."提出自己的建议。

4.能够感知新年节日文化，了解如何庆祝新年，提升个人素养。

教学重点

1.课文的理解与朗读。

2.在情境中谈论如何庆祝新年。

教学难点

1. 短语take photos、watch the fireworks的理解和认读。

2.在情境中使用"Let's..."提出自己的建议。

四、教学活动设计

（一）歌曲激趣，引出主题

1.Listen and guess

T: In this unit, we have learned some special days. Now let's listen and guess.

Teacher plays the songs about birthday, Christmas and New Year's Day. And then teacher asks the following questions.

T: What special days are they? What do you say on these days?

Ss: Birthday. Christmas Day. New Year's Day.

Ss: Happy Birthday. Merry Christmas. Happy New Year!

T: Happy New Year, girl!

S1: Happy New Year, Miss Wang!

T: Happy New Year, boy!

S2: The same to you.

Teacher shows mind map one after students answer it.

2.Review the activities

T: What do you do on New Year's Day? As for me, I go to see my grandparents on New Year's Day. How about you? (If children can't understand the question, teacher could give them an example with mind map two.)

S1: I go to the zoo on New Year's Day.

S2: I go to the cinema on New Year's Day.

S3: I go to the park on New Year's Day.

…

T: Wow, we can do many things on New Year's Day. Let's have a look. (Teacher shows mind map three.)

Students read the phrases with mind map three.

T: We can do many things on New Year's Day. How about our friends?

Let's have a look.

【设计意图】利用听音乐、猜歌曲的活动激发学生的学习兴趣，复习本单元出现的特殊日子；在问题的引导下，从"说什么""做什么"两个方面引出如何庆祝新年。

（二）视听结合，学习课文

1.观察图片，提取信息

（1）Talk about the greetings

Teacher shows picture one.

T: Who are they? What can you see in the picture?

S1: They are Baobao and Lingling.

S2: I can see a door.

S3: 我看见Lingling和Baobao站在大门前。

…

Picture one

T: Great! I also see two lanterns hanging on the wall. (Teacher points to the lanterns.) Do you see them? What colors are they?

Ss: They are red.

T: Good job! We know they are talking about New Year's Day. What do they say on New Year's Day? Can you guess?

S1: Happy New Year.

S2: The same to you.

……

（2）Talk about the activities

Teacher shows picture two.

T: What do they do on New Year's Day? Can you guess?

S1: Make a snowman.

S2: Play.

S3: 拍照。

……

T: Yes, they are making a snowman. Maybe they want to take some photos. (Teacher points to the camera in Guoguo's hand.)

Picture two

【设计意图】学生在观察图片的过程中提取非文本信息，为后续对话内容的学习做铺垫。

2. 整体视听，验证猜测

（1）Watch and check

T: Let's watch a video and check if you are right. (Teacher plays the cartoon.)

Teacher shows picture three.

T: What do they say on New Year's Day?

S1: Happy New Year, Lingling.

S2: The same to you, Baobao. (Teacher writes the sentences on the blackboard after students answer it.)

Picture three

Teacher shows picture four.

T: What do they do on New Year's Day?

S1: 堆雪人。

S2: Make a snowman.

T: Yes, they make a snowman. Now, please read the phrase after me.

Picture four

Students repeat.

【设计意图】教师引导学生从"说什么""做什么"两个方面理解课文内容，感知庆祝新年所使用的语言及可以开展的庆祝活动。

(2) Describe the snowman

Teacher takes out a toy snowman.

T: They make a snowman. Look at this snowman. What's it like?

S1: It has a long nose.

S2: It has a big body.

S3: It has black eyes.

S4: It's white.

...

T: It also has a red scarf and a blue hat. Is it cute? Do you want to touch or hug it? (Teacher do the actions of touching and hugging. Then teacher encourages students to touch or hug the toy snowman.)

T: How do you think of this snowman?

S1: How cute it is!

S2: Happy New Year, snowman!

...

T: Wow, it's very lovely. What do our friends think of the snowman? Let's listen. (Teacher plays the sound.)

T: What do they say?

S1: It has long arms and a big body.

S2: It has black eyes.

Teacher shows the sentences following their answers.

(3) Learn the phrase

T: Wow, how lovely it is! Look at this picture! What do they want to do now? (Teacher shows picture two again.)

Ss: Take photos.

T: Yes, they want to take photos. Let's take photos, too.

(Teacher plays the sound of camera and reads the phrase with the action of taking photos.)

Students read the phrase with the action one by one. (Teacher shows picture five and plays the sound of camera as they read.)

231

Teacher takes out a phone.

T: Let's take photos!

Ss: OK!

【设计意图】借助玩具雪人复习描述物品句型和感叹句，强化学生的语言；认读单词时借助拍照动作、播放相机声音的方式帮助学生理解单词，激发学生的兴趣；利用拼读单词的方式，突破发音难点。

3. 朗读课文，内化语言

（1）Listen and repeat.

（2）Read in pairs.

（3）Show in pairs.

【设计意图】通过跟录音读、小组内分角色朗读并展示等多种方式，助力学生正确流利朗读课文，内化语言。

（三）观看视频，学习短语

1. 复习短语，引入新知

T: We can do many things on New Year's Day. (Teacher shows mind map three again.) What else can we do?

S1: Sing.

S2: Dance.

S3: Eat ice cream.

S4: Eat hamburgers.

S5: Watch TV.

...

T: How about our friends? Let's have a look. (Teacher plays a video.)

T: What else can they do on New Year's Day?

S1: Make a card.

S2: Sing and dance.

S3: 看烟花。

T: Yes, we can make a card, sing and dance, watch the fireworks on New Year's Day, too.

【设计意图】延续课文情境，教师通过设计把三个重点短语融进绘本并制作成视频的学习活动，让学生了解更多的庆祝新年的活动方式。

2. 视听结合，学习短语

Teacher shows a card.

T: Look, I make a card on New Year's Day. Is it cute?

S1: Yes.

S2: How cute it is!

...

T: Now, let's read the phrase together.

Students read the phrase together.

T: You can make a New Year card for your parents after class.

【设计意图】教师借助自己制作的贺卡，帮助学生理解短语。

Teacher plays the sound of fireworks.

T: Listen, what's the sound?

Ss: 烟花。

Teacher shows the pictures of fireworks.

T: Yes, they are fireworks! (Teacher reads the word of fireworks by phonics.)

Students read the word in different ways.

T: Let's watch the fireworks! (Teacher shows the dynamic pictures of fireworks and reads the phrase.)

Students read the phrase one by one.

【设计意图】教师利用烟花的声音、动态图片，帮助学生直观地理解短语含义；借助自然拼读方法帮助学生突破发音难点。

T: How pretty they are and how happy they are!

Teacher shows a dynamic picture of singing and dancing.

T: Look, what do they do?

Ss: Sing and dance.

T: Yes! Let's sing and dance together. Please do some actions with me.

Teacher plays a song about New Year's Day and encourages students to sing with actions.

【设计意图】通过设计边唱边跳的学习活动，让学生在TPR教学中感知语言，加深对语言的理解与记忆，激发学生学习的兴趣。

（四）创编对话，提升表达

1. 借助板书，复述课文

Teacher leads students to retell the dialogue with the mind map on the blackboard.

【设计意图】借助思维导图式的板书，帮助学生再次从"say"和"do"两方面回顾如何庆祝新年，培养学生的复述能力。

2. 小组合作，创编对话

T: Now, let's make a new dialogue in pairs. Here are three examples. You can choose one of them. (Teacher shows picture five.)

```
Make a dialogue

A: Happy New Year, _____.        A: Happy New Year, _____.        A: Happy New Year, _____.
B: The same to you, _____.       B: The same to you, _____.       B: The same to you, _____.
A: Let's make a snowman.         A: Let's go to _____.             A: Let's make a card.
B: OK, let's go!                 B: OK, let's go!                  B: OK!
A: Look at the snowman.          A: Look at the _____.             A: Look at the card.
B: It has _____.                 B: It has _____.                  B: How _____ it is!
A: It has _____.                 B: How _____ it is!               A: Let's give it to our teacher.
B: How _____ it is!                                                 B: OK, let's go!
A: Let's take photos!
B: OK!
                                                                   Picture five
```

Students work in pairs and then show in pairs.

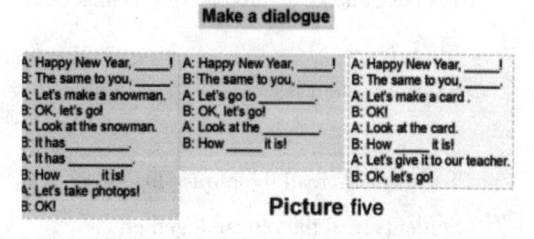

【设计意图】三组对话难易程度不同，学生可以根据自己的水平选取适合自己的对话在小组内进行练习；学生通过创编新对话，在情境中运用本课语言，能够很好地提升口语表达能力，以及进一步了解庆祝新年的方式。

（五）小结

T: Can you tell me how to celebrate New Year's Day?

Teacher encourages students to answer with the mind map on the blackboard.

（六）Homework

1. Read the dialogue fluently after class.
2. Make a New Year card for your parents.

五、教学设计思考

本教学设计主要从以下四个方面进行了深入思考：

（一）思维导图助理解

本节课教师在板书和课件中都呈现了"New Year's Day"的思维导图，导图中的"say"和"do"两个分支能够很好地帮助学生理解如何庆祝新年。同时，思维导图式的板书还能帮助学生较好地复述课文内容。

（二）活动丰富激兴趣

教师通过设计观察图片、观看动画、借助玩具描述雪人以及借助动态图片、声音和动作理解短语、通过拼读的方式认读短语等多种学习活动帮助学生在轻松愉快的氛围中学习理解课文内容。另外，教师还把本节课的三个短语串成一个简短的绘本并做成视频，让学生在真实的情境中学习和运用语言，从而加深学生对短语的理解，内化语言，掌握所学。

（三）声音动作解难点

本节课教师借助拼读、拍照动作等方式帮助学生突破短语的认读难点；借助相机和烟花的声音以及烟花、唱歌跳舞的动态图片帮助学生理解短语，能够很好地激发学生的学习兴趣，提高学生的课堂参与度。

（四）分层教学立自信

教师分层设计输出活动，学生根据自己的水平选择适合的学习任务去完成，这样的设计能够很好地满足不同水平学生的学习需要，从而让不同水平的学生都能够在参与学习活动中有所收获、有所提升，也能够在一定程度上增强学生的自信心。

Unit 2　October 1st is our National Day Lesson 7

陈明毅

单元指导思想与理论依据

《英语课程标准》（2017版）指出："现代外语教育注重语言学习的过程，强调语言学习的实践性，主张学生在语境中接触、体验和理解真实语言，并在此基础上学习和运用语言。"同时还指出，"英语学习活动设计应以促进学生英语学科核心素养的发展为目标，围绕主题语境，通过学习理解、应用实践等层层递进的活动，引导学生加深对主题意义的理解，帮助学生在活动中习得语言知识，运用语言技能，形成正确的价值观念和积极的情感态度，进而尝试在新的语境中运用所学语言和文化知识"。因此本单元将围绕一年中特殊日子这个主题，层层递进地介绍节日和生活中特殊日子的日期及活动安排；创设真实的语境，引导学生通过体验、实践、参与和合作的方式发现语言规律，逐步掌握语言知识和技能。

单元教学内容

本单元的学习内容为北京版英语三年级上册第二单元，在本册教材中起着承上启下的作用，是在第一单元的基础上继续学习日期的表达，其中包含了月份和序数词，以及用be going to的结构表达将要做某事，为第三单元学习will表达将要做的事奠定了语言基础。

本单元共四课时，前三课时是新授课，第一课时Lesson 5学习10—12月份和9—12的序数词表达，询问并回答用英语怎么说月份；第二课时Lesson 6学习第13及以上的序数词表达，询问并回答日期；第三课时Lesson 7学习关于运动会项目的语言，询问并回答是否参加某个运动项目；第四课时Lesson 8为复习课，主要通过听、说、读、写、唱等多种方式复习本单元内容。

同时本单元前三课时的情境是按照时间的先后顺序设置的，涉及到了节日和生活中的特殊日子。Lesson 5是10月1日国庆节，Lesson 6是10月13日Yangyang的足球日，Lesson 7是11月20日Yangyang的学校即将举行运动会。其中Lesson7还涉及到活动计划的表达。

基于以上分析，教师将本单元主题设定为"Special days in a year"。该主题属于"人与自我"主题语境下的"个人、家庭、社区及学校生活"主题群，需要学生了解生活中重大节日和特殊日子的日期及活动。因此，根据学生对该主题学习的需求，教师在整合单元学习内容的基础上，对各课时内容做了如下调整：第一课时增加询问1—8月份的英文表达和初步了解12个月份里的重大节日。第二课时补充足球日要做的事情，和讨论生活中其他的一些重要日期及活动，渗透be going to的结构，为第7课时运动会活动做铺垫。第四课时增加分享"我的日历"活动，在小组内运用本单元所学知识展开讨论。

单元学情分析

三年级学生活泼好动，善于模仿，能够在课堂上大胆自信地回答问题和表演。他们的思维正处于由形象思维向抽象思维过渡的阶段，但仍以形象思维为主，需要借助图片、动作、实物等来理解语言。他们对日历和日期的关注比较少，而且不了解一些特殊节日的日期及活动。但学生喜欢运动，乐于参与，运动项目除了本单元涉及的跳高是学生没有参加过的项目外，其他都参与过。

针对本单元关于日期的知识点，前一单元学习了9月及1—10的序数词表达，在二年级学习了关于"What day is today?"和一周7天以及数字的表达。一二年级学习了Chinese New Year、Christmas、birthday等特殊日子及相关活动，并学习了一些体育运动类的词汇play football、play basketball、play ping-pong、go ice-skating、run、go swimming、jump等。学生初次学习打算做某事的表达结构be going to，是学生学习的难点。

单元教学目标

1.能够正确理解、朗读课文对话，并能够表演、创编对话。

2.能够在情境中准确运用星期、月份、序数词，并对月份和日期进行问答。

3.能够就日历中的特殊日子讨论其日期和活动，并用be going to结构表达打算做的事。

4.能够学会查看日历中的日期，在日历中标记重大节日和日子，并就相关特殊日子制订个人计划。

5.能够在介绍特别的日子时，感受生活的丰富多彩。

Plans for special days教学设计

一、课时教学内容分析

Listen and say 版块的情境是在学校的操场上，Yangyang和Maomao谈论明天即将召开的运动会，因为Maomao跑得快，所以他将参加赛跑项目。学生初次接触be going to结构，教师要注意引导学生关注tomorrow，体会时间的变化。Listen, look and learn版块涉及到的词汇run a race、do the high jump、do the long jump、jump the rope均是小学生常见的学校运动会项目。在学生能进行替换练习的基础上，教师要结合学生的生活实际设计教学活动。Think and ask版块是动物运动会的场景，由于本课时内容与教师创设的大主题情境不太符合，故调整到第四课时学习。

二、课时教学目标

1. 能正确理解对话内容，并准确、流利地朗读课文。

2. 能听懂、认读短语run a race, do the high jump, do the long jump, jump the rope四个常见的运动会项目。

3. 能初步运用句型"Are you going to…?""Yes, I am./ No, I'm not."对近期打算做的事情进行肯定和否定问答，并能用"We are / I am going to… ."表达近期打算做的事情。

4. 能在谈论运动会时，感受运动的快乐，并爱上运动。

三、教学重、难点

（一）教学重点

1. 准确、流利地朗读课文。

2. 初步运用"Are you going to...?"询问以及用"We are going to.../I am going to...."句型表达近期打算做的事情。

（二）教学难点

理解并朗读"We are going to have our sports day tomorrow."

四、教学过程

（一）复习导入，明确主题

1. 讨论日期，复习旧知

T: What day is today? What's the date today?

S1: It's….

S2: It's….

Teacher shows National Day and football day on the calendar.

T: What's the date? What special day is it?

S1: It's October the first. It's National Day.

T: For us, October the first is our special day. Because it's National Day. How about this date?

S2: It's October the thirteenth. It's Yangyang's football day.

T: Yes. October the thirteenth is a special day for Yangyang. Because it's his football day.

2. 观察日期，明确主题

Teacher shows picture one and talk about a new date.

Picture one

T: Look! What's the date?

S1: It's November the twentieth.

T: November the twentieth is Yangyang's special day, too. Do you know why it is a special day? What will he do?

…

T: Today we will talk about plans for special days.

【设计意图】通过回顾前两课时中出现的日期和特殊日子，以special day为主线，从国庆节National Day到Yangyang的特殊日子football day，引出本课话题，让学生关注为什么11月20日是Yangyang的特殊日子，使学生在复习旧知识的同时自然过渡到课文内容的学习。

（二）解读文本，学习新知

1. 观察图片，提取信息

T: What do you know from picture two?

Picture two

S1: I know they are Yangyang and Maomao.

S2: They are playing football.

S3: They are on the playground.

…

T: Yes. Yangyang and Maomao are playing football on the playground. Look! They are tired. They are having a rest and talking. Can you guess what they are talking about?

S4: Maybe they are talking about special days.

S5: Maybe they are talking about football day.

…

【设计意图】通过引导学生观察主题图，了解故事情境，预测Yangyang和Maomao讨论的内容，培养学生提取非文本内容的能力。

2. 整体感知，把握大意

Teacher shows picture three.

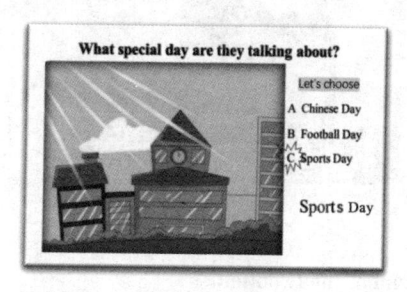

Picture three

T: What are they talking about? Let's watch the video and choose the answer.

S1: I choose "C". They are talking about sports day.

T: Do you know the meaning of sports day?

Ss: No. /运动会

T: Let's watch a video and know more about sports day.

T: Sports day is a wonderful day. We can do some sports on that day. We all like it. It's also a special day for us.

【设计意图】在问题的引领下，学生观看完整视频，整体了解对话大意。并补充学校真实运动会的视频，帮助学生体会sports day的含义。

3.问题引领，关注细节

（1）Watch and answer.

T: From the video, we know they are talking about sports day. When is their sports day? Let's watch a video and choose the answer.

S1: It's November the nineteenth.

S2: It's November the twentieth.

T: Let's check your answer. From the dialogue, what's the date today?

S3: It's November the nineteenth.

T: Yes. Today is November the nineteenth. Is November the nineteenth sports day?

Ss: No.

T: Why? (Students can listen again.)

S4: Because Yangyang said, "We are going to have our sports day tomorrow."

T: Yes. What's the date tomorrow? Can you point and say?

Teacher shows picture four and asks a student to point.

Picture four

S5: Tomorrow is November the twentieth.

T: Good job! Today is November the nineteenth. Tomorrow is November the twentieth. So, November the twentieth is their sports day.

（2）Listen and answer.

T: Sports day is coming. What is Maomao going to do on sports day? Let's listen and answer.

240

S1: Maomao is going to run a race.

T: How does Yangyang ask? Let's listen again.

S2: Are you going to run a race?

T: How does Maomao answer?

S3: Yes, I am. I run fast.

Teacher points at the picture.

T: Here is Maomao. He is running a race. He can run fast.

Teacher shows some pictures about running.

T: Look! The girl is running. The boy is running a race. (Teacher can try to lead students to talk about the pictures.)

Students listen and read "run a race".

（3）Look and guess.

T: What is Yangyang going to do? If you were Maomao, what will you say? (Teacher can try to make an example.)

S1: Yangyang, are you going to play football?

S2: Yangyang, are you going to run a race?

……

Students listen and check their answer.

T: What is Yangyang going to do?

S3: Yangyang is going to jump the rope.

T: How do you know that?

S4: Yangyang says, " No. I am not. I am going to jump the rope."

Students look at the picture and read "jump the rope" after teacher.

Teacher shows the rope and chooses a student to jump the rope.

【设计意图】通过问题引领学生视听对话，理解对话细节信息，在理解意义的基础上学习核心语言，并通过图片、视频、实物和TPR等方式理解对话中的重难点。在Look and guess 的活动中，补充情境使对话内容更完整，让学生在情境中初步运用重点句型"Are you going to...?"询问Yangyang将要参加的运动项目，并在补充的对话内容中学习句型"No, I am not. I am going to... ."。

（三）巩固操练，内化语言

1. 课文朗读，内化语言

（1）Listen and repeat.

（2）Read it by themselves.

241

(3) Read it in roles with teacher.

(4) Read it in pairs.

【设计意图】通过观看完整视频、听音逐句跟读、自己大声朗读等方式，加深对课文内容的理解，内化核心语言，为后续综合运用语言奠定基础。

2. 延伸情境，学习短语

(1) Listen and learn.

T: Look! Their new classmates are coming. Who are they?

Ss: They are Mike and Sara.

T: Yes. They are going to have sports day, too. Yangyang and Maomao want to know what they are going to do on sports day.

Teacher shows picture five.

Picture five

T: Let's look and listen. What will Yangyang say?

S1: Hi, Mike. Are you going to do the long jump?

Teacher shows the picture about doing the long jump. Students listen and read the phrase.

T: Who can try to do the long jump?

Students do the action.

T: Is Mike going to do the long jump? How does Mike answer?

S2: Yes, I am.

T: Yes. Mike is going to do the long jump. How about Sara? Can you guess what Maomao will ask?

Teacher shows picture six.

> What is Sara going to do on sports day?
>
> Sara, are you going to do the long jump?
>
> No, I am not. I am going to do the high jump.
>
> Sara is going to ___do the high jump.___

Picture six

S3: Sara, are you going to do the long jump?

T: Yes. Is Sara going to do the long jump? Let's listen.

Ss: No.

T: How do you know that?

S4: Sara says, "No, I am not. I am going to do the high jump."

Students watch a video and learn "do the long jump".

（2）Play a game.

T: We have learned some sports activities. Now let's play a game, "I do, you say". I do the actions, and you say the sports activities.

Teacher does some actions and students guess them.

3. 同伴讨论，巩固语言

T: From the dialogue, we know November the twentieth is a special day. Because they are going to have sports day on that day. If you are going to have sports day in our school, what are you going to do? Let's discuss with your partner.

S1: Are you going to…?

S2: Yes. I am. / No, I am not. I am going to….

【设计意图】通过创设Yangyang和Maomao在操场上遇见新同学Mike和Sara的情境，了解更多的运动项目，使学生在情境中学习语言；通过"你做我猜"的游戏方式巩固短语。在教师的示范引导下开展同伴活动，运用重点句型和词汇询问并回答即将参加的运动会项目，为下一步语言输出做铺垫。

（四）小组合作，填报名表

Teacher shows picture seven.

Picture seven

T: There is a special day for our school, too. What special day is it?

Ss: It's our school sports day.

T: Yes. Please look at the picture. What's the date?

S1: It's November the twenty-fourth.

T: Our sports day is coming. There are some sports activities. Every student needs to join and fill the sport form. Let's work in groups. Group leader can ask your group members and tick in this form. You can use these sentences. Later, we will have a show.

Name	Run a race	Do the long jump	Jump the rope	Do the high jump	Play football	Play basketball	Play ping-pong

Sport Form
--马坡小学运动会报名表

语言框架:
A: Hi, _____. We are going to have our sports day on November 24th. Are you going to _____?
B: Yes, I am./No, I am not. I am going to _____.
A: _____, are you going to _____?
C: Yes, I am./ No, I am not. I am going to _____.
A: ...
D: ...

Students show their sport forms on the screen and talk about what they are going to do on sports day.

【设计意图】通过创设学校运动会即将来临的真实情境，引导学生关注日期，在真实的语境中运用重点句型和短语开展小组活动，询问同学们想参加的项目，并填好报名表，培养学生小组合作的能力。

（五）观看视频，情感升华

T: November the twentieth is a special day for Yangyang. Because it's Yangyang's sports day. November the twenty-fourth is a special day for us. Because it's our sports day in Mapo Primary School. February the fourth in 2022 is also a special day for people all over the world, too. Do you know why?

S1: 北京冬奥会。

T: Yes. It's the first day of Beijing Winter Olympics. Let's watch the video.

Teacher shows the video about Beijing Winter Olympics.

T: How do you think of our athletes?

S2: Great!

……

T: Yes. They did a good job. Let's clap for them. Today we talked about some special days about sports. I hope you can do more sports, and prepare for our school sports day.

（六）作业

1. Please read the dialogue after class.

2. Please mark the special days on your calendar and write what you are going to do.

【设计意图】在教师的引导下，梳理学习内容，总结关于运动会的几个特别日期；通过讨论北京冬奥会的活动，进行情感的升华，引导学生多运动、爱运动、为运动会的到来做准备。

五、教学设计思考

本课教学设计主要体现了以下三个特点：

1. 联系实际生活，培养学生的语言运用能力

在本节课中，教师将Yangyang学校的运动会迁移到本校的运动会，创设马坡小学运动会即将到来的情境。从教师了解学生想参加的运动会项目到小组填报运动会项目并分享交流的过程，循序渐进地开展语言实践活动，内容和形式都贴近学生的实际校园生活，符合学生的认知水平和生活经验。

2. 补充教材内容，满足学生语言学习的需要

本节课内容在原文本教材的基础上有补充、有延续、有拓展。教师补充了Yangyang参加的运动会项目，对知识点"Are you going to...?"的否定回答"No, I am not. I am going to... ."进行学习；延续文本内容，讨论Sara和Mike即将参加的运动会项目；将教材中Yangyang的运动会拓展到学生自己的运动会；并通过补充各种视频和图片资源，促进学生对知识的理解，满足了学生语言学习的需要。

3. 开展体验活动，激发学生的学习兴趣

在教学活动开展的过程中，教师通过多种方法引导学生体验并感受活动，比如引导学生观察运动项目图片，模仿和体验运动会项目；在小组活动中组织学生探究如何填写报名表，并用英语交流即将参加的运动会项目；在突破词句重难点时，教师让学生到讲台上指出日历中的日期，帮助学生正确认识日历和日期，激发了学生的学习兴趣。

Unit 7 What happened to the floor? Lesson 24

张迎　傅晓明

单元指导思想与理论依据

《普通高中英语课程标准（2017年版）》明确指出，基础教育阶段英语课程的任务之一是激发和培养学生学习英语的兴趣，使学生树立自信心，养成良好的学习习惯和形成有效的学习方法，发挥自主学习的能力和合作精神，使学生掌握一定的综合语言运用能力，倡导体验、实践、参与、合作与交流的学习方式和任务型的教学途径，培养学生自主学习和合作学习意识。

本单元通过自主预习、问题链理解课文、延伸课文故事、小组合作创编等学习方式，借助听、说、读、演等学习途径提升学生的综合语言运用能力，发展学生的逻辑思维水平，以及提升学生解决问题和知识迁移运用的能力。在第一课时和第三课时的学习中，教师结合课文内容帮助学生明白做错事要主动道歉并尽力弥补。同时还通过对课文故事情节进行延伸，促进学生养成做事要认真细心的习惯。

单元教学内容分析

北京版小学英语四年级下册第七单元主要学习关于发生了什么事情的询问及回答。本单元三个新授课时均涉及描述过去发生的事情，其中Lesson23是主动向别人道歉并求得原谅，Lesson24是别人询问发生什么事情并回答自己做了什么，Lesson25是询问发生什么并回答他人做了什么。

本单元呈现了三个不同情境：Lesson23是Yangyang把好朋友Maomao的生日礼物玩具小汽车掉到地上弄坏了，主动上门道歉，寻求对方的原谅；Lesson24是Baoao找不到房门钥匙，又在找钥匙过程中发现书包落在学校操场上，妈妈教育Baobao要细心些；Lesson25是Maomao忘记遛狗导致Lala在房间内小便，又不小心把家里的花瓶打碎，事后Maomao主动道歉并及时打扫；Lesson 26是复习课，内容分为六个版块，

分别为本单元短语复习、功能句型复习、课文复述练习、选词填空练习、以及字母"H"在单词中的发音练习。基于上述分析，教师将本单元主题定为"How to deal with troubles?"。同时，本单元Lesson23和Lesson25内容均为做错事，并且进行道歉及弥补，Lesson24是对如何减少错误而给予的建议，将Lesson24和Lesson25调换位置，会在授课时更顺畅，基于此分析，教师将Lesson25调整为第二课时，Lesson24调整为第三课时。

单元学情分析

四年级学生大概10岁左右，处于这个阶段的儿童注意力不稳定且很难长时间关注同一件事情，容易被一些新鲜事物所吸引。但四年级学生学习的自主性较三年级有较大提高。他们的思维方式进一步形成，同时在学习中能进行归纳和总结，也具有了一定的创造力，初步具有能够迁移所学知识的能力。

本单元主要内容是询问发生了什么事并进行回答，同时在做错事时能及时道歉并弥补。在学习本单元前，学生已经有了一定的语言基础，一年级已掌握"I'm sorry I'm..." "It's OK."道歉语言；二年级学习了"Where is ...?" "Is it...?"寻找物品语言；四年级下册第二单元学习了"What's wrong?" "What's the matter?"询问发生什么事的问句。这些语言的学习对学习本单元内容有一定的帮助。

单元教学目标

1.能听懂、会说本单元关于询问发生了什么事情，及其回答的语言。

2.能在真实情境中熟练运用询问发生了什么事情，及其回答的语言。

3.能通过小组合作完成学习任务和对话创编，在完成过程中培养学生的合作意识。

4.能学会做事细心认真，并在做错事时第一时间道歉并弥补。

More carefulness, less troubles 教学设计

一、课时教学内容分析

本课主要讲述Baobao因为弄丢了钥匙在吃饭时有点不高兴，妈妈猜测会不会在书包里，Baobao想去检查书包时发现书包落在了操场上这样一个故事。主要涉及到的语言有"What's the matter?" "I lost the key to our house." "I left my schoolbag on the playground." " You should be more careful next time."等。词汇学习部分涉及到描述过去发生的事的短语，如lost my new cap, spilled the milk, hit somebody on my way home等。

上节课学习到这样几个短语，broke the toy car, kicked the ball into the lake, broke the cup等，以及"It's all right. /Never mind."等语言，从一定程度上为本节课的学习及语言输出提供了语言支持和铺垫。

二、学情分析

以我们学校的四年级学生为例，虽然他们有三年多的英语学习经历，但英语基础不够扎实，整体对英语学习缺乏兴趣，也没有良好的英语学习习惯，如主动预习、及时复习等。基于此，本节课的设计还是重在学生对基础知识的学习与运用。

在知识储备方面，有关表达过去发生事情的语言，在Lesson21学习过stepped on your foot，Lesson23学习过broke the cup/toy car, dropped on the floor, kicked the ball into the lake等。这些语言的学习对本节课的语言输出活动有一定的帮助。

三、课时教学目标

1. 学生能够理解并正确朗读课文对话内容。

2. 学生能够在情境中理解lost the key, left the schoolbag on the playground, spilled the milk, hit somebody on the way home等短语，并在语境中进行运用。

3. 学生能够在情境中用"What's the matter？"进行提问，并做出相应回答。

4. 学生能够用"You should…"对别人提出劝告或建议以表达对他人的关心，并养成做事认真的习惯。

教学重点：理解并正确朗读课文对话内容；在情境中用"What's the matter？"进行提问，并做出相应回答。

教学难点：正确运用lost the key, left the schoolbag, spilled the milk, hit somebody on the way home等短语表达过去发生的事情。

四、教学过程

（一）复习旧知中导入话题

Teacher shows picture one.

Picture one

T: Look at these pictures, what did we know from them?

Ss: Yangyang broke Maomao's toy car. Lingling broke the cup. And the children kicked the ball into the lake.

T: Today we will learn a story about Baobao. What's the matter with Baobao? Let's see together.

【设计意图】通过复习导入本节课学习内容，既是话题的延续，语言的复现，也为本节课输出活动做一定的语言铺垫。

（二）情境问答中理解对话

1. 观察图一，了解背景信息

Teacher shows picture two and asks some questions.

Picture two

T: What can you tell me about the picture?

S1: They are Baobao and his Mum.

S2: They are at home.

......

T: How is Baobao? Is he happy?

S: Baobao looks sad.

T: Why does BaoBao look sad? What's the matter with him? Can you guess?

Ss: …

【设计意图】通过观察图片信息，了解对话发生的背景；通过猜测Baobao伤心的原因，启发学生思维，增强语言表达。

2. 视听对话，理解故事情节

（1）初听完整对话，寻找问题答案

T: What's the matter with Baobao? Let's watch and listen to the dialogue.

Ss: He lost the key to his house.

T: What does "lost" mean?

Ss: Can't find.

【设计意图】采用以词解词的方式，帮助学生理解单词lost的含义和用法。

（2）预测故事发展，再听对话检验

①Predict and guess.

T: Baobao lost the key to his house. Where is Baobao's key? Can you guess?

Ss: Maybe it's in his schoolbag. Maybe it was left on the playground/left in the classroom/lost on the way home…

【设计意图】本课中的第二次猜测，对故事发展进行预测的同时，发散学生思维，给学生创造相对真实的语言表达的机会；同时也是对学生解决问题能力的一种锻炼。

②Listen and check.

T: Maybe the key is in Baobao's classroom. Maybe he dropped it on the way home. What does his mother think? What does she say? Let's watch and listen to dialogue one.

Ss: Mum says "Well, is it in your schoolbag?"

T: What does Baobao say?

Ss: Let me check.

Teacher shows the meaning of the word "check" with body language.

【设计意图】引领学生预测，再到了解妈妈的预测，既是学习语言的过程，也是带领学生解决问题的过程。

（3）继续视听对话，深入故事情节

①Listen and find the answer.

T: Is it in his schoolbag?

Ss: No./ I don't know./ I'm not sure.

T: What's the matter now? Let's watch and listen to dialogue two.

Ss: He left his schoolbag on the playground.

Students understand the meaning of the phrase "left the schoolbag on the playground" with picture three.

Picture three

【设计意图】带着问题视听第二段对话，探究新的意外事故，深入理解故事。

②Watch and analyze.

T: Look at picture four. When Baobao lost the key to his house, how's his mum? Is she angry?

Ss: No.

Picture four

T: Look at picture five. How is his mum now?

Ss: She's surprised. / She's a little angry.

Picture five

T: Yes, his mum is surprised, a little angry. Because Baobao lost the key, and then left his schoolbag on the playground. What does his mum say? Let's listen.

Ss: Again? You should be more careful next time.

【设计意图】通过观察妈妈对两次事故的反映及表情变化，让学生意识到 Baobao 的粗心，妈妈的爱心，以及妈妈通过给予建议表达的关心。

3.拓展对话，扩充话题语言

T: Do you think Baobao should be more careful next time?

Ss: Yes.

T: I think Baobao should be more careful, too. He can't find the key. He left his schoolbag on the playground. So what will Baobao do next?

Ss: I think he will go back to school. / I think he will go to bed…

【设计意图】通过猜测活动，发散学生思维，同时也引导学生遇到麻烦学会主动想办法解决。

T: Look at picture six. Baobao wants to get his schoolbag back. So, he goes to school, then he comes back with his schoolbag. Now, he's at home with his schoolbag. But he looks unhappy. What's the matter? Let's listen.

Picture six

【设计意图】通过自制动画创设学生回学校取书包的情境，能够吸引学生的注意力，提升学生继续学习的兴趣和欲望；无字幕听对话也能提升学生的听力水平。

Teacher asks the questions after listening to the whole passage.

T: What's the matter with Baobao on his way home? What does he say?

Ss: I hit somebody on my way home, and lost my new cap.

Students try to understand and read "hit somebody on my way home" and "lost my new cap".

T: Did Baobao find his key?

Ss: Yes.

【设计意图】在拓展对话情境中呈现并学习短语hit somebody on my way home, lost my new cap, 符合语言学习规律；同时拓展再次发生意外的故事情节对话，还能吸引学生的求知欲和兴趣。

（三）小组合作中操练对话

1. 跟读对话，巩固语言

Students listen to the dialogue and repeat.

2. 小组练习，内化语言

Students read the whole dialogue or make a new dialogue in their groups. (picture seven)

Picture seven

252

Students practice in groups.

【设计意图】设置不同的展示形式，包括朗读对话、结合板书复述对话、创编或改编对话等，不同的展示方式获得不同的奖励。这样的活动设置为不同水平的学生提供了发展的空间；板书及给予的对话语言支撑也能够降低学生学习的难度。

3.展示表演，习得语言

Students show their dialogues or retell the story with the help of picture eight.

> Baobao looks sad. He <u>lost the key</u> to his house. He also <u>left his schoolbag</u> on the playground. When he goes to get his schoolbag, he <u>hit somebody</u> on his way home. He <u>lost his new cap</u> too. He feels sorry. So his mother tells him to <u>be more careful</u>.

Picture eight

（四）实践活动中运用语言

1. Talk about Tom's bad day

T: From the dialogue, we know Baobao had a bad day. Look at picture nine, he is Tom. He had a bad day, too. What's the matter with him? Please talk about it in your groups.

Picture nine

T: What's the matter with Tom?

S1: He spilled the milk.

S2: He hit somebody on his way home.

Ss: …

【设计意图】在描述Tom一天里遇到的糟糕事情中运用语言，也是通过小组讨论学习的形式对难点进行突破。

2. Listen and number.

T: Yes, Tom spilled the milk, kicked the ball into the lake... When did these happen? Please take out your worksheet, and let's listen and number.

Listening material：Tom spilled the milk at breakfast time. And then, he hit somebody on his way to school. When he got to school, he found he left his English book at home. He often plays football after school. But today, he kicked the ball into the lake. When he got home, he couldn't open the door, because he lost the key to his house. What a bad day!

【设计意图】以事件发生的时间为主线，通过听力的形式进行语言输入。

Give some suggestions.

T: If Tom is your friend, what would you say to him?

S1: Be careful next time.

S2: ...

【设计意图】希望能够在为Tom提建议的过程中，培养学生关心他人的意识，以及帮助学生养成做事细心的好习惯。

五、教学设计思考

本教学设计体现了这样三个特点：一是在整体情境中理解和学习语言。教师整节课的设计一直以"What's the matter?"为主线，在理解Baobao和Tom两个人一天中发生的意外事故的过程中，从呈现语言到理解、学习与运用语言，始终围绕话题场景开展学习活动。二是注重学生思维品质的培养。教师通过设计多次猜测活动充分调动学生已知，让学生在相对真实的语境中用英语表达思想观点，发展学生的思维；从猜测事件原因到预测故事发展，再到思考解决办法，从一定程度上也提升了学生主动解决问题的意识与能力。三是逐步对学生进行语篇意识渗透。课文对话学习之后，教师带领学生以语篇的形式复述对话内容；语言运用活动中，教师从学生自由谈论图片到听力标号，再到图文匹配，一步一步搭台阶，为最终语篇的呈现做铺垫。与此同时，还引导学生关注时间词汇，为将来学生以时间发展为顺序描述事件、语篇输出做语言及思维的渗透。

设计智能灯（第四课时）

杜洋

单元（或主题）指导思想与理论依据

《中小学信息技术课程指导纲要》中指出：义务教育阶段信息技术课程应以培养学生的信息素养为宗旨，使学生在学习信息的获取、加工、管理、表达与交流的过程中，掌握信息技术，感受信息文化，增强信息意识，培养学生良好的信息素养。同时《普通高中信息技术课程标准》（2017年版）中指出：人工智能是通过智能机器延伸、增强人类改造自然和治理社会能力的新兴技术，智能家居也是人工智能的一个领域。

本单元主要设计声控灯与远程控制灯，通过声音远程控制灯的开与关，提高人们的用灯质量，方便出行。教学时可以使用慧编程实现智能照明系统，感受现代智能科技，然后引导学生发现生活中的问题、通过智能编程解决实际问题，在设计的过程中，让学生初步了解和体验人工智能的特点，感受智能技术对生活与学习带来的影响，进一步激发学生学习和探究新技术、新知识的积极性，提高他们综合应用信息技术的能力。

单元（或主题）教学内容及要素分析

本单元教学内容是北京出版社义务教育教科书《信息技术》第三册第三单元"程序设计小能手"，其中使用的软件平台是慧编程。慧编程是一款图形化编程软件，操作简单，使用方便，软件与硬件结合（Mbot）帮助学生在游戏化的学习情境中体验编程的乐趣，培养学生的计算思维。

本单元主要设计智能灯，设计声控和远程控制照明系统。在整个单元中使用慧编程与硬件Mbot结合，实现智能照明系统。智能照明系统中可以添加声控装置，使用"认知服务"中"语音识别模块"实现语音控制。还可以使用"账号云广播"中"发送、接收云广播消息"模块实现远程控制功能，从而完善智能照明系统。

本阶段学生抽象逻辑思维已经有了进一步的发展。课前，学生对智能居家生活已经有所了解，也有很多好的想法和创意，本单元教学内容结合学生感兴趣的现代化智能生活，贴近学生的生活实际，能激发学生学习的积极性。

单元（或主题）教学目标

1.了解语音识别、远程控制的工作原理，掌握RGB-LED灯与主板的连接方法，会分析"选择结构"。

2.会使用"声光互动"中的声光脚本、"认知服务"中的语音识别脚本、"云广播"模块中"发送、接收账号云广播"脚本编写程序控制RGB-LED灯。

3.通过对程序的设计、修改、调试，提升观察、分析、解决问题的能力；感受物联网对生活与学习带来的影响。

《设计智能灯》第四课时教学设计

一、课时教学内容分析

本节课的主要学习任务是设计智能灯。学生在掌握设计普通的照明系统、语音控制照明系统的基础上会设计远程控制照明系统，会使用"云广播、接收"模块完成编程设计，实现远程关灯，使"智能灯"实现远程控制的功能，为本课完成编程设计打下了基础。通过设计智能灯，学生了解物联网的概念，同时感受智能技术对生活与学习带来的影响，从而激发学生对智能编程学习的兴趣。

二、学情分析

课前，学生已掌握"声光""运动""创客平台"中的"风扇""舵机"等模块的使用方法，会使用"事件"模块中"广播、接收"脚本编写程序。但是对于"远程控制"要求学生通过Mbot编程展现出来的过程有一定的难度，所以在教学中，通过创设情境、游戏体验等方法帮助学生解决难点。

三、课时教学目标

1.了解什么是远程控制，会使用云广播模块中"发送、接收账号云广播"控制Mbot。

2.通过完成"远程控制"任务，学会使用"发送、接收账号云广播"编写程序。

3.通过对程序的设计、修改、调试，提升观察、分析、解决问题的能力，感受物联网对生活与学习带来的影响。

教学重点： 会使用云广播模块中"发送、接收账号云广播"脚本编写程序。

教学难点： 区分"广播、接收"与云广播模块中"发送、接收账号云广播"。

四、学习评价设计

评价内容	评价标准	评价方式
完成程序设计实现远程控制	1.设计情境　　　　☆ 2.实现编程　　　　☆ 3.外观设计有创意　☆ 4.展示过程声音洪亮　☆	学生互评：小组展示，学生互相评价
	会使用云广播模块中"发送、接收账号云广播"模块控制Mbot	自我评价： 实现远程通讯使用哪些模块？ A：账号云广播、接收模块 B：广播接收模块
知识迁移，认识广播接收的基础上掌握账号云广播	能区分"广播、接收"与云广播模块中"发送、接收账号云广播"	自我评价： 在角色模块编辑区，通过语音识别模块控制设备，借用哪个模块？ A：账号云广播、接收模块 B：广播接收模块
创新思维，会分析程序，完成设计	了解实现账号云广播要登录同一个账号并且发送、接收消息要一致	自我评价： 教师展示程序设计：不在同一个账号的两个作品，发送接收消息一致，让学生自己分析、找到问题

五、教学活动设计

（一）激发兴趣、导入新课

1.视频导入

同学们，我们先来看一个小视频，请你思考视频中"灯"的变化，与我们前几课设计有什么不同？

预设1：主人没有回到家，灯就亮了。

预设2：回到家就可以吃上烤鸡，喝上热咖啡，非常方便。

过渡：智能家居给人们的生活带来便利，这节课我们也来设计属于我们自己的智能小屋。

2.情景模拟

（1）教师演示

我们教室里也有一个智能小屋，我们电话联系请其他教室的老师，帮忙关闭道具"智能小屋"中的家用电器。

（2）观察思考

这个效果是怎么实现的？控制灯的开关用的什么技术？

预设1：在很远的地方就可以把灯关上。

预设2：通过网络技术。

小结：我们通过远程控制，关闭了"小屋"的灯，这样的技术非常便捷，很神奇。

3.了解远程控制

导语：什么是远程控制呢？（PPT出示）远程控制是利用无线网络或电信号，对远端的设备进行操作的一种能力。

上节课我们通过声音可以控制灯的开关，用到广播、接收模块，如果控制远端灯的开关，我们用到一个新模块，账号云广播，通过它可以实现远程控制。

教师演示：在慧编程中添加"账号云广播"，介绍两个新模块"发送云广播""接收云广播"两个模块。

【设计意图：通过老师的模拟远程关灯，让学生了解本节课的学习任务，使学生了解"账号云广播"的使用方法】

（二）小组合作、探究新知

我们用慧编程编写程序试一试，两个人合作，体验远程控制。

任务一：呼叫"小熊猫"。

1.合作探究

小组合作，通过学校的电脑，呼叫家里的"小熊猫"，实现"远程控制"。

要求：

（1）每个小组登录同一个账号。

（2）在角色中添加模块"账号云广播"。

（3）"学校"电脑发送云广播消息，"家"里电脑接收云广播消息后让"小熊猫"说"你好"。

2.小组汇报

汇报要求：两位同学合作汇报，一人用电脑演示，一人汇报是如何实现远程控制的。其他同学通过教师机广播观看同学展示。

小结：我们通过学校的电脑控制家里的电脑，成功地呼叫到"小熊猫"，会用账号云广播模块实现了远程控制。

【设计意图：两个人合作，设计实现远程控制，知道如果实现账号云广播要登陆同一个账号，总结操作经验，巩固账号云广播的使用方法。】

（三）深入研究、突破难点

过渡：接下来我们请小管家帮忙把灯关上，同一电脑中要实现角色控制设备，我们用到哪个模块？（PPT展示）账号云广播、接收模块。

1.体验小游戏

谁能到前面试一试利用"云广播"和我们之前学的"广播接收"模块，搭建程序，实现远程控制关闭智能灯。提示：为角色和设备编辑"命令模块"，实现远程控制，把"灯"关上。

过渡：他们的设计能否实现？请同学们一起来检验，继续完成任务二。

2.程序设计

任务二：远程关灯

完成编程设计，小组合作实现远程控制，一个同学的电脑控制另外一个同学电脑，关闭Mbot中的RGB-LED灯。

要求：

（1）开启RGB-LED灯。

（2）通过"账号云广播"远程控制把灯关上。

问题预设：

（1）设备没有固件更新。

（2）设备没有连接电脑。

（3）RGB-LED灯的接口与模块中选择接口不相对应。

（4）发送、接收消息不一致。

点拨：在任务单上提示可能出现的问题，让学生自己检查设备，分析、解决问题。

学生展示、汇报、师生评价、总结。

小结：我们通过使用"账号云广播"模块实现远程控制，并结合"发送、接收"模块控制设备，关闭"家"里的灯。

【设计意图】：通过完成"任务二"，学生区分"账号云广播"与"广播、接受"的使用方法，体验现代化智能家居给人们带来的乐趣。】

（四）作品展示、总结交流

导语：这节课我们为小屋照明设计了"远程控制"系统，请同学们结合"普通照明系统""语音控制系统"和本节课的设计，展示自己的作品。

1.作品展示

流程及要求：

（1）先把作品的名称、创意介绍清楚。

（2）再通过小组合作，进行程序、功能的展示。

（3）最后说一说你对自己设计的程序有什么样的展望？

预设：学生可能会呈现以下形式的作品。

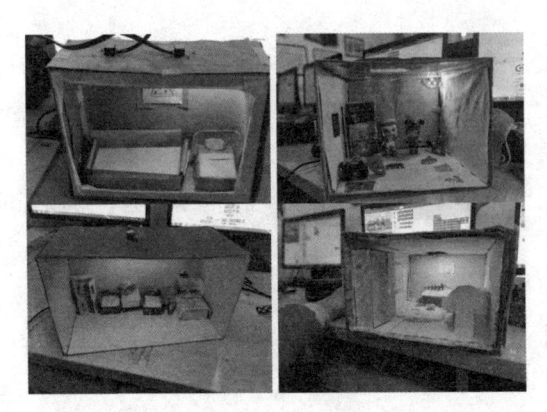

学生根据老师的评价标准，从优点、缺点两个方面评价作品，不足之处给出整改意见。

2.拓展提升

（1）我们的智能小家实现了远程关灯的功能，结合你的生活和我们学习的内容，想一想用"云广播"模块还可以控制哪些电器、家居产品？

预设：空调、电视、扫地机器人等。

（2）学生完成网络问卷，教师根据测试结果，了解学生对本节课知识的掌握情况，对于错误率高的习题及时订正。

3.总结延伸

我们设计的智能灯，使人们的生活更加的方便快捷。其实，在我们的生活中，已经有很多现代化的智能家居，例如小区的门禁、无人驾驶汽车、智能音响等，这些都可以实现远程控制。老师希望同学们利用今天所学，设计出更多、更新、更好的作品，让美好的体验和智能化的生活引领人们走向新的时代！

【**设计意图**：在展示过程中，体验慧编程给人们带来的智能化生活，同时也培养学生小组合作的精神；学生互相评价，并完善自己的设计，在多元协作中提升创作思维；学生完成自我评价表，是对本节课知识的梳理与自我学习的检测，为今后的学习提供了方向。】

六、作业设计

基础作业：完善程序设计，美化智能小屋外观。

提高作业：设计程序为"风扇""表情面板"添加"远程控制"功能。

拓展作业：思考远程控制还可以应用到哪些智能家居中。

七、教学设计特色

（一）依据"指南"，解决实际问题

学生在编程过程中会遇到很多问题，老师课前充分预设，把问题梳理好，给学生提供"问题解决指南"。学生遇到问题后，依据教师提供的"指南"，自己寻找解决问题的方向和路径，再通过学伴之间的沟通交流、深入探究，自行解决了遇到的困难和问题，提升了综合能力。

（二）小组合作，完善程序设计

小组合作有助于教师因材施教，真正有效地体现了面向全体学生的教学原则，因此本节课中设计多个合作才能完成的任务，例如：学生合作完成编程设计，使用账号云广播模块实现远程控制功能等。小组合作，既挖掘了个体的潜能，又能使学生在互补促进中共同提高，实现了双重效益。

（三）自评互评，提高信息素养

本单元采用多样化的教学评价方式：学生自评，生生互评，教师评价。本节课学生互评过程中，学生按照教师设计的评价标准、评价星级，对同伴的发言、汇报、作品等进行各种方式的评价。在教师的指导下，学生的评价过程从最初的"无从下手"到最后的"有理有据"，每一位学生都留下成长与进步的足迹，收获了自信，提高了信息素养，取得了更大发展。

第四章 深度学习教学课例

> 课题组在总结提炼深度学习理论及实践成果的基础上，还以课例的形式呈现出课堂上学生深度学习的真实场景。教师们通过对课堂教学片段的描述，不仅体现出学生主动参与、积极探索、深度合作的学习过程，还体现出教师对学生高阶思维发展、学习策略把握、学习能力提升等方面的关注。通过这样的学习过程能够看出，学生的倾听能力、批判性思维、创新思维、合作意识、交往技能及解决问题的能力等各个方面素养的发展。

统编教材阅读策略单元的教学实践
——以三年级上册第四单元为例

赵莹辉

2019年，教育部审定的统编语文教材投入使用。统编语文教材分为普通单元、策略单元、习作单元和综合性学习单元，这些单元中的课文作为一个整体，相互连接，能够有针对性地提升学生不同方面的能力和素养。统编教材与以往的教材在编排上有很大区别，其中突出的一点就是增设了策略单元，填补了小学语文教材中关于学生阅读方法指导方面的空白，新教材的这种编写使阅读策略教学逐渐得到了教师们的重视。

一、阅读策略单元的价值

阅读策略单元作为统编教材的重要组成部分，是对学生阅读方法的指导。围绕学科核心素养的培养，阅读策略单元既关注学习内容的选择、学习方式的改变，又重视思维方法的形成和学科实践的落实。通过以课文为例子，帮助学生在过程中学习方法，掌握阅读策略，全面提升对学科的感知力和实践水平，思维能力逐层进阶。

就教材的整体而言，阅读策略单元有着特殊的价值。首先，它更注重发展学生的认知能力，从三年级上册第四单元的"预测"到四年级上册第二单元的"提问"，在基本阅读方面给予了方法性指导；从五年级上册第二单元的"提高阅读速度"到六年级上册第三单元的"有目的地阅读"，又在阅读能力方面提出了具体要求。其次，它更注重操作步骤，即方法的学习。在阅读策略单元的课文中，课文左右空白处还都有泡泡提示语，对学生进行阅读方法的提示和指导。

总之，阅读策略单元有利于学生加强对语言文字的运用，实践性强，对于改变学生被动学习的状态，帮助学生成为一个愿意阅读且会阅读的人有着不可忽视的意义和作用。

二、阅读策略单元的教学现状

随着大家对阅读策略单元教学的逐渐重视，在该单元教学过程中也出现了一些不利于学生思维发展、不利于语文素养提升的教学现象。主要表现在以下四个方面：

（一）教师浅层分析文本

统编版语文教材更注重学生的思维和能力进阶，各阅读单元之间也存在着密切的联系。但教师浅层分析文本，缺少对教材的深入研读，这就使得教师不能准确把握教材的训练和提升点，从而影响对学生的及时引导和对整个课堂的把握。教师浅层分析文本，还会导致教学内容的选择面面俱到，基础知识、课文内容、拓展延伸都要涉及，但又都不够深入。这样就使得教学目标的落实缺乏针对性，每节课之间也缺少进阶性的联结，难以达成应有的教学效果，学生的语文核心素养也无法落实。

（二）设置的问题过于简单

学生阅读能力的提升离不开教师的引导，而问题的设置作为教师引导的一个重要环节，对于提升学生的阅读能力起着至关重要的作用。有些教师设计的问题过于简单，致使学生的学习缺少思维含量，长久以往，就养成了不爱思考的习惯，而这也成为了限制学生阅读能力提升的重大障碍。

（三）缺少学习活动设计

在小学语文阅读教学的部分课堂上，我们能够看到，学生作为学习的主体，却并没有真正参与到学习中来。究其原因是课堂上教师更多地采用教师讲、学生听的学习方式，缺少学习活动的设计。在学习活动中，学生可以通过自主学习、主动思考、交流讨论来理解阅读内容及习得阅读策略。而被动接受知识的讲解式学习则会让学生失去学习与阅读的兴趣，不仅使得课堂整体气氛沉闷，还无法提升学生的阅读能力。

（四）教师对迁移阅读缺少指导

教师虽然能够把迁移阅读作为阅读教学过程中的一个环节，但常常是蜻蜓点水般地一语带过，停留在指出但未落实阶段，比如教师出示迁移阅读的书目名字或封面图，却不做更多的解释说明与阅读引导。这就使学生很难灵活迁移阅读经验，无法从迁移阅读中获得思维的锻炼和能力的提升。

三、阅读策略单元的教学实践

阅读策略单元学习的是阅读方法，所以这一单元的教学设计要注重方法性的引导。结合目前阅读策略单元教学过程中出现的一些问题，我们可以从以下四个方面开展本单元的教学实践。

（一）深入研读教材，充分利用资源

要想教好阅读策略单元，教师必须提高对阅读策略单元的认识，深入研读教材内容，了解单元的教学模式。同时还要充分利用各种教学资源，如对优秀的教学案例进行学习借鉴等。在教学之后，教师要及时反思，完善自己对阅读策略的教学思考和教学实践。在进行阅读策略单元教学设计时，教师还要抓住阅读提示、旁批、课后练习、课文插图等学习支架，因为这些都渗透着所要学习的能力要点，和课文的学习共同组成了一个连续的系统。其中阅读提示在于启发学生的思维；旁批在于提示学生思考；插图为阅读策略的学习创设了情境，提供了有力支撑。因此，教师要充分利用这些资源设计教学活动。

以统编教材三年级上册第四单元的阅读策略单元为例，教材对学生提出的要求是一边读一边想，顺着故事情节去猜想，并学习预测的一些基本方法。单元共包含三篇课文，以阅读策略为主线，按照学习的内在逻辑对课文进行编排，相互关联，组成了一个有机整体。第一篇《总也倒不了的老屋》是一个完整的故事，学生可以根据故事的进程及七处旁批，从前面的内容中找到后面内容发生的依据，一边读一边预测，同时明白预测要有依据。可见本课时承载的学习任务就是习得预测方法。第二篇《胡萝卜先生的长胡子》只呈现了故事的一半，还有一半没有呈现，这给学生留下了想象的空间。教材这样的编排显然是让学生练习有依据地预测故事情节如何发展，逐步提升学生的预测能力。这里教材承载的学习任务是预测故事情节还会如何发展。第三篇课文《小狗学叫》开头和故事情节都很完整，只是缺少故事的结局，而且结局有三个。它的作用也非常明显，是让学生练习有依据地预测合理的故事结局。第一课是第二、三课学习的基础，第二、三课的学习是为学生能独立续编故事做准备。三篇课文由易到难，层层递进，逐步提升，真正落实了预测这一阅读策略。需要注意的是，在实际教学中，教师要把握整体教学、注重教学的连贯性，从而确保教学目标的层层递进。

（二）设置优质问题，引领深度思考

问题是学习的引擎，是思维的引爆点。课堂上教师设计的问题的质量直接决定了学生思维的深度和广度，只有优质的问题才能启迪学生的智慧，发展高阶思维能力，培养语文核心素养。这就需要教师在深入研读教材、了解学情、制定目标的基础上，提出具有统整性、有效性、开放性等特征的优质问题。教师可以通过抓住文眼、主干和课后问题来进行优质问题的设计。

阅读一篇课文，最先映入眼帘的就是题目，它是课文的"眼睛"，也就是文眼，大多揭示了课文的主要内容。在教学《小狗学叫》时，教师可以提出这样的问题：看到课题，你有哪些问题吗？以此引导学生根据题目预测故事的情节，从而产生阅读期待。这篇课文的题目比较直白，主角是小狗，它要学叫。但仔细推敲后，学生就有了疑问，比如：小狗要学叫，说明它以前不会叫，难道这是一只很小很小的狗吗？是不是它刚生下来没几天，是个狗宝宝，还不会叫，所以要学叫？平时生活中也经常见到小狗，似乎小狗生下来自然而然就会"汪汪汪"地叫，没见小狗跟谁学过，难道课文中的小狗很特殊吗？课文中的小狗会跟谁学叫呢？最后学会叫的本领了吗？这是一只笨笨的小狗，还是一只勤奋的小狗呢？可以看出，教师的问题打开了学生的思维，让学生产生了很多的思考，这就是优质问题带来的效果。

教师还可以围绕主干提出问题，比如《总也倒不了的老屋》一文，教师提出这样的问题：默读课文，说说哪个句子给你留下的印象最深刻？学生在边读课文边找相关句子的过程中，不断分析、不断比较后，大多数都会找到这句话："好了，我到了该倒下的时候了！"这是文中"老屋"常说的一句话，每次它说完这句话后，都会有小动物来求助，之后老屋都会决定先帮小动物的忙，晚些再倒下。这句话是整篇文章的关键语句，有助于学生厘清文章结构、理解课文内容，提升学生的阅读理解能力。所以围绕主干提出的问题不能只针对一个点，而是需要具有辐射性，并能带动学生对课文整体进行全面性思考的问题。

又如，在学习《胡萝卜先生的长胡子》一文时，教师聚焦课后练习第1题提出问题：故事还没有结束，你认为后来可能会发生什么事情？你为什么这样想？学生要想回答这个问题就需要结合之前的故事情节，以及自己的生活经验来尝试预测。基于此，学生在预测过程中拓展了思维，提升了表达能力。继而，教师继续讲故事的原文。故事讲完之后，教师让学生看看自己的预测和故事有哪些相同和不同，有什么新的想法。这样的环节设置，让学生进一步走进作者和故事人物，更深刻地了解故事丰富有趣的情节；另外，学生在倾听与对比中，预测能力也在逐渐提升。

（三）创设学习活动，促进思维提升

合作交流是学生进入活跃状态的重要环节。生生之间、师生之间通过多边的对话和交流，改进学生的话语体系，并在其话语体系内建构起自身对文本的深刻认识与深层体验。这一过程中，学生的思维产生碰撞；或对文本有更深刻的理解；或产生争辩，在争辩过程中真理"愈辩愈明"；抑或相持不下，"于无疑处生疑"。要使思维真正得到提升，个体的思考是存在局限性的，在疑难问题的解决中，群体的思维可以打破个人思维的局限，引发个体思维朝向纵深发展。

于是，在本单元复习课中，教师设计了这样的学习活动：第一，分小组，每个小组推荐一位同学说出一本自己看过的书或一篇读过的文章，并写在黑板上；第二，请没有看过的同学，根据题目预测一下其中的内容；第三，请推荐的同学公布刚才同学们的预测内容与原文一致的是什么，没能预测到的又是什么；第四，鼓励学生选择黑板上自己没有读过的一本书或一篇文章来读一读。本课例中，教师创设拓展应用的情境提升了学生的预测能力，还帮助学生在课外阅读中有效地运用预测的阅读策略，让自己从"浅阅读"走向"深阅读"。

（四）实现迁移阅读，引导自我内省

三年级小学生的迁移能力有限，往往不知该如何实现，教师应及时搭建学习支架帮助学生迁移，可以先引导课内迁移，再拓展到课外迁移。首先是课内迁移。如《总也倒不了的老屋》以三次相似且重复的情节点出了文章的关键——老屋想倒下但又倒不下。教学时，教师先进行阅读策略的教学，请学生猜测下一次老屋会不会倒，然后让学生试着创编第三次情节，也可以适当写一写，完成后与同学交流自己创编的依据，这样学生就实现了从边读边预测过渡到需要深度思考的创编的迁移。同理，在教学《胡萝卜先生的长胡子》时，教师可以结合课后练习"故事还没有结束，你认为后来可能会发生什么事情"让学生进行创编。学生要充分发挥自己的想象，并将想象转换为语言或文字，完成后教师朗读原文，学生可以将自己的内容与教师读的内容和情节进行对照，看看自己的预测与故事有哪些相同和不同。经过两节课的锻炼，学生对《小狗学叫》一文中给出的多结局训练已经十分熟悉，可以自主完成结局的推想和补充。至此，学生的课内迁移阅读策略也顺利完成。其次是课外迁移。阅读策略的迁移训练仅凭简短的课内时间是不够的。学生课内"学得会"，课外还要"继续练"，对策略的熟练运用甚至熟能生巧需要大量的课外阅读与写作才能实现。教师可以充分利用校内推荐书目，采用"一带N"的方式将阅读策略延伸到课外。

阅读策略单元作为统编教材中的一个重要组成部分，其阅读方法的指导和教学需要循序渐进，从三年级到六年级，从基础到高阶，从方法的掌握到思维的提升，都需要合理的教学策略的指导。在阅读策略单元的学习过程中，学生掌握学科核心知识，把握学科本质及思想方法，形成积极的内在学习动机。教师需要以实现立德

树人的根本目的为目标，重视阅读策略的教学，培养和发展学生的核心素养，促进学生的全面发展。

参考文献

［1］刘炳安.用好策略读书 习得读书策略——对小学语文统编教材阅读策略单元教学的思考［J］.福建教育,2020（48）：26-27.

［2］蔡丽斌.真预测·深思考·广阅读——统编版三年级语文"预测"单元的教学思考［J］.福建教育学院学报,2020（2）：64-66.

［3］倪文娟.策略单元读写融合教学的路径探析［J］.江苏教育研究,2021（17）:46-49.

促进学生深度学习的教学实践研究
——以长方形、正方形面积教学为例

王海波　杜春丽

　　深度学习正在逐渐成为教育领域的热点。深度学习指向核心素养的培育过程，旨在通过学习方式的变革去诠释"培养什么样的人"这一核心问题。深度学习，相较于浅层学习而言，主要有以下四个特征：学习的投入性、学习的理解性、思维的高阶性和学习的迁移性。然而，在当前小学数学课堂中，虽然"深度学习"理论已渐入教师的视野，但是"深度学习究竟深在何处？深度学习实施路径如何？"等问题并不明晰。

　　小学数学课堂中的深度学习应立足学生视角，从深入参与、深刻理解、深层联结、深化应用四个维度进行刻画，对应深度学习的四个主要特征。长方形、正方形的面积教学，学生思维逐渐从一维向二维过渡，这一部分内容的教学涉及到了面积教学的本质，为高年级学习其他平面图形的面积打下一定基础。很多教师在这一单元突出强调了长方形、正方形的面积公式，而忽略了面积的概念、面积的本质，导致学生在知识应用与迁移的过程中存在一定的困难。所以在学习长方形、正方形的面积内容时，要做到深度学习，就需要让学生深入地参与到课堂，理解面积概念的本质，能够从根本上对面积与周长的概念进行辨析，灵活地进行知识的迁移和应用。

一、加强直观操作教学，让学生深入参与课堂

深度学习强调学生有意义的学习过程。深度学习的小学数学课堂，学生应该是积极主动、深入参与、全身心投入的。正如郭华教授指出，深度学习首先"深"在人的精神境界上，"深"在人的心灵里。要让学生全身心参与到课堂中来，就要给学生充分动手操作的机会和时间。学生在进入课堂之前，早对面积有了一定的认知，与认识长度一样，是与生俱来的直觉。在幼儿阶段，人们就能够分辨出哪块饼干大，哪块饼干小。"面积"的起源是由于古代人们分割土地而产生的，教师不妨在教学中从涂色比大小入手，比较哪块地大，哪块地小。学生能够说出图1的面积比图2的面积更大，这是肉眼可以直接观察到的。在涂一涂的过程中，学生对面积概念有了初步的意识，在对比中，发现图形表面有大有小。

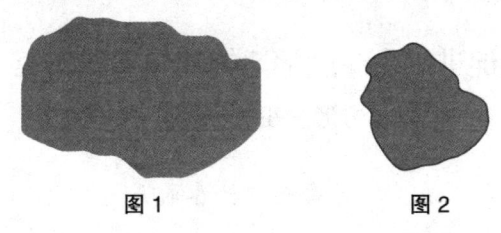

图 1　　　　　图 2

除了生活中土地大小的对比外，还要引导学生对规则图形进行对比。通过两个大小完全不同的长方形，激发学生用观察法、重叠法、拼剪法、间接比较法，让学生能够根据不同图形的特征，选择不同的比较方法。借助某种图形或方格纸作为标准在被比较的图形内拼摆，然后数一数有几个这样的图形，为后面引出面积单位做了铺垫，也能加强学生对学习方法的了解和学习。同时提供给学生肉眼不容易辨别的两个长方形，学生会开动脑筋，寻求方法。此时，学生能体会到用面积大小不同的物体表面去测量同一个图形的面积，所得到的结果是不一样的，从而激发学生对面积单位平方厘米、平方分米、平方米的探究欲望。在比较中，学生不断尝试用工具测量图形的大小，给图形一个确定的数，这个过程也蕴含着面积的有限可加性。

在认识面积概念的过程中，教师要将抽象的数学概念变得更加直观、具体，要符合学生的年龄特点，让学生在观察、比较、动手操作的过程中，深入地参与到课堂中，理解面积的概念。

二、抓住教学本质，让学生深刻理解

深度学习强调的是对知识、概念的理解，而不是机械的记忆，通过学习能够深刻理解知识的本质而非表象，从而加深对深层知识和复杂概念的理解。《义务教育数学课程标准（2011年版）》指出，学生掌握数学知识不能依赖死记硬背，而应

以理解为基础,在知识的应用中不断巩固和深化。面积的学习是学生思维上的一次改变,理解面积公式对学生来说并不是易事,学生虽能记忆面积公式,但在后期的学习中,学生在运用公式上仍存在问题,说明对面积的本质还是没有理解透彻。所以,在探究面积公式时,要注重让学生经历测量的过程,注重对面积本质的理解。

(一)经历用面积单位密铺长方形、正方形的过程

给出若干个1平方厘米的小正方形纸,让学生探究长方形的面积大小。在动手操作的过程中,学生能体会到一个图形的大小本质就是这个图形包含了多少个面积单位,这也突出了面积的本质就是测量,面积的大小是单位面积的累加(图3)。除此之外,还有的学生会发现不用完全铺满长方形就能够得到长方形的面积,只要知道每排的个数以及铺了这样的几排就能知道长方形的面积,这也是乘法的意义所在,即每排的个数×排数(图4)。这些直观操作会给学生提供一定的经验,让抽象的面积公式更加直观、易于理解。

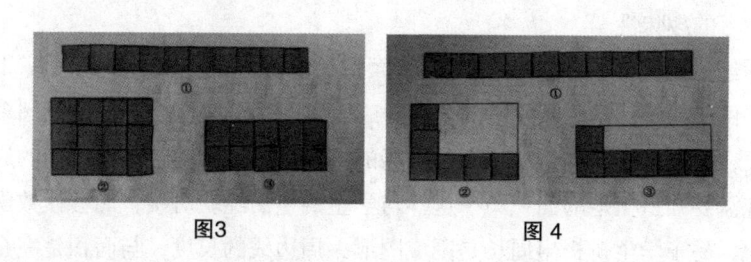

图3　　　　　　　　　图4

(二)沟通面积公式与面积单位个数的联系

构建关联是非常重要的,也是长方形、正方形面积的教学难点。每排的个数及排数与长方形、正方形的长和宽之间的对应关系,长方形、正方形每排的个数是由长方形、正方形的边长决定的,能铺这样的几排是由长方形、正方形的邻边决定的,要引导学生观察长方形的长是几厘米,每行就可以摆几个1平方厘米的正方形;宽是几厘米,每列就能摆几行1平方厘米的正方形。沟通边长和面积单位之间的关系,不断建立对面积单位的表象认识,同时也能够将抽象的面积公式变得易于理解。

在教学过程中,教师要抓住这部分内容的重点、难点,在学生拼一拼、摆一摆中,加深对面积公式推导过程的理解,同时能够抓住面积公式的本质,实现对面积认识的层次性和全面性。

三、加强知识之间的辨析,让学生深层联结

数学知识本身并不是孤立的,不同的知识点之间有着一定的内在联系和结构。教师要通过加强知识之间的比较和辨析,让学生自主地进行知识之间的建构。如学

生三年级已经学过了周长的有关知识，周长是封闭图形一周的长度。周长的长短是围成图形一圈边线的总长度，是单位长度的累加。长度的本质也是测量，但是长度属于一维空间，面积属于二维空间。这对学生来说是一个重要的转折处，是一次空间想象能力的飞跃。在教学中，周长和面积概念的对比和辨析，能够让学生走出混淆误区。在涂面积的大小时，不妨也让学生再涂一涂图形的周长，通过多媒体动画将图形的面积与一周"分离"开。并将图形的一周拉成线，与图形的面进行对比，这样会更加直观地区别周长与面积的不同概念。

周长和面积属于认识图形的不同方面，教师可以通过历史文化知识帮助学生进行辨析。比如，教师讲授4000多年前就出现了"面积"的文化知识。在世界上有一条著名的河流叫尼罗河，尼罗河总会下暴雨，使得河水上涨，把岸边的田地界限给淹没了。当河水落下去时，人们总会重新规划各家土地。于是大家开始关注了土地的大小，也就是"面积"。这样的讲授不仅能够帮助学生区分周长和面积，还能增加数学学习的趣味性。

生活经验也可以促进学生对周长和面积的辨析。学生脑海中有很多相关的例子，这些例子能够让学生从生活的角度对二者进行区分。围绕操场跑一圈多长是操场的周长，而操场所用的草皮多大是操场的面积；土地围篱笆是求土地的周长，而播种庄稼需要知道土地的面积……这样与学生的生活经验对接，能够让数学知识更加生活化，易于学生辨析出周长是围成图形一周边线的长度，与面积是完全不同的概念。

四、促进知识迁移，让学生深化应用

有学习就会有"迁移"，"应用"是"迁移"的表征之一，也是检验学生学习结果的最佳方式。应用既是上一个学习环节的结果，又是下一个环节新知识学习的开始。为此，学习内容的结构性、系统性，以及学生学习时的自觉性、主动性和积极性，都会在迁移与应用中得以体现。"迁移与应用"和"本质与变式"有着内在的必然联系。学生在学习过程中，先要准确把握知识本质内涵，然后才会有知识的迁移与应用。本质与变式则是突出对知识内容的内化，而迁移与应用则体现对学生学习结果的外化，它不仅是对学习结果的检验，更是对学习结果的扩展与提升。

对"面积"有了一定的理解后，不妨让学生进行知识的迁移与应用。手机贴膜的问题：应该买一张多大的膜呢？学生理解了面积的本质，就不会去测量手机的周长，而是手机表面的大小，有的学生会想到用橡皮等非标准单位测量；有的学生会测量长方形的长和宽，接着用公式；也有的学生会进行面积的估算。只要抓住了面积的本质，学生就能灵活应用，灵活解决实际问题。

总之，在面积教学领域要让深度学习真正发生，就要在数学学习的全过程中设计可操作性活动，引导学生深入参与；在深刻理解数学知识的过程中，关注数学学科本质；在深层联结内容时，注重内容之间的比较和辨析；在深化应用方法时，实现能力和思维的提升。要使深度学习真正地发生，既要让深度学习"深"下去，又要让深度学习"深"开来。

在故事学习中促思维发展
——以一年级《咕咚》第二课时为例

许菲菲

《义务教育语文课程标准（2011年版）》中指出："要重视语文教学中思维缺席或者弱化的现象，将'思维发展与提升'作为语文重要的核心素养之一。"因此小学语文教学必须聚焦思维的投入，引领学生在叩问文本、品析内涵中激发想象力和创造潜能，自我建构起文本意义，从而使语文学习走向深度，提升和发展语文学科核心素养。

一、课例描述

《咕咚》是统编版语文一年级下册第八单元的一篇课文，是一篇童趣盎然、情节曲折的民间故事。课文讲的是一只小兔子偶然听见"咕咚"一声，吓得撒腿就跑，其他动物也跟着逃跑，只有野牛提出质疑，大家去看了才明白："咕咚"原来是成熟的木瓜掉到湖里发出的声音。这个故事告诉大家：遇到任何事情，一定要动脑筋想想或去实地看看，不要盲目跟从。

学习过程应是一个由"感知—理解—应用"过渡发展的过程。为了发展学生思维，遵循学习过程方式，教师以学习活动为载体，循序渐进地设计了"读故事—讲故事—展故事"这样三个环节，力求让学生在学习故事的过程中，领悟学法，发展思维，从而提高能力。

二、课堂实录

教师选取如下三个教学片段就以上教学思路进行说明。

教学片段一：借助插图，读故事

通过上节课的学习，学生对于字词都已经掌握了。到底要怎样读懂这个故事呢？这是本节课的重点。一年级学生的想象力还不够丰富立体，仅仅依靠文字感知故事情节有一定的难度，而且理解也难以深入。那么借助直观的图画，学生们就能轻松地将文字转化为图像，并融入故事情境中去。于是教师设计了这样的环节：

师：孩子们，你们发现了吗？当课文中写到小兔子被"咕咚"吓得拔腿就跑时，它害怕的样子没有进一步描写。那我们不妨一起来看看图，你们看到了什么？

生：看到了一只正在奔跑的小兔子的背影。

师：哦，原来这只小兔子头也不回地就跑了，为什么？

生：害怕，恐惧。

师：那带着你们的感受再来读读这一自然段，注意要读出"拔腿就跑"时的慌张和害怕，还要读出一边跑一边喊的样子。

师：故事最后，当大家了解了事情的真相时，课文只有一句话："大伙你看看我，我看看你，都笑了。"此时，大家又是怎样的心理呢？图画上可是描画得活灵活现呢！

生：我看到图画上的小动物，有的张大了嘴，有的瞪大了眼睛，有的看着掉下去的木瓜笑了，小兔子则低着头一副难为情的模样。

师：你们观察得真仔细，注意到了动物们不同的表情和动作。那你们再猜猜它们会想些什么或说些什么呢？

生1：哦，"咕咚"原来是木瓜掉进湖里发出的声音呀！

生2：哈哈哈，哪里有什么怪物，我们真是自己吓自己呢！

生3：唉，太丢人了，早知道我先看清楚再说了。

学到这里，学生们明白了"咕咚"到底是什么，也可以说是初步读懂了这篇文章。为了让学生的思考更加深入，教师继续追问：

师：这里面有一个动物的笑和大家的不一样，说说野牛在笑什么？它为什么笑了？

生1：野牛的笑是在笑大家，没有弄清真相就都跑起来，这件事很好笑。

生2：野牛的笑是满意的笑，因为它拦住大家，带领大家找到了事情的真相，让小动物们明白了做事情不要光听别人说，遇事要多动脑筋，很多时候要亲眼看一看才能下结论。

如何培养低年级学生的阅读能力，在这个版块的教学中体现了层次性：先由扶到放，引导学生带着问题边读边思考，找到课文中相关的信息；再借助图画，在朗读中体会动物们害怕的心理。借用图文结合的形式阅读课文，让学生在饶有趣味的画面中一边读课文，一边梳理故事情节，这样的教学符合一年级学生的阅读心理。

教学片段二：搭设平台，讲故事

《义务教育语文课程标准（2011年版）》指出："语文课程应重视学生情感，使他们逐步形成良好的个性和健全的人格，促进其和谐发展。"在语文教学中，教师要鼓励学生在学习中自由探索，标新立异，促进创新思维的发展。

师：多有意思的童话故事呀，下面我们一起练习用自己的话讲讲这个故事好吗？你们觉得怎么讲故事，才能让别人既听明白又爱听呢？

生1：讲故事首先要让别人听明白，那就要把故事讲得清楚完整。

师：是的，这是讲故事最基本的要求。

生2：如果就把故事内容讲出来，我也不会爱听，没有意思。我特别喜欢我妈妈讲的故事，绘声绘色的。

师：是，在讲明白之后，我们如果用生动的语言、表情等，把故事讲得生动有趣那就更好了。

生3：如果大家讲的都一样，就没有新意了，不能激发我更大的兴趣。

师：没错，如果再能发散思维，加上自己的想象，或者加上动作演一演，这样讲出的故事就更吸引人，更有新意了。

这个环节，对不同层次的学生提出了不同的要求，同时也明确了讲故事的梯度，循序渐进，由易到难，重在训练学生讲好故事，并在讲故事的过程中融入创新性的想法，有利于增强学生创新能力、语言表达能力和语言表述的规范性。因此，教师在进行语文教学时，应多为学生创造讲故事的机会，使学生有更多的机会发挥创新思维，促使学生形成创新意识，有效提高学生的创新能力。

教学片段三：对比学习，展故事

语文课程是一门学习语言文字运用的综合性、实践性课程。"积渐成学""博学于文"是我国语文教学的传统主张。统编教材总主编温儒敏教授也认为：教材远远不能满足阅读教学需要，没有课外阅读，语文就是个"半截子"。

于是，在学习完课文之后，教师拓展了一个和《咕咚》一文有相同主题的绘本故事《酸的和甜的》，教师在为学生读故事的过程中，找准时机根据情境设计问题：

> 这时，来了一只小猴子。他望望架上那一串串紫红色的葡萄，迫不及待地爬上葡萄架，摘下一串就要往嘴里送。小兔子连忙说："不能吃，不能吃，这葡萄是酸的！"

师：故事读到这，你觉得接下来会发生什么呢？

生：小猴子不会吃那个葡萄，因为葡萄会很酸。

师：那咱们接着听这个故事，看是不是这样。

> ……
> 小松鼠和小兔子真不明白，狐狸为什么硬说葡萄是酸的呢？

师：聪明的孩子们，你们能告诉小松鼠和小兔子答案吗？

生1：小猴子因为够不着葡萄，所以它并没有亲自品尝，别人说酸的它就以为是酸的。

生2：它们说是酸的，是听别人说的，所以不一定是真的。

师：那小兔子或小松鼠知道真相后会说些什么呢？

生1：看来要知道酸的或甜的得亲自品尝才行。

生2：我们生活中也是这样，干什么事都要动脑筋思考或者亲自去试试，才能知道真相。

师：是的，遇到任何事情，一定要动脑筋想想或去亲自看看、试试，不要盲目跟从。

师：了解了故事内容之后，我们来比较一下《咕咚》《酸的和甜的》这两篇童话，它们有什么相同之处吗？

生1：这两篇都是童话，而且还都是连环画。

生2：这两篇都告诉我们做什么事不要只听别人说，要亲自去试一试才行。

此环节的教学，为学生在情趣盎然的猜读中积极构建开放的学习场，发展其想象、猜测、推理等思维能力，悄无声息地培养儿童的语文学科核心素养。课文与拓展文有机地衔接，学生分别对课文和拓展文进行个性化解读，解析文本之间的"互文"联系，丰富阅读资源、加深阅读理解、迁移阅读方法，提升阅读能力。这样的对比阅读，不仅让学生对文中的道理得以深入理解，还加深了思维训练。

三、课例反思

本节课中教师以学习活动为载体，引导学生经历知识形成的过程，并在这样的过程中领悟学法，发展思维，从而提高能力，提升素养是当前教育界所倡导的理想课堂。本节课学生在循序渐进地学习过程中，能围绕着学习主题，积极主动参与、体验成功、获得发展，一直处于深度学习状态，思维得到不同程度的提升。

（一）在读故事中，启发学生思维

低年级教材中配有大量的插图，而且其内容信息往往要胜于文字。叶圣陶先生说："图画不但是文字的说明，而且可以开拓儿童的想象。"因此，在本节课，教师以图画为切入点，走进故事，走进动物们的内心世界，充分让学生抓住插图重点内容谈自己的感受和想法，学生在读懂故事的同时培养了想象、表达、朗读的能力，提高了语文素养。

（二）在讲故事中，发展创新思维

故事教学是语文教学中一个重要组成部分，学生在听、讲故事时，思维处于活跃状态。在本节课学习故事中，教师遵从了学生的发展规律，依靠学生自身的学习主动性，利用三个层级逐渐提高讲故事的要求，鼓励学生在讲故事中加入自己的想象、创编等，不断促进其创新思维的发展。

（三）在展故事中，锻炼比较思维

本节课，学生在"比较"这一思维引导下实现了文本拓展，从"耳听为虚眼见为实"到"耳听为虚品尝是实"等等，学生在寻找文本的"同"和"不同"过程中，用最短的时间实现了最大化的学习。

读中理解，演中思辨，感悟寓言道理
——《狐假虎威》课例分析

梁潇

《义务教育语文课程标准（2011年版）》指出："要让学生充分地读，在读中整体感知，有所感悟，培养语感，受到情感的熏陶，在读中培养学习语文的兴趣。""课堂上，教师应创造性地理解和使用教材，积极开发课程资源，灵活运用多种教学策略，引导学生在实践中学会学习。"所以，在日常教学中，教师首先要做的是以读为主线，创设情境，变换多种形式，把读层引向深入，引导学生体验、探究，在读中感知文本内容，感受角色特点。其次，在熟悉课文内容的基础上，促使学生与文本对话，可采用分角色表演的形式，提升学生的创新思维与能力，在语言实践的过程中，深入分析思考，理解文本内容，落实语文要素，让课堂迸发活力，使思维碰撞出火花，激发学生积极参与课堂活动的兴趣，同时，促进学生边读边理解，边演边思考。

一、课例描述

《狐假虎威》这则有趣的寓言故事，是统编版语文二年级上册第八单元的一篇课文，是根据《战国策·楚策一》改写的。课文讲述了一只狐狸如何狡猾地骗过老虎，不仅使自己逃脱危险，还借着老虎的威风吓跑其他动物的故事。文章透过精彩生动的对话，将狐狸与老虎的特点刻画得淋漓尽致。

课堂上，教师以狐狸与老虎的对话为载体，从最初的自读，感知故事中的角色、关注重点词句，到小组分角色读，分析不同角色的性格特点，再到有感情地朗读，以角色间不同语气的对话，体会狐狸的狡猾和老虎的愚笨。通过由易到难、循序渐进地朗读，促进学生对于角色特征的分析与理解。之后，引领学生走入故事情境，抓住角色的不同特征去表演，通过抓关键词和揣摩角色心理的方式，深入理解"狐假虎威"的意思。表演结束，针对故事情境提出问题，促使学生深入思考，引出寓言故事的道理。

二、课堂实录

为使学生走入故事情境、理解故事内容、感悟寓言道理，教师选取了以下三个教学片段进行说明。

教学片段一：以读代讲，关注角色对话，体会性格特征

由于学生年龄小，容易被故事中的角色和情节所吸引，有较强的朗读欲望。同时，本课语言生动有趣，借狐狸与老虎对话、动作及神态的描写，塑造出角色的性格特征，学生易于理解。因此，就本课而言，读好对话，既是学生走入故事情境的第一步，也是深入分析角色、理解故事内容的突破口。鉴于此，教师为学生创造充分读的机会，从设疑自读、思考怎样读好狐狸与老虎的对话到小组分角色朗读，尝试读出狐狸与老虎说话时的不同语气，再到读完后评一评，点拨方法。以关注引导词的方式读出狐狸的得意和老虎的蒙住。在此过程中，学生边读边思考，分析出狐狸与老虎不同的性格特征，理解狐狸的狡猾和老虎的愚笨，为理解故事内容和成语意思打下基础。

师：自己读读狐狸和老虎的对话，边读边想：它们当时是怎样说话的，该用什么语气说呢？

生1：狐狸不想被老虎吃掉，它得骗过老虎，所以说话的时候要厉害些，读的时候声音要大。

生2：我见过的老虎都很威风，这只老虎有点胆小，读的时候可以慢一点。

师：你们不仅能准确找出狐狸和老虎的对话特点，还能边读边思考，真是会学习的孩子。

本环节，学生带着问题自读课文，初步感知故事内容，熟悉故事角色，清楚划分狐狸与老虎的对话，思考用怎样的语气读出不同角色的对话，进而表现出二者不同的性格特征。

师：现在，我们眼前的这两幅图是静止的，如果想让图"活"起来，你有什么好办法吗？

生：我们可以一人扮老虎，一人扮狐狸，读一读它们的对话。

师：组内两人，一人扮老虎，一人扮狐狸，想象当时的画面，读一读它们的对话。争取做到两点：一是读谁像谁，二是让图"活起来"。

本环节，学生在自读的基础上，尝试小组分角色朗读，走入故事情境，分析故事中的角色及其性格特征，用不同的语气读出狐狸的狡猾和老虎的愚笨。

师：谁来评一评，这组同学有没有做到读谁像谁，让图中的狐狸和老虎"活"起来？

生：这组同学读得字音准确，语句通顺。有一点建议，读狐狸的话时，声音太小，没有吓住老虎。

师：怎样读才能吓住老虎？

生：狐狸要"扯着嗓子"。

师：真细心，你关注到了文中的提示词，再来读读。

师：听了狐狸的话，老虎一愣，为什么不敢？狐狸看到老虎愣住，心里很得意，说话的口气变大了，它说了什么？

师：读得怎么样？如果你是老虎，你会怎么想？

生：狐狸这么厉害！我可不敢再吃它了。

师：老虎被吓得蒙住了，狐狸说话的口气更大了，试着读一读。

师：听你们这样地读着，我仿佛真的看到了一只狡猾的狐狸和一只蒙住的老虎。

通过"评一评"的方式，引导学生关注文中"扯着嗓子""蒙住"等引导性词语，点拨读好对话的方法。

教学片段二：边演边思，挖掘心理活动，理解成语意思

情境表演是学生最为喜爱的艺术表现形式之一，能帮助学生理解故事内容，化抽象为形象。在此过程中，引导学生抓住文中"神气活现""摇头摆尾"等关键词，深入挖掘词语背后蕴藏的角色的心理活动，进而理解狐狸与老虎所呈现出不同的动作、神态的原因，加深学生对课文语言的品味和感悟。此外，对于观看表演的学生，教师及时抛出问题：你们为什么要逃跑？你们害怕的究竟是谁？帮助学生梳理故事主旨，引出动物们害怕的是老虎而非狐狸，狐狸只是借助了老虎的威风，达成课后理解成语意思的目标。此过程，促使学生针对狐狸与老虎的做法，形成自己的个性化理解与评价，为第三环节感悟故事寓意奠定基础。

师：组内一人扮老虎，一人扮狐狸，其他人扮小动物。演一演这个故事。

师：狐狸，看你神气活现、摇头摆尾的样子，心里在想什么呢？

生：我在想，老虎再也不敢吃我了。

师：它为什么不敢吃你？

生：它被我骗了，还真以为我是老天爷派来的。

师：老虎，你又为什么半信半疑、东张西望呢？

生：我在想，它真的是老天爷派来的百兽首领吗？

师：原来，这就是你半信半疑、东张西望的原因。小动物们，你们害怕的究竟是谁？

生：我们害怕的是老虎，老虎才是百兽之王。

生：我们看到老虎才逃跑的，狐狸只是借助老虎的厉害吓跑了小动物。

师：这就是成语"狐假虎威"的意思。

本环节，以揣摩角色心里话为切入点，学生从狐狸神气活现的神态里和大摇大摆的动作中，体会狐狸的内心活动。同样，通过老虎半信半疑的神态和东张西望的动作，体会老虎的心理活动，进而理解狐狸和老虎呈现不同状态背后的原因，思考这是一只怎样的狐狸和一只怎样的老虎，形成自身对于狐狸与虎的个性化理解。

教学片段三：思辨悟理，结合生活经验，感悟寓言道理

一则寓言一个道理，通过对文本的学习，学生说出自己想对狐狸或老虎说的话，进而达成自己对于角色的个性化理解，深入分析狐狸骗老虎及老虎受骗的原因，悟出寓言的道理。再结合生活经验，总结狐狸与老虎身上值得我们学习的地方以及遇事时的正确做法，让学生真正有所得。

师：学完这则寓言故事，你有什么话想对狐狸或老虎说吗？

师：在生活中我们应该怎样做呢？

生：遇到困难要想办法，但是不能骗别人，要用正确的方法。

师：狐狸虽然狡猾，却也很聪明，能动脑筋化解自己的危机，但它应该选择正确的方法，依靠自己的力量。老虎不爱思考，老实却又蠢笨，遇事要多动脑筋，勤思考，才能明辨是非，这就是狐假虎威告诉我们的道理。

寓言的学习是为感悟道理，学生将寓言故事中的所得迁移到生活中，学会为人处世的正确做法，智化心灵，促进身心全面发展。

三、课例反思

（一）以读代讲，角色辨析

整个教学过程环环相扣，层层递进，但每一个分支最终都指向一个总的目标。在语文教学中，我们不可忽视朗读的重要作用，所谓"书读百遍，其义自见。"在本节课学习中，朗读贯穿始终，通过自读、小组分角色读和有感情地朗读，学生感知狐狸与老虎不同的性格特征。通过角色的对话体会狐狸的狡猾和老虎的愚笨，进而理解狐狸神气活现与老虎半信半疑的原因，为理解成语的意思奠定了基础。

（二）边演边思，理解成语

感知课文内容、分析角色特征后，教师引导学生将自己对于狐狸与老虎的评价感受，用表演的形式呈现出来，以"让画面活起来"为切入点，激发兴趣，创设情境，融入角色。表演时，学生并非无目的、随意地演，而是要围绕理解成语意思这一目标，渗透方法，抓住关键词，将狐狸的神气活现、摇头摆尾和老虎的半信半疑、东张西望以肢体动作加以表现。同时，引导学生深入思考，每个动作所对应的角色心理是什么，狐狸为什么摇头摆尾，它心里在想些什么？老虎对于什么问题半信半疑？在思考的过程中，逐步梳理狐狸的真实目的与想法，体会老虎的愚昧与笨拙，自然引出成语"狐假虎威"的意思。

（三）深度学习，思辨悟理

本节课，学生以读演结合的方式分析了角色特征，理解了故事内容，而《狐假虎威》作为一则寓言故事，除了对于故事本身的学习之外，还应让学生深入思考，探究故事蕴含的道理。因此，"我想对狐狸或老虎说"这一环节的设计，正是引导学生展开对角色的辨析，说出自己对于角色的个性化理解，在交流碰撞的过程中，学生说出老虎虽老实却愚笨，被骗的根本原因是它不爱思考，并告诉老虎下次遇事要主动思考。而狐狸很聪明，能想出办法逃脱，但做事的方式很狡猾。就这样，学生多角度地展开分析，不但梳理出了本则寓言蕴含的道理，而且通过对每个角色多面特征的深入理解，逐渐学会了多角度、全面地看待问题。

巧用"图表" 助力学生故事复述
——《蜘蛛开店》课例分析

孙学明

一、课例背景分析

（一）课例描述

《蜘蛛开店》是统编版语文二年级下册第七单元的第二篇课文。这是一篇有趣的童话故事，讲述的是一只蜘蛛因为寂寞、无聊决定开一家商店。他卖口罩，来了一只河马，他织口罩用了一整天；他卖围巾，来了一只长颈鹿，他织围巾足足忙了一个星期；他卖袜子，来了一只四十二只脚的蜈蚣，他吓得匆忙跑回网上。

课文故事情节简单，一波三折，内涵丰富。蜘蛛从"卖口罩"改成"卖围巾"，再改成"卖袜子"，想的都是"织起来很简单"；他卖东西的价格，总是"每位顾客只需付一元钱"。蜘蛛思维方式简单，处事方式简单，偏偏迎来了三个特殊的顾客：嘴巴最大的河马、脖子最长的长颈鹿、脚最多的蜈蚣，导致口罩、围巾、袜子织起来都很不简单，他最后"吓得匆忙跑回网上"。

（二）学情分析

学生对"讲故事"已掌握了一些方法。有关"借助提示讲故事"的训练，教材从一年级开始，就进行了一些有意的安排，如一年级下册《要下雨了》出现非正式思维导图的课文，引导学生借助关键词讲故事；二年级上册《小蝌蚪找妈妈》引导学生先按顺序把图片连起来，再借助这些图片讲讲"小蝌蚪找妈妈"的故事。

二、课堂实录

教师选取课堂上的三个教学片段，就如何借用提示图和表格助力学生复述故事的教学过程进行说明。

教学片段一：借助表格，梳理文本内容

本节课，始终以复述故事为教学目标。学生对文本内容的准确、全面掌握是达成课堂教学目标的根本，基于此，教师采用表格方式，助学生梳理文本内容。

师：同学们，蜘蛛开了三次店，每次卖的商品都不一样。这是为什么呢？请大家朗读课文，边读边思考，完成学习活动一。

学习活动一：

1.朗读课文，边读边思考，蜘蛛第一次开店发生了什么事？

2.回答完成下列表格。

	卖什么	招牌写了什么	顾客	结果
第一次				

生1：蜘蛛第一次开店卖口罩，招牌上写着"口罩编织店，每位顾客只需付一元"，顾客是河马，结果蜘蛛用了一整天的工夫，终于织完了。

师：你描述的又准确又具体，真是个细心的孩子啊。请同学们再看蜘蛛第一次开店，小店里卖的商品和顾客有什么特点呢？

生2：印象中口罩很小，来的顾客嘴巴很大，需要的是大口罩。

生3：口罩编织起来简单，来的顾客是河马。河马的嘴巴很大，口罩编织起来也不简单了。

师：你们分析的可真全面，蜘蛛以为编织口罩简单，却碰见了嘴巴很大的河马，这和蜘蛛最初开店的设想不一样啊。到了晚上，蜘蛛心想：这可不行啊，那么大的口罩织起来真不简单啊。于是,蜘蛛的小店发生了哪些变化呢?

请大家完成学习活动二,借助分析蜘蛛第一次开店过程的方法,自主探究蜘蛛第二次、第三次开店的过程。

学习活动二:

朗读第5—11自然段,口语学习单中表格内容并和同桌交流补充。

	卖什么	招牌写了什么	顾客	结果
第一次	口罩	口罩编织店,每位顾客只需付一元钱	河马	用了整天的工夫,终于织完了
第二次				
第三次				

师:请两组同学分享交流成果,如有不同意见或补充,请在同学发言后举手。

生1:蜘蛛第二次开店卖围巾,招牌上没有太大变化,写着围巾编织店,每位顾客只需付一元,这次的顾客是长颈鹿,结果蜘蛛用了一个星期,终于织完了。

生2:蜘蛛第三次开店改卖袜子,它觉得袜子织起来比较容易,招牌上只改了商品名字,价格不变:袜子编织店,每位顾客只需付一元。结果来了蜈蚣,蜘蛛吓得匆忙跑回了网上。

师:这两位同学把蜘蛛第二次、第三次开店的过程描述得很具体,并且回答问题时也按照表格顺序进行,思维严谨,是我们学习的榜样。

在本教学环节,教师通过两个表格的出示,让学生轻松了解了文本内容,并实现了在梳理内容的过程中,对学生从扶到放的引导过程。在培养学生提取信息能力的过程中,也帮助学生学会了把握整篇故事内容的方法,为复述故事打下了坚实基础,同时也为发现文本结构特点埋下了伏笔。

教学片段二:再用表格,厘清文本结构

	卖什么	招牌写了什么	顾客	结果
第一次	口罩	口罩编织店,每位顾客只需付一元钱	河马	用了一整天的工夫,终于织完了
第二次	围巾	围巾编织店,每位顾客只需付一元钱	长颈鹿	用了一个月,终于织完了
第三次	袜子	袜子编织店,每位顾客只需付一元钱	蜈蚣	吓得匆忙跑回了网上

师:请大家对比观察表格内容,蜘蛛三次开店有哪些相同点和不同点呢?

生1:商品价格相同,商品种类、顾客不同。

生2:完成商品编织的时间不同。

生3：介绍三次开店时，描述故事的顺序相同，都是按"卖什么—价钱—顾客—结果"的顺序描述的。

师：你们观察的真仔细，通过对比表格里的内容，发现在讲述蜘蛛"卖口罩""卖围巾""卖袜子"时，都是按照蜘蛛想卖什么、写招牌、顾客是谁、结局怎样的顺序来叙述的，故事情节类似，写法相似，这就是反复。

在本教学环节，学生在了解文本内容基础上，清晰故事的结构才能将三部分内容有序、准确地串联起来。为此，教师再次出示表格，引导学生观察发现文本表达时反复的特点，逐步厘清文章架构，为学生复述故事做好铺垫。

教学片段三：借助提示图，复述故事

师：请同学们自读学习活动三要求，借助提示图复述蜘蛛开店的故事。

学习活动三：

1.借助提示图，先自己讲一讲蜘蛛开店的故事，再把故事讲给同桌听。

2.注意把故事讲准确、讲完整、讲生动。

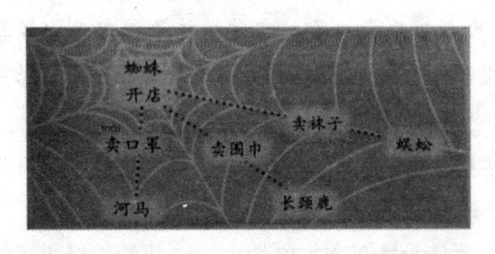

生1：蜘蛛整天坐在网上觉得很无聊，想要开店卖东西，它觉得口罩编织起来很容易，于是决定开个口罩编织店。顾客来了，是一只河马，河马嘴巴那么大，口罩好难织啊，蜘蛛织了一整天才织完。

师：这位同学把蜘蛛第一次开店的内容讲述的又详细、又准确。谁能接着试一试呢？

生2：晚上，蜘蛛想：还是卖围巾吧，围巾织起来很简单。第二天，蜘蛛的招牌换了，上面写着："围巾编织店，每位顾客只需付一元钱。"顾客来了，只见身子不见头。蜘蛛向上一看，妈呀，原来是一只长颈鹿，它的脖子和大树一样高，脑袋从树叶间露出来，正对着蜘蛛笑呢。蜘蛛很无奈，心想：我怎么总是遇到这样特别的顾客呢？于是它足足忙了一个星期，才织完那条长长的围巾。

师：这位同学在讲故事时加入了动作和语气词，以及蜘蛛见到长颈鹿后的心理活动呢，故事讲的既精彩又生动。哪位同学继续讲讲蜘蛛第三次开店的经历呢？

生3：蜘蛛织了一个星期的围巾，最终累得趴倒在地上，心里想：还是卖袜子吧，因为袜子织起来很简单。第二天，蜘蛛的招牌又换了，上面写着："袜子编织店，每位顾客只需付一元钱。"可是，蜘蛛看到顾客后，却吓得匆忙跑回网上。原来那位顾客竟是一条四十二只脚的蜈蚣！它再也不开店了，每天照旧蹲在网上等着小飞虫落在上面，再也不觉得无聊、寂寞了。

师：这位同学也是奇思妙想呢，给故事加了个结尾。通过三名同学的合力，把蜘蛛开店的故事完整、准确地复述出来。你们不仅讲得精彩，听得也很认真。

提示图真是我们复述故事的好帮手。

三、课例反思

课堂中，学生准确、完整地复述了故事，这样精彩的表达得益于学生对文本内容的理解，对文章架构的把握。在设计教学活动时，教师巧用表格梳理内容、横纵对比表格内容发现文本表达特点为铺垫；借助提示图为突破，最终帮助学生实现了准确、完整地复述故事。

（一）巧用表格，梳理情节，获取素材

抓住文本的主要内容是复述故事的根本。在梳理主要内容时，巧用表格带领学生学习蜘蛛第一次开店的过程。由扶到放，学生自读蜘蛛第二次、第三次开店内容，将故事的主要内容准确、完整地提取出来，潜移默化地提升了学生自主阅读和提取信息的能力，同时为复述故事打下了基础。

（二）再用表格，发现特点，感知结构

教师再用表格，帮助学生横向厘清文章描写一次开店时的顺序：卖什么、写招牌、商品价格、顾客来了。教师在纵向对比中帮助学生发现：介绍三次开店时的句子在语言的内容和形式上很相似，这就是文章的结构特点。通过横纵两向解析，让学生抓住文本结构特点，从而在复述故事时有章可循。

（三）借提示图，把握文本，复述故事

通过观察本课网状提示图，学生清晰地把握了故事顺序，充分了解了故事的主要内容，这就避免了在复述故事时出现偏题、遗漏的现象。并且借助提示图复述故事，能够辅助学生顺利完成由输入到输出这一转换过程，使学生在提示的作用下，准确、完整地复述故事，由想到说，促进了学生思维和语言的发展。

例谈提升学生思维品质的英语学习活动设计

秦继兰

思维品质作为英语学科核心素养的内容之一，主要是指思考辨析能力，包括分析、推理、判断、理性表达、用英语进行多元思维等活动。在日常教育教学中思维品质的培养应该被教师重视，但是通过一些英语课堂现状我们能够发现，注重学生思维品质的发展在课上课下不仅体现不到位，甚至可以说经常被忽视。

一、课例背景分析

（一）教学背景分析

以笔者观摩的北京版英语四年级下册Unit7 What happened to the floor? Lesson24一课为例。本节课主要讲述了主人公Baobao因为丢了钥匙在吃饭时有点不高兴，妈妈猜测会不会在书包里，于是Baobao去找书包检查却发现书包落在了操场上这样一个故事。主要涉及到的核心句型包括What's the matter? I lost the key to our house. I left my schoolbag on the playground. You should be more careful next time.等。词汇学习部分涉及到描述过去发生的事的短语，如lost my new cap, spilled the milk, hit somebody on my way home等。为了完成本节课的教学目标，教师精心设计了这样的学习过程：从"复习旧知识中导入话题"到"情境问答中理解对话"，再到"小组合作中操练对话"，最后是"实践活动中运用语言"。

（二）教学过程分析

通过课堂实施现况可以看出，教师设计的学习活动在课堂上开展得很顺利。看到授课教师上完课后长舒一口气的样子，知道她对本节课教学活动的顺利实施及学生的良好配合很满意。本节课的实施过程确实很顺畅，课堂也一直按照教师的设计在顺利开展，师生关系在一问一答中也显得很融洽，甚至课堂上还呈现出了学生积极参与到小组合作学习活动中的场面。尽管如此，整节课下来还是觉得课堂缺点什么，使得课堂上没有亮点，没有新鲜感，更确切地说是没有学生思维发展点的外显。在课后的研讨环节，有老师说道：单从教学内容来看，这节课确实可以算得上是一节好课，学生学得很扎实，词句都得到了充分操练，相信掌握的一定很不错。但是本节课对学生来说，除了知识上的增长之外，在思维发展方面似乎没怎么得到提升。

基于以上分析，大家对本节课的一些细节进行了回顾：比如在复习旧知识中导入话题环节，教师出示图片并提问：Look at these pictures, what did they do?

学生流利且统一地回答道：Yangyang broke Maomao's toy car, Lingling broke the cup, and the children kicked the ball into the lake.

由以上师生问答可以看出，学生只需要描述出图片内容即可，并且这些内容都是学生学习过的知识，所以无需过多思考，基本上属于纯语言知识的机械操练；再到学生小组内朗读操练对话，也只是针对单词、句型的朗读与记忆开展的学习活动；在理解课文的过程中，老师还多次提出像"What does Baobao say? What does Baobao's mum say?"类似的问题，学生基本上可以直接在课本中找到答案。可见，课堂上的一问一答也好，学生的小组活动也罢，大部分都是针对单词、句型等语言知识开展的学习活动。这样的学习过程确实能够提升学生对知识的复现、学习及掌握，但对学生思维发展帮助甚小。

二、课例呈现

我们知道，英语学科的学习不仅仅是语言知识、技能的学习，更应该是在语言知识增长、技能提升的过程中促进学生思维品质的发展，这不仅仅是英语学科学习的目标，也是各学科学习要实现的学习目标之一。

（一）改进思考

在研讨、回顾与认真分析的基础上，我们开始思考如何进行课堂改进，以促进学生思维发展，提升学生的思维品质。最后我们一致认为，应该在课堂上增加一些能够促进学生主动思考的学习活动，实现学生在思考中学习语言、在思考中提升思维水平的目的。于是，结合本课的教材内容及学生的学习水平，我们在原设计的基础上，修改或增加了学生主动去思考、去猜测、去想办法解决问题的学习活动，比如把原来直接从书本能找到答案的事件，变为让学生提前预测一下故事发展的走向；把原本教师直接给出答案或建议的活动，变成让学生自己通过思考给出解决问题的办法等。希望学生能够在预测、猜测、思考中发散思维，提出解决问题的方法，从而使得思维水平得到提升。

（二）课堂实录

教师对教学设计进行修改与调整之后，在另一个班按新的设计再次开展本节课的学习。通过学生的课堂表现可以看出，新的设计带来了新的课堂生成，学生的学习效果非常好。下面从节选的三个课堂片断进行说明。

教学片断一：在"教师追问"中引发思考

在"情境问答中理解对话"环节，教师出示下图并提问：What can you tell me about the picture?

学生说出了"Baobao and Baobao's mum are in the picture.They are in the dining room. They will have dinner.They will have fish, vegetables and rice for dinner.They will have soup too. Baobao's mum is happy, but Baobao looks sad."等信息。

第一次课设计的内容到这里就结束了,学生描述完图片信息之后,教师播放对话视频供学生视听,之后就开始了课文内容的理解与学习。修改后的教学设计则是学生描述完图片内容之后,教师没有带领学生立即进入课文内容的学习,而是通过继续追问引导学生思考:You know a lot from the picture. But what do you want to know from their dialogue?

这时有学生回答"我想知道Baobao发生了什么事情",有学生说"我想知道Baobao为什么伤心",还有学生说"我想知道Baobao伤心,妈妈会怎么来安慰他"等等。尽管学生已经开动脑筋思考问题,但教师还没有止步于此,而是继续提问:I also want to know why Baobao looks sad. Before we learn the dialogue, can you guess, what's the matter with him?

学生猜测的原因非常丰富,有同学说可能是因为Baobao的作业没完成,受到了老师的批评不开心;有同学说可能因为Baobao在学校跟人打架受伤了不高兴;还有同学说可能是Baobao想看电视妈妈不同意,甚至有同学说Baobao可能是因为不喜欢吃鱼……

通过学生猜测Baobao伤心的原因可以看出,他们基本上能够结合自己的生活实际进行有意义的猜测,做到了在猜测中启发思维的同时,也增强了学生的语言表达能力。

教学片断二:在"预测故事"中发散思维

第一次课上,教师让学生带着问题"Why does Baobao look sad?"观看视频对话,并寻找答案。视听对话之后,学生很快从对话内容中得知了Baobao伤心的原因,即:Baobao lost the key to his house.在找到问题答案之后,教师就带着学生继续学习Baobao与他妈妈的对话语言。

本次课上教师进行了这样的调整:在学生通过视听第一段对话并找到Baobao伤心的原因之后,教师没有立即带着学生学习课文语言,而是让学生预测一下故事的发展：Baobao lost the key to his house. Where is Baobao's key? Can you guess?

S1: Maybe it's in his schoolbag.

S2: I think the key is in his pocket.

S3: Maybe it was left on the playground.

S4: I think the key is missing.

S5: Maybe it was left in the classroom.

S6: Perhaps it was lost on his way home.

S7: I think the key is in his pencil-case.

……

就这样，学生预测了各种钥匙可能存在的地方，比如书包里、文具盒里、衣服口袋里，也可能被落在了教室里、操场上、回家的路上等等，在对故事发展即钥匙可能在哪里进行预测的过程中，学生的思维得到发散，同时也是对学生解决问题能力的锻炼与提升。

教学片断三：在"解决问题"中发展思维

在通过课文学习了解到Baobao的钥匙丢了之后，妈妈提醒Baobao钥匙会不会在书包里，后来发现书包也落在了操场上。于是妈妈对Baobao说："You should be more careful next time."然后教师就带着学生把重点放在了学习最后一句建议语言上，通过跟读、小组读、有语气朗读等方式展开学习。

新的设计中，当Baobao发现书包又落在了操场上时，随着大家露出惊诧的表情，教师立马带领学生思考。事情既然发生了，应该如何解决问题呢？于是教师对学生进行了这样的引导：Baobao can't find the key. He left his schoolbag on the playground. So what should Baobao do next?

在这个猜测环节，学生更是积极活跃。他们给出了很多种解决问题的办法，比如回学校取回书包检查钥匙是否在里面，回学校失物招领处找一找钥匙会不会在那里，去教室里看看有没有落在书桌抽屉里，还有的说干脆用妈妈的钥匙找配钥匙师傅配一把新的，甚至有学生说为了防止钥匙被坏人捡到还是换把新锁吧……

就这样，同学们开动大脑，思考着、表达着他们解决问题的方法。教师通过让学生寻找解决问题办法的思维活动，不仅给学生提供了认真思考问题的机会，还让学生在相对真实的语境中用英语表达自己的想法，让语言为我所用，而不是为了学习语言而学习语言，同时还能够借助这样的学习活动引导学生遇到麻烦学会主动想办法解决。

287

三、课例反思

英语课程标准指出："就工具性而言，英语课程承担着培养学生基本英语素养和发展学生思维能力的任务"。为了不再让学生思维发展受阻，在本节课的第二次教学中，教师减少了一些只关注知识学习、机械操练的环节，增加了关注学生思维能力发展的活动设计。通过猜测事件发生的原因、预测故事发展的走向、推测事件发展的结果，以及思考问题解决的办法等学习活动，帮助学生在参与活动时主动思考、创新思考、深入思考，养成爱动脑、善思考的习惯；在学生勤思考、善思考、会思考中发展思维、提升思维品质。

凸显"搭配"本质，让思维走向深度
——《合理搭配》课例分析

王海波

新课标倡导，在教学过程中，教师要从学生实际出发，创设有助于学生自主学习的问题情境，引导学生通过实践、思考、探索、交流等，获得数学基础知识、基本技能、基本思想、基本活动经验，促使学生主动地、富有个性地学习，不断提高学生发现问题和提出问题及分析问题和解决问题的能力。

一、课例描述

《合理搭配》是北京版三年级上册数学百花园里的一个知识点，属于实践活动课。通过服饰搭配、早餐搭配以及数字排列等活动，引导学生观察、猜想、实验，找出简单事物的排列与组合。在以前的学习过程中，学生有采用列举方法用不同符号进行记录的经历，同时学生也通过思考题见过符号表示数字的经验，本节课学生需要通过小组交流，相互启发，采用不同的方式记录，在搭配的过程中逐步学会按一定的顺序思考问题和解决问题。在由浅入深的探索过程中，帮助学生掌握用不同方式表示搭配的方法，并初步培养学生的符号意识。

二、课堂实录

教师选取如下三个教学片断，就本节课中如何通过探索搭配方法及不同的搭配表达方式，来促进学生的思维发展进行说明。

教学片断一：引出搭配

搭配衣服在生活中并不陌生，每个孩子都知道衣服的搭配过程。那么这节课的重点就是在合理搭配的基础上，找到一共有多少种不同的搭配方式。选择衣服的问题情境比较贴近学生的生活实际，在谈话设问中帮助小丑奇奇搭配衣服，提出方案，能够拉近师生之间的距离。

师：马戏团里的小丑奇奇接到了动物园的表演邀请，他可高兴了，但是他有那么多的衣服，请看！

生：（他有）蓝帽，粉裤，红裤，绿裤和绿帽。

师：对了，他有两顶帽子和三条裤子（贴上图片）。

师：如果奇奇选一顶帽子和一条裤子进行搭配（课件同步展示），你想怎样帮他搭配？

生1：蓝帽配绿裤。

生2：绿帽配粉裤。

生3：蓝帽配红裤。

师：看来同学们的方法还真多，但是你们是依据什么进行搭配的呢？其实搭配是有学问的，今天我们就一起来学习搭配中的学问。

在选择方案的过程中，每个学生依据已有的认知经验，给出各自的搭配策略和方法，在参与活动的过程中，调动了学习新知识的积极性，使整个课堂气氛活跃起来。但是学生只是依据自己的观察，提供一种或者几种搭配策略，教师还需要给学生更多的时间进行深入思考，以便找出更多甚至全部的搭配方法。

教学片断二：探索搭配

在教学过程中，教师通过为学生提供学具，即小丑奇奇的服装图片，让学生在观察的基础上动手搭配，积极探索；还给予学生充裕的时间，让学生深度思考，寻求解决问题的方法，从而帮助学生养成善于思考的学习习惯。

师：一顶帽子搭配一条裤子一共有多少种方法呢？看来同学们已经有想法了，信封里有奇奇的服装图片，请利用这些服装图片按要求动手摆一摆，看看一共有多少种搭配方法！

出现遗漏

生1：蓝帽搭配红裤，绿帽搭配粉裤，蓝帽搭配绿裤，蓝帽搭配粉裤。

师：谁来说一说，你觉得他的搭配方法怎么样？

生2：太少了。

师：哦，你的意思是他的方法有遗漏。（板书：遗漏）

出现重复

师：你觉得他的方法有遗漏，那你是如何搭配的呢？

生2：我的搭配方法是蓝帽搭配红裤，绿帽搭配粉裤，蓝帽搭配绿裤，蓝帽搭配粉裤，绿帽搭配绿裤，绿帽搭配红裤，蓝帽搭配绿裤。

师：你们觉得生2的搭配方法怎么样？

生3：这里面有同样的搭配方法。

师：哦，你的意思是他的搭配方法重复了。（板书：重复）

出现有顺序

师：哪位同学还有不同的搭配方法？

生4：蓝帽搭配红裤，蓝帽搭配绿裤，蓝帽搭配粉裤，绿帽搭配粉裤，绿帽搭配绿裤，绿帽搭配红裤。

师：生4一共给出了6种搭配方法，你们觉得他的搭配方法怎么样？

生：好。

师：好在哪里？

生5：他先选定了一顶帽子，然后分别与三条裤子搭配。

生6：这样很直观。

师：（教师出示图片）像这种有顺序的搭配，先确定蓝帽子，再分别与三条裤子搭配，有3种方法；然后用绿帽子分别与三条裤子搭配，又有3种方法；一共就有6种搭配方法。这种方法真好！我们一起来读读他的搭配方法。

师：原来只要按照有序地搭配，就可以做到不重复，不遗漏，就能快速地找到所有的搭配方法。

师：同学们，大家想一想，除了先确定帽子进行有序搭配之外，我们还可以先确定什么？

生7：裤子。

师：先确定裤子也可以进行有序地搭配，大家可以用先确定裤子的方法摆一摆吗?

师:你们是怎样摆的?能用连线的方式表示出来吗?(邀请生7上台进行展示。)

生7:我是先确定粉裤与两顶帽子搭配,再确定红裤与两顶帽子搭配,最后确定绿裤与两顶帽子搭配,一共有6种方法。

师:你的方法是先确定裤子,每条裤子有2种搭配方法,一共也是有6种方法.现在我们再一起读读他的搭配方法。

在实际动手操作的基础上开展交流、分享的活动,让学生经历从无序到有序、从片面到全面的思考过程。最初学生搭配的方法不一定全面,教师要善于捕捉学生的错误资源,通过对比、交流,不断引发学生的认知冲突,在交流、分享中进行方法的补充与规律的探索,激发学生探究问题的欲望,拓展学生思考问题的多种方式。

教学片断三:符号搭配

本节课要让学生体会如何用比较简洁的方式表达搭配的过程,从而渗透符号化的思想,符号化思想的形成并不是一蹴而就的,学生需要经历由具体、半抽象到抽象化的过程。在教学中,教师要让学生经历从具体到抽象的整个过程,这样学生才能够在观察、比较中优化方法,逐步形成符号化表达的意识。

师:刚才同学们利用这些服装图片进行有序搭配,现在如果没有这些图片,你还能用更加简单的表示方法进行有序搭配吗?想一想,然后把你的方法写在学习单上。

生1:(展示下图并分享搭配方法)我先确定帽子,每顶帽子有三种搭配方法,一共有六种搭配方法。

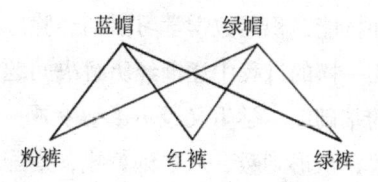

生2:(展示下图并分享搭配方法)我先确定裤子,每条裤子有两种搭配方法,

一共有六种搭配方法。

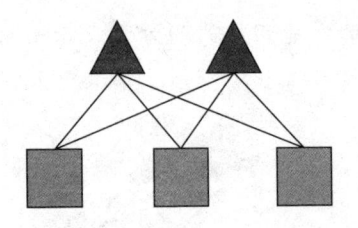

生2：（展示下图并分享搭配方法）……

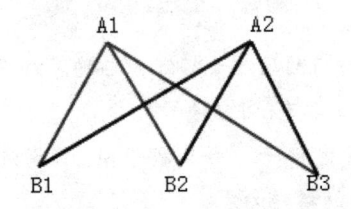

师：通过大家的分享可以看出，有的同学的搭配方法是先确定帽子，有的同学是先确定裤子，看来有序搭配可以很快地找到所有的搭配方法。在记录过程中，你们用了文字、图形、字母等不同方式来表示搭配方法，这种符号化的记录方式更加简洁。

从上面的教学片断中可以看出，学生用文字、图形、字母等符号化的方式来表示服装搭配，体现了学生的创造力和智慧。在这个环节中，教师按照文字到图形，再到字母的顺序，让学生展示他们表达搭配的不同方式，这样既巩固了有序的搭配方法，又让学生经历了符号化、数学化的过程，使学生体会到数学符号的简洁美，培养了学生的符号化意识。

三、课例反思

本节课例以"服装搭配"为主线，从引出搭配到探索搭配，再到符号搭配，学生在对搭配方法及表达方式的探索中实现了思维的提升。

（一）自主探究中锻炼分析理解能力

教学中，教师要为学生提供丰富的学具，给学生充分的时间进行动手操作，让学生经历思考、探究、交流、合作的学习过程。从而真正地理解搭配学问中的本质思想，掌握其中的知识和技能，积累数学学习活动经验。在搭配服装时，学生在摆一摆的活动中思考，在摆一摆的过程中逐渐经历解决问题的一般过程，锻炼学生分析和理解的能力。在摆的基础上，学生又经历了动手画一画、写一写、算一算的抽象化过程，从具体到抽象，从形到数，从数到算式，搭配就转化为对乘法意义的理解，也就是思考几个几。通过一系列动手操作活动，搭配的方法不断迁移，学生的思维水平不断提升。

（二）交流分享中提升综合概括能力

课堂上的生生对话、师生对话，可以不断引导学生思维相互碰撞、提升，同时可以让不同水平的学生得到对问题的不同理解。在学生分享作品时，通过教师的引导，逐步理解知识的本质。本节课给了学生多次交流、分享展示的机会。在学生探索完搭配的方法后，进行交流的目的是分享不同水平学生的资源，这里资源的分享是分层进行的，先出示不全面的搭配方式，引导学生思考全面的搭配方式，接着通过无序的搭配方式，引导学生思考有序的搭配方式，从不全面到全面、从无序到有序，学生之间相互补充、相互启发，在对比、沟通、联系中，提高了学生的综合概括能力。

（三）符号表达中提升抽象能力

数学符号意识是学生需要具备的基本素养之一，符号意识的培养要在教学的过程中逐步渗透。教师用图片进行搭配后引导学生用简洁的方式再次表示搭配过程，在寻求简洁方法的过程中，很多学生用文字、图形、字母等代替了图片。在学生分享表达搭配的不同方式时，教师由复杂到简单，并对比不同的表示方式，让学生说一说他们喜欢的表达方式及理由。大部分学生能觉得符号更加简洁。可见，教师在引导学生经历由复杂到简洁、由具体到抽象的表示搭配的过程中，培养了学生的符号意识，提升了学生的抽象能力。

变教为学，让学习真实发生
——Unit 5　I have long arms Lesson 18课例分析

张慧

本文在分析小学英语教学中出现的一些教学现状的基础上，以北京版英语二年级上册Unit5 Lesson18为例，详细地阐述了变教为学理念在英语课堂上的落实，通过实践变教为学理念，让学生的学习在课堂上真实发生。

一、小学英语教学现状

（一）学生主体地位不明显

课堂学习应该以学生为中心，但是部分教师不放心把课堂交给学生，他们认为自己不讲学生就不会，缺少培养学生自主学习的意识。在教学过程中，很多教师还是"满堂灌",导致学生只能被动地接受知识,学习积极性不高,学习潜力也得不到激发。

(二)学习活动开展不充分

在部分课堂上,有的教师虽然在逐渐地由"满堂灌"向设计活动转变,但由于小学生年龄小,意志力和自我控制能力较弱,教师就担心学习活动的开展会影响教学进度,于是课堂上就出现教师出示完学习任务,一两分钟之后就让学生停止自主学习与小组交流。没有充分的时间开展学习活动,使学生的小组学习流于形式,因此就会影响学习效果。

(三)师生关系不"平等"

很多教师在学生面前都非常严肃,总想让学生怕自己。这就导致部分学生在课上不敢表达想法或发表意见,害怕说错了被教师批评。教师不能够像朋友一样做学生的倾听者,还会出现抱怨学生不配合自己的现象。这种不够完全"平等"(重点指不够亲密、融洽)的师生关系会从很大程度上影响学生参与课堂学习的效果,影响学生的学习热情与兴趣。

基于以上教学现状分析,在英语教学中,我们引进了"变教为学"理念。所谓变教为学,就是把"以教为主"的课堂转变为"以学为主"的课堂。这种课堂要求教师要做到:让每一位学生都受到关注,让每一位学生都有活动,让每一位学生都有机会,让每一位学生都获得发展。因此,要想落实变教为学理念,让课堂实现以学为主、以学生为主,就需要教师结合学习内容设计学习活动,让学生积极主动地参与学习活动,在完成学习活动的过程中实现对语言的学习理解和迁移运用。

二、课例描述

以北京版英语二年级上册Unit 5 I have long arms Lesson18为例,本单元的主题是"Animals look different",语言内容主要是谈论动物及其外貌。经过前一课时的学习,学生已经能够在情境中描述动物的外貌,Lesson18呈现的是Guoguo和Kate在家中玩"画动物、猜动物"的游戏情境。本节课中,在变教为学理念指导下,教师设计了"听记信息—描述动物—动物园小导游"三个学习活动,希望能够通过不同的学习活动实现"在情境中初步与同学、朋友谈论所画的动物并描述动物的外貌特征"的学习目标。

三、课堂实录

教师选取如下三个教学片段,就变教为学理念在本节课中的落实情况进行说明。

教学片段一：听记信息，理解课文

上课伊始，在学生通过谈论教师出示的主题图，对课文背景信息充分了解之后，教师设计了"听音频，记录信息"的学习活动。该活动是在变教为学英语课堂"听力为中"理念下设计的，即以听力为中心，让学生在听记、听说、听读中实现"理解对话大意"的学习目标。

教师播放课文音频，学生边听边记录所听到的信息。在听力之前，教师引导学生可以使用英文、中文或者符号等多种形式进行信息的记录。第一遍听力之后，教师让学生组内交流一下各自听到的信息，以实现在交流中共享信息的目的。然后教师再播放音频，学生第二遍听音频并在第一遍记录的基础上补充信息，之后依然是小组交流，并全班分享，通过分享教师诊断出学习难点词汇，并通过讲解等学习方法帮助学生学习理解这些词汇。词汇学习之后，教师继续让学生听录音、完善信息，与前边的学习过程基本一致。只是学生的交流信息更多的是本次听力之后补充的新信息。最后教师结合学生分享的内容对重点句型进行强调。

在该教学过程中，教师不仅给予了学生学习方法的指导，比如自主听记的方法等；还通过一步步搭台阶的方式，帮助学生实现对课文内容的理解，比如从关键词语到核心句型的强调；最为重要的是教师让学生成为了学习的主体，学生听、记、交流、分享等，而教师只是根据需要给予指导与点拨，这就很好地突显了学生学习的过程。学生在自主听记、交流分享中达成了理解课文内容的学习目标。

教学片段二：描述动物，内化语言

在理解课文内容的基础上，能够用所学语言描述动物是本节课的学习目标之一。基于此，教师设计了"两人一组，描述动物"的学习活动，让学生在运用语言做事情的活动中内化语言。教师把画有多种动物的学习单发给学生，然后要求学生两人一组，从图片中选取不同的动物并描述其身体特征。

教师首先指着乌龟的图片给予示范："It's a turtle. It has a short tail, a small head, a long neck and short legs. It's green and it can swim. I like turtles!"教师示范之后，同学们开始在小组内进行练习。一位同学挑选动物，另一位同学进行描述，然后再进行交换。在练习过程中，当遇到描述不够准确或全面时，另一位同学还会热情地给予提示或补充，直至相对完整地描述出所挑选的动物。

通过练习之后的小组展示可以看出：各小组都在积极努力地运用着本单元所学语言进行动物描述，比如有小组这样描述大象："It's an elephant. It has big ears, a long nose and a big body. I like elephants!"还有小组这样描述河马："It's a hippo. It has a big mouth and a big body. It can swim. I like hippos!"在一些小组描述之后，还有同学给予补充，比如"The elephant is grey. It has strong legs too! The hippo has small

295

ears."等。

本教学片段中，在教师的示范引领下，每一位同学都积极主动地参与到合作学习活动中，学生在小组合作中既运用了本单元所学语言，又实现了"在情境中运用本课语言描述动物特征"这一学习目标。这样的学习过程是学生深入理解语言、内化语言的过程，也是学生在展示交流中获得自信的过程，学生乐在其中，也收获其中。

教学片段三："导游"情境，迁移运用

学习语言的最终目的是为了迁移运用语言。教师可以通过创设不同的情境，为学生提供迁移运用语言的平台。本节课教学中，在学生理解、内化语言之后，教师创设了"动物园小导游"的情境，让学生在情境中实现对语言的迁移运用。

教师呈现学习活动：北京动物园缺少英文小导游，需要大家去帮忙。请大家运用所学的语言以导游身份完成这样两个任务：一是为小动物们找到各自的"名片"，二是向游客介绍小动物的外貌特征。之后，教师把多个动物图片及写着"I have long ears and red eyes. I can jump. I love carrots."等描述动物语言的"名片"发给学生。学生四人一组，先阅读"名片"上的语言，然后再根据语言描述找到对应的动物图片进行匹配。为所有动物都找到对应的"名片"之后，学生继续在小组内模拟导游与游客情景。其中一人为导游，三人为游客，每一个人都要轮流当导游。导游开始为游客介绍每种小动物及它们的特征。看这个小导游当得还真是有模有样，他正在向组员游客们热情地介绍熊猫："This is panda Yuanyuan. It has small ears, a small tail and a big body. It's black and white. How lovely it is! I like Yuanyuan very much. How about you?"学生在介绍时还加入了肢体动作，以表达对Yuanyuan的喜爱之情。导游介绍之后，有的"游客"还给出了热烈的掌声。学生们在当"导游"的实践活动中迁移运用了语言，行使导游职责向"游客"们介绍小动物的过程，也让他们获得了快乐和自信。

在本环节教学中，教师通过创设"动物园小导游"的情境，让学生体验当"导游"的乐趣并实现迁移运用语言的目的。学生从语言阅读逐渐深入到语言表达，在任务挑战中激发了学习潜力，使思维得到发展。总之，学生在迁移运用语言的过程中不论是语言能力还是思维水平，都得到一定程度的锻炼和提升。

四、课例反思

整体来说，在本课例中，教师设计不同种类的学习活动，让学生经历了自主学习、小组合作、展示分享等学习过程，实现了对课文内容的理解及语言的内化和迁移运用。这样的学习突显了学生的主体地位，让学生从被动接受学习走向主动探究学习，从跟着教师学走向在教师引导下学，从而让学习真实发生。

（一）在自主听记中理解语言

变教为学理念倡导"以学为主"的课堂，教师要放手把课堂交给学生，充分发挥学生的主观能动性；教师要精心设计学生可以全程参与的学习活动，然后给予学生充足的时间与空间去自主探索、开展学习。教师则在需要的时候给予指导与点拨。本课例中，教师设计了听音频并记录信息的学习活动，学生自主听录音、记录信息并小组交流、全班分享，教师适当地给予核心词汇及句型的引导。这种自主听记、交流分享的学习过程，帮助学生很好地实现了对课本内容的学习理解。

（二）在合作交流中内化语言

小组合作学习是变教为学倡导的学习方式之一，学生在小组合作中通过交流研讨完成活动任务，达成学习目标。本课例中，教师让学生借助小组合作完成"描述动物"的实践活动。学生在练习过程中通过仔细观察动物特点，并利用本课所学句型以及之前学习过的有关身体部位的词汇开展语言实践活动。学生在小组合作中不仅完成了教师设计的任务，还很好地在交流表达中对语言进行了内化，为进一步迁移运用语言做了铺垫。

（三）在生活情境中迁移语言

教师应该设计一些可以让学生亲身体验的学习活动，让学生借助已有的生活经验去感知、整合新旧知识，在参与活动中实现语言的迁移运用。教师在本课例中结合学生生活实际设计了"动物园小导游"的情境，学生在情境中先是通过语言阅读为每一个小动物找到各自的"名片"，然后又通过语言表达向游客介绍小动物。在当"小导游"的过程中，学生们敢于开口、乐于开口，运用所学语言履行着自己的"职责"，在完成任务中实现了对语言的迁移运用。

创设深度交际情境，发展学生语言能力

王瑛玮

《义务教育语文课程标准（2011版）》中对于"口语交际教学"给出了明确的建议：口语交际是听与说双方的互动过程。教学活动主要应在具体的交际情境中进行，不宜采用大量讲授口语交际原则、要领的方式。应努力选择贴近生活的话题，采用灵活的形式组织教学。李吉林老师也曾说："言语的发源地是具体情境，在一定的情境中产生语言的动机，提供语言的材料，从而促进语言的发展。"由此可见，"创设具体的交际情境"是口语交际教学成功的基础与关键，它让学生在真实可感的交际任务中感受双向互动的实践过程，增强表达欲望和交际热情，在深度交际中发展语言能力。

日前，笔者听了一节五年级口语交际课，课题是《父母之爱》。在这节课中，教师紧密结合教材规定的话题，巧设交际情境，营造良好的语言交际氛围，步步推进、由浅入深地落实了教学目标，实现了深度交际，促进了语言发展。下面，我们就来结合课例，感受教师的具体做法。

一、设置问题情境，激发表达欲望

本次口语交际的内容"父母之爱"，与学生的现实生活紧密相连，具有很强的话题性和教育意义。开课环节，教师直接从"父母之爱"这四个字入手，设置问题情境：看到这个题目，你的脑海中出现了怎样的画面？一石激起千层浪，这个问题一下子唤醒了学生内心深处真切的情感体验，激发了学生强烈的表达欲望。课堂上，学生们纷纷讲述父母关爱自己的场景，如生病时妈妈无微不至的照顾，爬山时爸爸积极向上的鼓励，遇到危险时父母挺身而出的保护等。随着学生的谈话，自然而然地引出本次口语交际的话题——不同方式的爱。

这种简单明了、开门见山的设置问题情境引出话题的入课，对于本次交际的内容来说，不失为一种比较恰切的方式。学生直接由课题想开去，自然会联想到生活中的体验，进而在回忆中感受父母疼爱自己的每一个画面。学生从最真实、最细微的体验谈最真切、最生动的感受，胜过教师千百句空洞的说教，同时在师生的交谈中，产生了表达的欲望，为实现深度交际、发展语言奠定了基础。

二、依托生活情境，实现深度交际

语文知识的产生源自于生活实践，口语交际的教学同样离不开实际生活。毋庸置疑，天下的父母没有不爱自己的孩子的。但是由于观念的不同，父母在爱孩子的方式上也会有所不同。面对不同方式的爱，如何引导学生明确是非观念，学会沟通，懂得感恩呢？在教学过程中，教师创设了具体真实的生活情境，让学生选择恰当的材料勇敢地发表自己的看法，在师生、生生的多边互动中逐步理解父母之爱，实现了深层交际。具体实施分三个层次。

第一个层次：借助教材情境，发表多元见解

首先教师出示教材中的三个事例，引发学生思考：对于文中爸爸妈妈不同的做法，你有什么看法？为了落实本次口语交际"选择恰当的材料支持自己的观点"的训练要素，教师提出了具体要求，明确表达顺序和表达方式。课堂上，学生在自主思考的基础上，在小组内交流看法。学伴交流时，要求做到认真倾听，互相尊重，文明和谐地进行交际。

接下来是以小组为单位进行全班汇报。此环节中，学生们首先表明自己的观点，而后有理有据地说出了理由。组际之间的相互补充打开了学生针对事例谈看法的多元视角，选择恰当材料陈述观点扩宽了学生口语表达的语言材料。学生在交际互动中，不但深刻、全面地理解了父母之爱的不同方式，还丰富了认知，提升了交际水平。

第二个层次：联系真实情境，明晰沟通方式

在学生利用恰当材料表明自己的观点后，教师将学生带入真实情境：在生活中，假如你遇到以上类似的情况，你会怎么想？又会怎么做呢？学生结合自身的实际情况，从不同方面说想法和做法，如"我可能默默承受""我肯定会生气""我可能会和家长聊聊，让他们知道我长大了，可以放手独立做事"……在教师进一步深入引导下，学生们在观点上达成一致，在交际中判断、比较，懂得当爸爸妈妈疼爱我们的方式不恰当时，要尝试和他们沟通。

"教材无非是个例子"，课文中的三个事例具有特殊性，是真实生活的缩影。教师将教材中的文字，变成与学生生活息息相关的真实情境，学生心灵深处最真实的情感体验被唤醒，因而在表达和理解上也是真实的。

第三个层次：模拟对话情境，走进内心世界

苏霍姆林斯基曾说过："儿童是用形象、色彩、声音来思维的。"在这个环节中，教师选择了最易引起学生兴趣的方式——模拟表演来激发学生开口表达，让学生乐于说、敢于说。课堂上，师生之间、生生之间模拟王小雅和妈妈、李刚和爸爸的对话。你来我往的语言交锋，既锻炼了口语交际能力，又提升了迅速筛选材料的思维能力，同时还走进了对方的内心世界，更深刻地感受父母之爱。

从以上环节我们可以感受到，教师充分利用教材中的例子，反复研读，深入挖掘，将例子功能发挥到最大化。经历了这样的几个回合，本节课的训练目标基本得以实现，学生在逐层深化的交际情境中，发展了语言能力。

三、拓展表达情境，深化语言实践

教学中，教师应多给学生提供语言实践的机会，让学生在实践中学习、提高。本次口语交际随着学习的深入，学生逐渐体会到了父母含辛茹苦地把我们养大，他们无私地爱着我们，当父母表达爱的方式让我们不舒服时，我们要理解。为了进一步提升认知，教师在最后进行了拓展，创设了一个利用热线表达心声的情境，学生的内心情感被触动，纷纷表达了对父母的感激和热爱之情。

这个环节意在联系生活，在全面理解父母之爱、感受被爱的基础上，也要懂得爱父母、爱他人，学会感恩、学会沟通。同时，学生情动而辞发，表达了真情实感，也为后面习作的学习做了很好的铺垫。

纵观整节课例，可以感受到设计者的用心与精心。教师依据高年级学生的年龄特点，进行有层次、有梯度的情境创设：谈话提问明话题—依据教材谈看法—联系实际学沟通—模拟对话知内心—拓展表达抒情感，学生对父母之爱的理解经历了从片面到全面、从理性到感性、从肤浅到深入的过程。与此同时，我们可以感受到学生通过选择恰当的语言材料，使得他们的表达内容丰富了，口语水平提高了，思维能力提升了，情感体验升华了。

总之，任何的口语交际都离不开情境的创设。但怎样创设情境、创设什么情境要根据具体的口语交际话题。和学生生活实际距离较远的内容，教师要因地制宜，多组织实践性的活动，丰富学生的语言积累。这样才能发挥口语交际的真正价值。